서울의 골목길에서는

산이 보인다

오래된
골목길에서
바라본 서울,

그 30여 년의
기록

서울의 골목길에서는
산이 보인다

글·사진 김인수

목수책방
木水冊房

추천의 글

주명덕 사진가

《삼국사기》에 백제 온조대왕이 부아악負兒嶽, 북한산 인수봉에 올라 도읍을 정했다는 이야기가 나옵니다. 지금의 풍납토성이 온조대왕의 첫 도읍지였습니다. 그리고 이조李朝 태조太祖 때 정도전이 서울 한양도성을 축조했고, 지금도 건재한 모습을 여러 곳에서 볼 수 있습니다.

광화문 사거리에서 보이는 북악산과 북한산.
경복궁 광화문 지붕 위나, 창덕궁 돈화문 지붕 위로 보이는 북한산 보현봉.
경복궁과 북악산, 인왕산.
인왕산에서 바라본 서울성곽과 도심, 그리고 남산.
북악산에서 바라본 도심과 남산.
낙산에서 동대문으로 이어지는 서울성곽, 그리고 도심과 남산.
낙산 한양도성에서 바라보이는 북한산 전경.
명동, 을지로, 종로에서 바라본 남산.
남한산성, 북한산성, 도봉산, 수락산, 관악산에서 바라본 서울 풍경.
망우리 고개 신내동에서 보이는 삼각산.
용마산에서 바라본 한강과 강남.
올림픽대로에서 본 한강과 강 건너 아파트, 그리고 멀리 보이는 삼각산까지.

김인수 선생은 힘들지만, 재미있고 의미도 있는 작업을 해 왔습니다.
그가 오랜 시간 발로 뛰며 기록한 서울이, 서울의 산이 많은 독자를 만날 수 있으면 좋겠습니다. 서울내기들이 서울을 다시 바라볼 수 있는 기회가 되었으면 합니다.

우동선 ㈔한국건축역사학회장, 한국예술종합학교 교수

이 책에는 김인수 선생님이 서울의 골목길을 구석구석 답사하며 찍은 사진과 글이 담겨 있습니다. 서울의 골목길을 말하는 사람들은 많지만, 이렇게 오랫동안 작업한 결과물을 저는 보지 못했습니다. 누가 시키지 않은 일이고, 더구나 부귀영화를 위한 일도 아닙니다. 저자는 누군가는 기록해야 해서 이런 작업을 멈추지 않았다고 말합니다. 그 '누군가'가 바로 김인수 선생님입니다.

이 책은 김인수 선생님이 이미 출간한 《서울 골목길 비밀정원》과 《정원도시 부여의 마을 동산바치 이야기》의 시각과 방법론을 집대성했다고 할 수 있습니다. 이 책에는 청량리588, 노고산동, 아현동, 정릉3동 정릉골, 낙향동과 삼성동, 삼선동 장수마을, 장사동 공작소 골목길, 산림동, 수유1동 빨래골, 북아현동, 사직동과 교남동, 이문동과 석관동, 용산구 해방촌, 한남동, 광희문과 신당동, 성북동 북정마을, 문래동, 이화동, 청량리, 정릉, 창신동, 충신동, 이화동이 등장합니다. 이렇게 열거하고 보니 이 동네들의 공통점은 '도시의 비공식 영역에 가깝다'라 할 수 있을 것 같습니다. 저자는 이를 두고서 "언제나 역동적인 삶의 현장에서 역사를 만들어 가면서도 실제로는 그 주체가 되지 못하는 민중이 살아가는 평범한 삶의 공간, 골목길에 얽힌 이야기다"라고 적었습니다.

글에서 드러나듯이 김인수 선생님은 매우 다재다능하고 호기심이 많은 분입니다. 김인수 선생님이 보셨다는 《세계의 골목길 100》이라는 일본 책이 무엇인지 정확하게 찾지는 못했습니다. 비슷한 제목의 책이 몇 권 있기 때문입니다. 그중에서 《신 세계의 뒷골목》이라는 책의 머리말에 이런 구절이 나옵니다. "좁은 골목의 양측에 늘어선, 역사와 풍토를 반영한 고색창

● 若菜晃子 文,
株式會社ピーピーエス通信社
寫眞,《新 世界の路地裏》,
PIE Books, 2012, 6쪽

연한 건물. 그 하나하나의 창에, 한 사람 한 사람의 생활이 있다. 그런 당연한 사실을, 뒷골목의 풍경은 상기시켜 준다."● 골목길을 좋아하는 사람들은 골목길에서 평범한 일상과 풍경을 추구한다는 사실을 새삼 확인하게 됩니다. 선생님의 왕성한 호기심은 대학에서 건축학을 공부하게 했고, 그 후로는 건축을 넘어서 조경학으로 전문 영역을 넓히도록 이끌었습니다. 일찍이 독일로 유학을 떠나 유럽의 도시 환경 전체를 공부하고 체험하기도 했습니다. 20년 전에 처음 만났을 때, 유럽의 정원에 관한 책을 건네주셨던 일이 생각납니다. 그 후로는 유럽 도시를 견학하는 답사를 주도하기도 했고, 세계공원연구소의 소장으로 독일의 산업유산과 공원, 조경을 논하기도 했습니다.

제가 흥미롭게 생각하는 지점은 김인수 선생님의 이른바 '한국 회귀'입니다. 이것이 유럽의 도시들을 손금 보듯이 살핀 다음에 생긴 일인지, 《SEOUL 주거변화 100년》을 작업할 즈음에서 생긴 일인지, 다음에 만나면 꼭 여쭙고 싶습니다. 왜냐하면 아시아에서는 유럽에 정통한 예술가들이 원숙기에 들어서 자국으로 회귀하는 현상을 보여 왔기 때문입니다. 유럽에 정통할수록 남의 다리를 긁는 듯한 공허함이 생기기 마련인가 봅니다.

이를 두고서 김인수 선생님은 "답사가 끝나고 어느 정도 시간이 지나 돌아보니 뭔가 2퍼센트 부족한 느낌이 있었다. 익숙한 풍경이 아니고, 너무가 보고 싶었던 이국적인 관광지 풍경이라 방문 당시의 감동은 컸지만 돈 들이고 시간 들인 만큼의 신비로운 이국적인 풍경, 딱 거기까지였다. 외국의 골목길이 호기심을 일으켜 꼭 한번 보고 싶은 잘 만들어진 무대 세트 같다면, 서울의 골목길은 구수하고 익숙한 냄새가 나고 가끔 이웃끼리 다투는 소리까지도 들리는, 우리만의 삶이 녹아 있는 전 세계 어디에서도 볼 수 없는 독특한 생활공간이다"라고 썼습니다.

이 책은 서울의 골목길을 중심에 놓고, 유럽, 모로코, 티베트의 명소를 넘나듭니다. 이것은 모두 김인수 선생님이 지금까지 쌓은 내공 덕분일 것입니다. '왕십리 뉴타운'을 다룬 글에서 저자는 "모든 해답은 현장에 있다. 설계할 때 나의 지론이다. 당시도 시간만 나면 현장을 답사하면서 뭔가를 찾곤 했다"고 말합니다. 김인수 선생님의 현장주의는 바로 그 '내공'의 핵심을 이룹니다. 김훈 선생님은 소설 《허송세월》(나남, 2024)에서 "나는 책을 읽어서 어쩌자는 것인가. 책보다 사물과 사람의 주변을 더 깊이 들여다보아야 한다고 늘 다짐하면서도 별수 없이 또 책을 읽게 된다"고 탄식한 바 있습니다. 김훈 선생님의 이 탄식은 실제로는 겸양의 표현일 것입니다만, 저는 이 구절을 읽다가 김인수 선생님의 현장주의를 떠올렸습니다.

또 김인수 선생님께 여쭙고 싶은 것이 있습니다. 바로 자료 정리입니다. 이에 관한 글을 쓴 적도 있지만, 자료 정리는 보통 손이 많이 가는 일이 아닙니다.● 어떻게 그 많은 사진을 정리해서 적재적소에 사용하는지 정말 궁금합니다. 이 책에 등장하는 수많은 사진은 서울의 현대사를 이야기할 때 필수 불가결한 자료가 될 것입니다.

이 책 《서울의 골목길에서는 산이 보인다》를 꼭 읽어 보셨으면 합니다. 특히 건축, 도시, 조경을 공부하는 학생이라면 꼭 한번 보아야 합니다. 오래된 서울의 모습과 보통 사람이 살아가는 삶의 현장에 관심이 있는 분들에게도 추천합니다. 아울러 골목길을 보고서 답답해서 눈물을 흘렸다는 위정자도 이 책을 보았으면 좋겠습니다.

백문이 불여일견 百聞不如一見. '모든 해답은 현장에' 있습니다.

● 우동선, '자료의 수집과 정리 - 특집을 기획하며', 〈건축〉 제64권 제5호, 대한건축학회, 2020, 10~12쪽.

산의 도시 서울에서 만난 '골목길'이라는 문화유산

들어가는 글

1960~70년대 서울에서 유소년기를 보냈던 나에게는 휴일에 부모님이나 동네 어른을 따라 뒷산 약수터에 가서 약수를 받아 오던 추억이 있다. 같은 동네에 살지 않았던 친구들도 이상할 정도로 거의 모두가 휴일에 자기 동네 뒷산 약수터를 갔다 온 기억이 있다. 당시에는 휴일도 일요일 하루뿐이었고, 지금처럼 마음만 먹으면 자동차로 멀리 다니며 여가를 즐길 수 있는 것도 아니라, 그나마 동네 뒷산에 다녀오는 일이 나름의 여가활동이었을까? 아니면 내가 아는 사람은 전부 산 가까운 동네에 살았나?

서울은 산의 도시다. 그렇게 험하고 높지 않은 산이라 '산악도시'라고는 할 수 없지만, 서울은 내사산內四山과 외사산外四山으로 이루어진 산의 도시가 맞다. 산 만큼 구릉지도 많아 구불구불한 오르막 내리막 골목길이 지루하지 않게 연결되어 있어 산책하기 좋은 도시이기도 하다.

1988년 서울올림픽이 열릴 때 독일에 거주하고 있었는데, 우리나라의 문화나 일상생활을 소개하는 프로그램이 많이 방영되었다. 재래시장은 물론 미아리 집창촌까지도 소개되었다. 그때 등산을 여가활동으로 많이 즐기는 서울 시민의 일상생활을 소개하는 프로그램을 보았는데 참 인상적이었다. 휴일에 지하철 표 한 장(당시나 지금이나 서울의 대중교통 요금은 독일과 비교할 수 없을 만큼 싸다), 김밥 한 줄과 생수 한 병이면 서울 시민은 누구나 가까운 산에 오를 수 있고, 반나절이면 암벽등반까지도 즐길 수 있다면서 서울을 부러워하는 느낌의 방송이었다. 이 방송을 본 주변 독일 지인들이 진짜냐고 흥미롭게 물어보던 기억이 난다. 그 방송을 보고 나서야 나도 휴일이면 아버지를 따라 산에 다니던 기억이 새롭게 떠올랐다.

그 후 서울의 산에 관심을 가지고 자료를 찾아보기 시작했다. 아이러니하지만 서울이 아니라 규모는 작아도 계획적인 평지 방사형 도시로 알려진 독일 카를스루에Karlsruhe에서. 대학 시절 큰 호기심 없이 보았던 김정호의 '수선전도首善全圖'를 다시 접하고 놀라지 않을 수 없었다. 마치 외국인이 옛 서울 지도를 처음 보는 것처럼 말이다. 이전에 보았던 수선전도가 아니었다. 유난히 많은 산과 물길이 보이기 시작했고, 방송에서 서울을 인상적으로 보았던 독일인처럼 나도 전과는 다르게 서울을 볼 수 있는 계기가 되었다. 서울은 산을 빼고 이야기를 할 수 없는 도시다. 너무 정확하게 계획되고 깔끔하고 멋져 보이지만 뭔가 밋밋한 유럽의 도시를 경험하지 않았다면 서울을 아무런 특색도 없고 그저 그런 도시로 여겼을 것이고, 산도 자연환경도 너무 익숙하고 가까이 있어 귀하게 생각하기는커녕 소중함과 고마움도 모르고 살지 않았을까 싶다.

정도전鄭道傳은 고려 말, 조선 초의 학자이자 관리로 두 왕조를 거치면서 중요한 역할을 했다. 특히 그는 개성에서 한양으로 수도를 옮기고 경복궁과 도성 자리를 정하는 등, 한양의 모습을 최초로 만들면서 지금 서울의 기틀을 마련한 총책임자였다. 봉화(현재 영주시 이산면)가 고향인 정도전은 어린 시절 단양에 있는 외가에서 자랐다고 한다(단양을 출생지로 말하기도 한다). 개성에서 근무하던 정도전이 고향이나 외가를 방문할 때 현재 통일로와 무악재를 거쳐 서울을 동서로 가로질러 하남, 제천 등을 지나 단양이나 봉화로 가지 않았을까 추측한다. 이 길을 지나면서 서울 인왕산과 안산 사이를 지나고 백악산, 북한산, 남산, 관악산, 아차산 등 서울 주변의 산세를 보면서 풍수지리상 수도에 걸맞은 서울을 눈여겨보았다가 조선의 수도로 정하지 않았을까?

북악산北岳山이라고도 부르는 백악산白岳山을 뒤로 하고 임금이 앉아서 바라볼 때 정면 남쪽으로 남산南山이, 오른편 서쪽으로는 인왕산仁王山, 왼편 동

대동여지도를 만든 김정호가 1820년경 한양의 모습을 그린 수선전도. 지도지만 회화처럼 아름답다. 한양도성과 내사산으로 부르는 인왕산, 백악/북악산, 타락산/낙산, 목멱산/남산을 매우 중요하고 정교하게 표현하고 있다. 서울이 산을 중심으로 자리 잡은 '산의 도시'라는 사실을 분명하게 보여 준다. 그림 출처_서울역사박물관

인왕산 자락에서 바라본 한양도성 안팎의 서울 풍경. 산자락을 따라 조성된 성곽, 남산, 도심 고층빌딩이 600년 역사 한양과 서울의 모습을 동시에 드러낸다. 2014.2.

인왕산에서 동쪽으로 바라본 서울 풍경. 낙산과 용마산이 보인다. 위 2010.9.

동호대교 남단에서 바라보았을 때 아파트 뒤로 어렴풋이 보이는 산이 삼각산이다. 아래 2009.9.

남산에서 북쪽을 바라보면 도심 뒤로 웅장한 모습의 백악산과 북한산이 서울을 지키고 있다. 2013.9.

쪽으로는 낙산駱山이 서울의 내사산으로 서로 연결되어 한양도성이 자리 잡게 되었다. 한양도성은 몇 구간 멸실 부분을 제외하고는 거의 복원되어 현재까지도 아름다운 모습을 보여 준다. 북쪽의 북한산北漢山, 남쪽의 관악산冠岳山, 서쪽의 덕양산德陽山, 동쪽의 용마산龍馬山이 외사산으로 서울의 외곽을 둘러싸고 있다. 600여 년 전 한양을 조선의 수도로 정할 때 이미 도시가 확장될 것을 예견한 듯, 현재 서울의 행정구역이 외사산으로 경계 지어진다는 점이 매우 흥미롭다.

골목길 이야기를 하게 되면 대부분 추억 같은 감성적인 영역에서 실마리가 풀리기 시작한다. 골목길에 관심을 가지고 답사하고 기록한 경험이 있는 사람은 골목길에 살아 보기는커녕, 그곳의 속살을 보지도 못하고 감히 골목길을 논하지 말라고 겁을 주기도 한다. 1970~80년대를 강남에서 보낸 이른바 '아파트 키즈'들은 아파트 계단과 복도를 그들만의 골목길로 기억하기도 한다. 최근 진행되는 마을 가꾸기 프로그램이나 도시재생사업에서는 항상 골목길을 중요한 공간으로 주목하고 있으며, 문화계 종사자나 건축가들도 큰 관심을 보이며 여러 가지 방법으로 접근해 골목길을 다루고 있다. 사정이 이렇다 보니 골목길을 경제적·문화적 자산으로까지 생각하고 보존하자는 사람들이 많아지고 있다.

하지만 다른 한편에서는 골목길을 다루는 전문가 그룹에서조차도 '골목길=판자촌·빈민가'로 혼동하는 경우도 보인다. 임대아파트의 자살률이 골목길이 있는 판자촌보다 높으니 골목길 보존이 필요하다는, 객관적으로 전혀 동의하지 못할 통계학적인 논리까지 펼치는 이도 있었다. 골목길은 판자촌도 아니고, 특별한 문화유산도 아니다. 여전히 우리의 일상생활이 이루어지는 공간이다. 현행 건축법상 폭 4미터 이하의 길에는 건축할 수 없기 때문에 보통 폭 4미터 이하 도로를 골목길로 규정하고 있다. 좁은 길, 자동차 왕복 통행이 불가능한 골목길은 우리 주변 어디에나 존재하고 있다. 아파트 단지에 사는 사람도 동네 시장이나 버스정류장까지 갈 때 여러 형태의 골목길을 알게 모르게 이용하고 있을 것이다. 평지에 만들어진 정형화된 바둑판 골목길, 미로형 갈래 골목길, 계단형 골목길, 막다른 골목길, 상업적인 카페 골목길, 역사·문화적인 골목길, 녹색 골목길, 음침한 골목길, 깔끔하게 정리된 골목길, 냄새나고 지저분한 골목길 등 서울에서는 어디서나 다양한 골목길을 만날 수 있고, 실제로 우리는 이런 길을 자주 오가고 있다.

골목길의 매력은 여기서 끝나는가 하면 끝이 아니고, 막다른 골목으로 생각하고 돌아서려면 새로운 골목으로 이어지는, 깊이를 알 수 없다는 데 있다. 다양한 갈림길이 오묘하게 연결되어 있어, 걸으면 걸을수록 예상할 수 없는 판도라의 비밀 상자를 여는 듯한 느낌을 받게 된다. 막다른 골목길조차도 포기하지 말고 걸어 보면 엄청난 풍경을 접할 때가 많다. 복권에 당첨된 기분이랄까? 이럴 때 느끼는 뭔가 하나 건진 듯한 짜릿한 기분은 직접 다녀 보지 않고는 경험할 수 없다.

우리 옛말에 "태어나서 10리 바깥으로 나갈 일 없이 살다 죽으면 그게 행복이다"라는 말이 있다. 다니기 좋아하고 뭔가 하지 않으면 불안해지는 나는 이 말을 이해할 수 없었다. 이 말은 게으른 사람이나 한량의 삶을 표현한다고 생각했는데, 갑자기 다가온 코로나바이러스감염증-19(이하 코로나19) 시대를 생각하니 너무 적합한, 선인의 지혜가 느껴지는 표현이라는 생각이 들었다. 현 상황에서 자연이 베푸는 그대로를 받아들이며 살아가는, 인위적이지 않은 삶의 모습을 추구하는 말이랄까.

골목길은 10리 안 어디에나 있으며, 같은 표정을 하고 있는 곳 하나 없이

1904년경 남산에서 본 서울 파노라마. 한양도성, 인왕산, 백악산, 북한산이 서울을 감싸고 있다. 사진 출처_서울역사박물관

다 다르고 느린 길이다. 포스트 코로나19 시대는 느린 삶, 친환경적인 삶으로 바뀌어야만 한다. 골목길은 바로 내 주변 동네에서 산책하듯, 마실 가듯 만날 수 있는 문화공간, 역사적인 공간, 일상의 공간, 행복하고 편안하게 즐기며 함께하는 삶의 공간으로 자리 잡을 수 있다. 그 골목길에서만 볼 수 있는 풍경을 찾고 즐기며, 바쁜 일상 때문에 모르고 있었고, 잊어버리고 있었던 주변을 알아 가는 일은 재미도 있고 유익할 것이다. 무엇보다 걸어야만 하는 길이니 분명 건강에도 도움이 된다.

골목길을 찾아 여러 나라를 돌아다녀 보았다. 책이나 영화에서 보고 답사에 나선 세계의 유명 골목길은 분명 특색 있고 아름다웠다. 독일의 조그만 옛 도시 붉은 기와지붕 건물 아래를 거닐 때는 어디선가 어렸을 때 동화로 만났던 성냥팔이 소녀가 앉아 있을 것만 같았다. 영화 〈로마의 휴일〉에서 오드리 헵번이 넋 놓고 돌아다니던 로마의 골목길, 우디 앨런의 환상적인 영화 〈미드나이트 인 파리〉 속 골목길도 진짜 있었다. 오래전 책에서 보고 마음먹고 일부러 찾아간 이탈리아 동남부 폴리아 지방의 체스테르니노Cesternino, 오스투니Ostuni, 알베로벨로Alberobello는 그야말로 구경거리가 많고 많은 골목길 박물관이었다. '미로의 도시'답게 도시 전체가 골목길이었던 아프리카 모로코의 페즈Fez나 바할릴Bhalil은 아직도 그 오묘한 색채와 냄새가 강렬한 기억으로 남아 있다.
그러나 답사가 끝나고 어느 정도 시간이 지나 돌아보니 뭔가 2퍼센트 부족한 느낌이 있었다. 너무 가 보고 싶었던 이국적인 관광지 풍경이라 방문 당시의 감동은 컸지만 돈 들이고 시간 들인 만큼 좋은, 낯설고 신비로운 이국적인 풍경, 딱 거기까지였다. 외국의 골목길이 호기심을 불러일으켜 꼭 한 번 보고 싶은 잘 만들어진 무대 세트 같다면, 서울의 골목길은 구수하고 세계의 유명 골목길은 분명 특색 있고 아름다웠다. 그러나 답사가 끝나고 어느 정도 시간이 지나 돌아보니 뭔가 2퍼센트 부족한 느낌이 있었다. 외국의 골목길이 호기심을 불러일으켜 꼭 한번 보고 싶은 잘 만들어진 무대 세트 같다면, 서울의 골목길은 구수하고 익숙한 냄새가 나며 가끔 이웃 간 다툼 소리도 들리는 우리만의 삶이 녹아 있는 공간이다. 위 숭인동 2011.9.
가운데 이탈리아 체스테르니노 2007.6. 아래 모로코 바할릴 2008.5.

익숙한 냄새가 나며 가끔 이웃끼리 다투는 소리까지도 들리는, 우리만의 삶이 녹아 있는 전 세계 어디에서도 볼 수 없는 독특한 생활공간이다. 우리 삶 그 자체인 냄새나고 어수선한 그 골목길은 우리에게는 너무 익숙해 그냥 하찮게 여기기 쉬운 길이지만, 외국인들에게는 우리가 애써 찾아가는 외국 골목길처럼 언젠가 한번 꼭 보고 싶은, 호기심을 자극하는 그런 길이 아닐까?

1347년 겨울 이탈리아 시칠리아에서 시작되어 유럽 전역을 초토화한 무서운 전염병 페스트가 휩쓸고 지나간 후, 사람 중심의 르네상스 문화가 탄생했다. 페스트는 당시 르네상스 문화가 태어나 꽃을 피운 피렌체의 인구를 3분의 1로 줄어들게 할 만큼 엄청난 재앙이었다고 한다. 보카치오가 "도시 자체가 거대한 무덤"이라고 표현할 정도였다. 많은 사람, 특히 지식인들이 코로나19 이후 새로운 문화가 태어날 가능성에 대해 긍정적으로 말하고 있다. 아마 너무 불안해하는 인류를 조금이라도 위로하려는 마음의 표현일 수도 있다. 그러나 비행기 속도만큼 빠르게 번진 코로나19 사태 이후 우주선 속도로 대응하는 인간의 태도나 방법을 보면 다른 문화가 태어날 수 있는 가능성을 무시하기 어렵다. 분명 혁명적인 사고와 생활의 변화가 새로운 문화로 이어질 것이다.

서울 골목길은 1970년대 이후 개발된 아파트가 많은 강남 지역보다는 조선시대부터 오랜 역사가 이어지는 강북 지역에 많이 남아 있다. 강북 지역도 재개발이 계속되면서 이제는 전통적인 골목길이 많이 사라졌다. 그래도 구석구석 답사하다 보면 서울 어디서나 오래되고 흥미로운 골목길을 여전히 발견할 수 있다. 이 책에서는 유명한 북촌이나 서촌, 그리고 요즘 많이 알려지고 뜨는 동네 성수동, 망원동, 익선동, 홍제동 개미마을, 중계본 창덕궁 정문 돈화문敦化門과 북한산 보현봉普賢峯이 정확하게 일직선상에 놓여 있다. 돈화문로 종로3가 방향에서 바라본 모습. 위 2016.1.

광화문 네거리에서 바라본 백악산과 북한산 보현봉. 정도전이 보현봉에서 현재 경복궁과 광화문 광장을 바라보면서 궁궐과 수도를 정했다고 전해진다. 아래 2011.8.

1929년 조선박람회를 개최하면서 일본의 대표적인 조감도 작가 요시다 하츠사부로
吉田初三郎가 박람회장과 서울을 소개하기 위해 그린 조선박람회도회朝鮮博覽會圖繪.
박람회장으로 이용된 경복궁은 근정전과 경회루 등 일부만 보이고, 조선총독부(구 중앙청)를
비롯한 일제강점기에 지어진 건물과 박람회 시설만 과장해서 표현했다. 한양도성도 제대로
표현되어 있지 않다. 그러나 우이동 삼각산까지 표현해 산의 도시 서울을 분명하게 드러내고
있다. 내사산으로 부르는 인왕산, 백악산, 낙산, 남산을 정교하게 그려 보여 주지만, 어떤
이유인지 낙산은 설명이 빠져 있다. 사진 출처_한양대학교 건축학과 동아시아 건축사 연구실

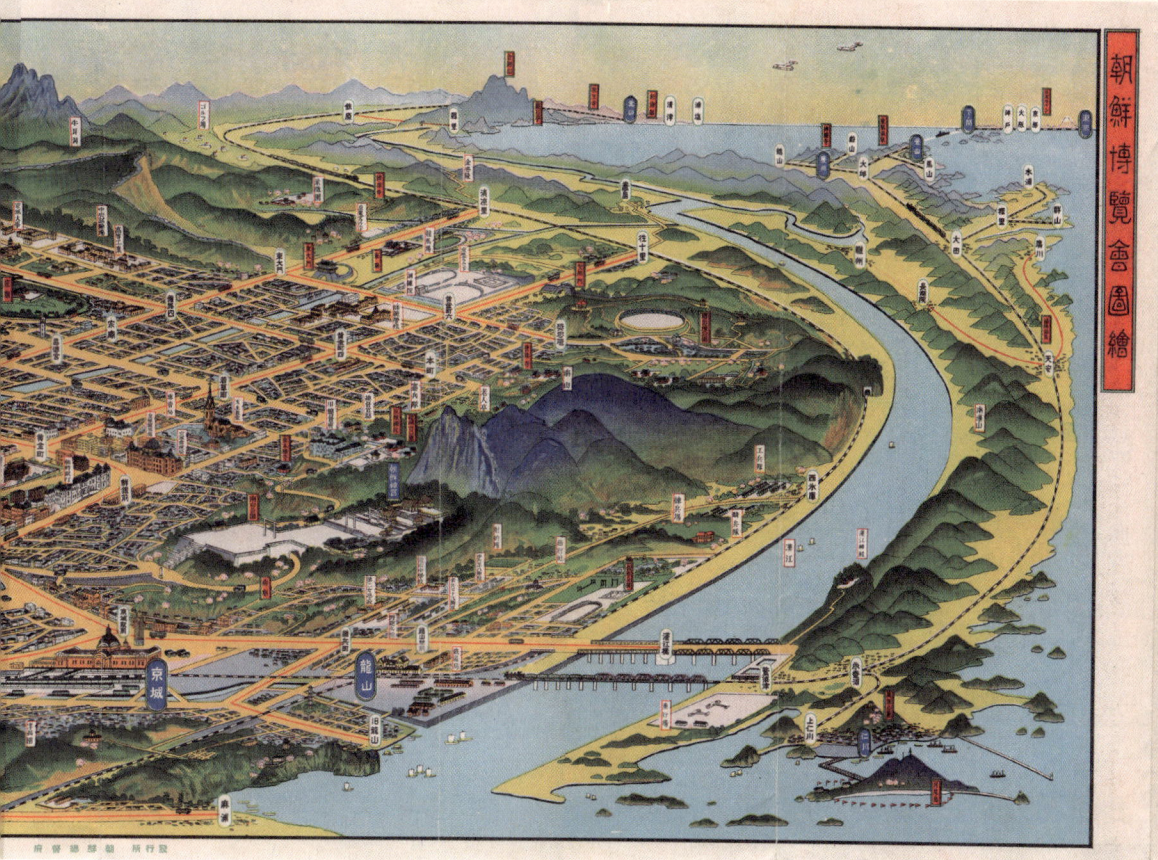

동백사마을 등의 골목길은 다루지 않았다. 꼭 필요한 정보라도 인터넷 몇 번만 찾아보면 누구나 알 수 있는 내용도 가능하면 싣지 않았다. 기록으로 꼭 남겨야 할 동네와 이미 사라진 동네를 중심으로 역사적·공간적으로 의미와 가치가 있는 풍경을 다루었다.

산의 도시 서울만의 독특한 골목길 풍경이 흥미롭고 특별한 장소들을 서울 전역에서 고르게 찾으려고 노력했지만, 지역 안배가 제대로 되지 못한 것은 나의 욕심과 한계 때문이다. 기록 자체가 중요하다는 생각에 사진도 가능하면 최근 모습보다 원형이 남아 있는, 변하기 전 옛 모습을 찾아 다루려고 노력했다. 중요하고 꼭 봐야만 하는 서울의 산과 골목길 풍경도 사라지거나 고층 건물 숲에 가려져 이제는 옛 지도와 사진으로만 확인하고 볼 수 있어 아쉽다. 불과 10년, 20년 전 풍경조차도 사라지거나 바뀐 것은 세계 어디에서도 선례를 찾아볼 수 없는 빠른 경제발전의 결과이기도 하다. 현재도 여전히 너무나도 급하게 진행되는 개발은 긍정적으로만 생각하기에는 문제가 있는 우리나라의 또 다른 모습이기도 하다.

1990년대 후반이나 2000년대 초반 사진을 보면 공해 문제나 황사의 영향으로 누런 하늘과 맑지 못한 공기를 사진에서도 느낄 수 있다. 최근 사진을 보면 파랗고 깨끗한 하늘과 멀리까지 선명하게 보이는 풍경에서 맑아진 서울을 체감할 수 있다. 지나고 보니 날씨도 기록이었다. 옛 서울 사진을 보면 사방이 트여 있어 언제 어디서나 주변 산 풍경을 멋진 파노라마로 즐겼다는 사실을 알 수 있다. 지금은 너무 변해 어디를 가도 그런 풍경을 보기가 쉽지 않다. 그렇지만 요즘도 좁고 구불구불한 골목길을 요리조리 오르내리다 보면 그 사이사이로 21세기 서울의 새로운 골목길 풍경이 펼쳐진다.

골목길은 느리고 여유 있는 자연을 닮은 길이다. 애써 멀리 떠날 필요 없이 문밖을 나서서 몇 걸음만 가면 마치 기다렸다는 듯이 골목길이 반갑게 맞아 줄 것이다. 아무런 이유나 조건 없이 베풀어 주는 자연을 닮은 골목길은 일상의 생활공간이다. 포스트 코로나19 시대의 새로운 문화는 느린 삶을 추구하고 자연에서 몸과 마음의 치유를 경험하며 잊고 있었던 우리만의 멋과 가치를 재발견하고 즐기는 일에서 출발하지 않을까? 코로나19 이후 등산이 젊은 사람들의 비대면 여가문화로 유행하고 있다고 한다. 퇴근 후 1시간 반에서 두 시간이면 멋진 서울의 야경까지 즐기면서 산에 오를 수 있다. 서울에서 하는 이런 산행은 사실 코로나19 이후 새롭게 시작된 유행이 아니라 이미 지속되고 있는 풍경이었다. 바로 내사산, 외사산 덕분에 휴일 약수터에 물 받으러 가는 일이나 등산은 서울 사람들의 중요한 여가문화다. 서울의 골목길에서는 사방으로 산이 보인다. 산은 우리 민족에게는 태생적으로, 무의식적으로 종교를 떠나 신성한 숭배의 대상이었다.

이 책을 읽으며 익숙했던 사라진 장소를 만나면 반갑고도 아쉬운 마음에 자기만의 옛 추억을 떠올리며 회상에 잠기는 분이 있을지 모르겠다. 지금까지는 잘 모르다 호기심이 생겨 언급된 장소를 찾아가 답사하는 분도 있을 것이다. 아쉽지만 역사 대부분은 늘 지배자나 기득권의 시각으로 쓰인 기록이다. 나의 전작 《서울 골목길 비밀정원》, 《정원도시 부여의 마을 동산바치 이야기》처럼 이 책도 언제나 역동적인 삶의 현장에서 역사를 만들어 가면서도 실제로는 그 주체가 되지 못하는 민중이 살아가는 평범한 삶의 공간, 골목길에 얽힌 이야기다. 이렇든 저렇든 그래도 먼 훗날까지 누군가는 기록해야 할 가치 있고 의미 있는 서울 이야기의 하나로 남겨지기를 바란다면 쓸데없는 욕심일까?

2024년 여름이 지나는 길목에서, 김인수

차례

	4	추천의 글
	8	들어가는 글
		산의 도시 서울에서 만난 '골목길'이라는 문화유산

1. 우리에게 기록이 중요한 이유

30	재개발지역 최초 도시 공공기록의 의미와 가치
	아현동 '아현도큐먼트'
48	은행나무는 모든 것을 기억하고 있다
	왕십리 뉴타운 구 상왕십리 130번지
68	티베트의 아추가르를 떠올리게 한 달동네
	이주민 정착촌 난향동과 삼성동
98	골목길의 아름다움은 발로 느껴야 한다
	곧 사라질 산동네 한남동
118	불편함 속의 편안함, 내가 그곳에 사는 이유
	천장산 아랫동네 이문동과 석관동
138	평범하지 않지만, 보통의 장소 기록으로 남기를 바라며
	전농동 588번지 청량리588
160	시대의 간절한 염원이 담긴 집합주택 단지
	문래동, 이화동, 청량리, 정릉의 영단주택

2. 장소, 우리 삶의 시간이 켜켜이 쌓인 곳

184	"바로 저기다!" 정도전의 탁월한 선택
	북한산 보현봉을 눈앞에, 정릉3동 정릉골
200	삶의 흔적을 엿볼 수 있어서 귀하고 가치 있는 공간
	안산, 쌍룡산, 와우산에서 이어지는 동네, 노고산동
216	추억을 어루만지는 영혼의 휴식 공간
	부아악이 보이는 동네 수유1동 빨래골

230	옛 추억을 더듬으며 지금의 나를 만든 동네를 찾아가다
	의도되지 않은 풍경을 만나는 곳, 북아현동
250	그 골목을 떠올리면 음악과 친구가 생각난다
	강북 최고의 학군 지역이었던 사직동과 교남동
270	'동'보다 '마을'이라는 이름이 더 어울리는 한양도성 밖 산동네
	시간이 멈춘 듯한 성북동 북정마을과 길상사
286	좁은 골목길에서 마주친 거인 같은 풍경
	잘 알려지지 않은 서울 한양도성 길, 광희문과 신당동

3. 지형이나 풍경과 연결되는 골목길의 가치

306	골목길은 30년 전에도 이미 문화유산이었다
	풍경이 매력적인 장소 삼선동 장수마을
324	공작소 골목길에서 지속 가능한 도시를 꿈꾸다
	장사동 기계공구상가 아트리움
340	기억과 흔적을 좇을 수 있는 장소로 남기를
	내사산과 외사산이 보이는 세운상가 주변 산림동
362	21세기 골목길 '그랜드 투어'의 성지
	이방인 마을 용산구 해방촌
384	도시재생사업의 그림자가 드리운 서울의 골목길 박물관
	낙산 서울 한양도성 바깥 마을 창신동
408	서울의 골목길에서는 산이 보인다
	한양도성 성 안 마을 충신동과 이화동

424	글을 마무리하며

1.

우리에게 기록이 중요한 이유

재개발지역 최초
도시 공공기록의 의미와 가치

아현동
'아현도큐먼트'

2008년, 나의 도시기록 작업과 관련해 중요하고 의미 있는 프로젝트를 하게 된다. 2008년을 기준으로 지난 100년 동안 이루어진 서울의 주거 변화를 확인할 수 있는 모습을 기록하는 작업으로, 대림산업㈜(현 DL이앤씨)과 대림미술관의 후원으로 진행되었다. 작업을 총괄한 사진가 주명덕 선생님의 권유로 조경가가 아닌 사진가로 이 프로젝트에 참여하게 되었고, 이후 지금까지도 선생님은 사진 작업의 도반으로 함께 서울을 기록하고 있다. 평생 서울을 테마로 작업하신 원로 사진가와 진행한 협업은 조경가의 시선과는 다른 접근이 필요했지만, 나에게는 신선한 충격의 시간이었다. 더욱이 고등학교 시절부터 〈공간〉 잡지 등에 소개되는 선생님의 고건축 사진을 보면서 사진 공부를 한 나로서는 단순한 협업 이상의 짜릿하고 감동적인 작업이었다.

조경가와 사진가의 미묘한 경계에서 기록 작업을 하다 보니, 건축을 기반으로 도시와 조경 분야를 함께 공부하면서 넓은 시야로 건축을 바라보며 큰 틀에서 도시공간을 살펴볼 수 있었던 것은 좋은 경험이었다. 1년 동안 지난 100년 서울의 과거와 현재 모습을 좋은 선생님과 집중해서 볼 수 있었던 것 역시 내 인생의 크나큰 행운이었다. 이 프로젝트는 특히 서울을 바라보는 여러 가지 방법을 생각해 볼 수 있게 해 준 기회였고, 오랜 기간 도시공간 답사와 기록 작업을 하면서 보지 못하고 알지 못했던 부분까지 속속들이 체험할 수 있게 해 주었다. 1960년대 이주민 판자촌부터 최고급 주상복합 아파트까지, 전통 한옥은 물론 일제강점기 일본식 주택부터 21세기 첨단 주택까지, 주거 변화에 집중해 기록을 진행했지만, 작업하는 동안 서울이 상상과 표현력의 한계를 넘어 마술 상자처럼 다양한 모습으로 다가왔다. 새삼스럽지만 서울은 우리 모두에게 귀중하면서 감동을 주는 아름다운 도시라는 사실을 깨닫게 되었다. 2008년 여름부터 1년 동안 진행한 이 기록은 2010년 대림미술관에서 발간한 《SEOUL 주거변화 100년》이라는 이름의 사진집에 담겼다. 이 작업의 시작은 2006년 '아현도큐먼트'였다. '아현도큐먼트' 프로젝트를 함께 진행하며 만나게 된 지인의 소개로 주명덕 선생님과의 인연이 시작되었기 때문이다.

독일에서 공부하고 돌아와 실무와 강의를 병행했다. '메이드 인 서울Made in Seoul'이라는 주제로 매 학기 과제를 정해 학생들과 그동안 너무도 변한 서울의 도시공간을 정기적으로 답사하면서 전에는 알지 못했던 서울을 배워 가기 시작했다. 처음에는 빠르게 진행되는 재개발로 사라져 가는 골목길이나 주거지역을 접하면서 우선 사진과 도면으로라도 그런 곳을 기록할 필요가 있다고 생각했다. 하지만 생업에 쫓기다 보니 따로 시간을 내어 혼자 다니면서 실측하기도 힘들었고 속도도 나지 않았다. 그래도 개인적으로 이 주제에 관심 있는 지인들과 함께 답사와 기록 작업을 이어 갔다. 처음에는 내가 사는 서울을 좀 더 알기 위해, 그러다가 너무 빨리 변하는 서울을 기록으로라도 남겨야겠다는 의무감에, 지금은 너무 재미있어서 걷고 또 걸으면서 서울을 구경하러 다닌다.

2005년 서울특별시 영등포 뉴타운 조경 분야 총괄 건축가로 참여하면서 공공 기록의 필요성을 절감하기 시작했다. 발주된 용역의 과업지시서에 따라 차 타고 지나가면서 그냥 거리를 찍는 당시의 형식적인 현황조사와 기록은 도저히 기록이라고 할 수 없는 조악한 수준이었다. 이런 상황을 공유하고 이해하던 사회학자 이시재, 화가 임옥상, 건축가 승효상 등과 함께 ㈔문화우리 이사와 운영위원으로 활동하고 있어 도시기록 사업을 제안했고, 결국 재개발 직전의 마포구 아현동을 대상으로 최초로 공공기록 작업을 하게 되었다.

2006년 ㈔문화우리와 함께 '아현도큐먼트' 프로젝트의 총괄 디렉터를 맡아 기획과 진행에 참여했을 때, 마침 ㈜희망제작소 부설 세계공원연구소의 소장으로도 활동하고 있어 기록집 출판과 함께 전시회와 세미나 등을 개최했다. 이후 경기도 광명시 철산동, 낙원상가, 세운상가, 북아현동을 기록하고 ㈔문화우리는 해산되었지만, 개인적인 기록은 멈추지 않고 계속되고 있다. 아현동 기록은 우리나라 최초 재개발지역 철거 전 공공기록으로 전문가 집단이나 언론의 관심도 높았다. 이후 국립민속박물관에서 정릉동을 시작으로 아현동 등을 대상으로 도시민속 기록을 하며 도시공간 기록이 일부 이루어졌다. 아현동이 철거되기 전 1년 동안 우리나라 최초로 국립민속박물관 연구원들이 현지에 실제로 거주하면서 도시민속 기록 작업을 해 중요한 자료를 남기기도 했다. 서울역사박물관과 한국토지주택공사(LH)에서 특정 도시공간 또는 재개발이나 신도시 건설로 사라지는 공간을 기록하는 작업을 본격적이고 지속적으로 할 수 있게 해 준 계기가 되었다.

'아현도큐먼트' 프로젝트를 진행할 때 유난히 도시의 좁은 골목길과 계단이 매력적인 공간으로 다가왔다. 아현동에서 골목길과 연애를 시작했다. 서울의 골목길은 이런 모양 저런 몸짓으로 더욱 비밀스럽고도 고고한 자태로 나를 유혹했다. 감동의 연속이었다. 골목길은 언제나 우리 곁에 존재하고 있었지만 잊힌 보석 같은 '도시의 비밀 공간'이었다. 나름의 공간 구성 등을 보았을 때 모두 우리나라만의 독특하고 자랑할 만한 '건축가 없는 진짜 건축 공간'이었다.

아현동은 안산에서 북아현동의 금화산을 거쳐 염리동으로 이어지는 염리동 산동네 쌍룡산 북동쪽 자락에 자리 잡은 동네다. 이전부터 한강, 마포

경사가 매우 가파른 곳이 많아 특히 계단이 많은 산동네가 아현동이었다. 제한된 여건 속에서 공간을 확보하려면 위로 올라가야만 한다. 그러기 위해서는 역시 계단이 많을 수밖에 없다.
위 좌 2006.10. 위 우 2006.7. 아래 좌우 2006.8.

재개발 전 이곳은 하늘 아래 첫 동네로 주변에 시야를 가리는 것이 없었다. 2008.9.

아현동 꼭대기 어디에서나 멀리 남산이 한눈에 들어왔다. 현재는 재개발로 고층아파트가 들어서 볼 수 없는 풍경이 되었다. 2008.9.

아현재래시장이 재개발 바람에도 없어지지 않고 아직 남아 있다. 2013.1.

나루와 서대문을 연결하던 지역으로 호박밭이 많았고, 한국전쟁 이후 사람들이 모여 살면서 주거지가 형성되었다. 길 건너 북아현동에는 일제강점기부터 금화장이라는 일본인 고급 주거지까지 형성되어 있었다. 서울역이 가까워 지방에서 무작정 상경한 가난한 구직자들의 서울살이가 시작되는 곳이기도 했다.

이 동네에는 도시형 한옥부터 기와집ⓞ 다세대·다가구주택, 연립주택까지 다양한 주거 형태가 공존하고 있었으며, 골목길, 급경사 계단길, 좁지만 이용하기 좋은 마당이 남아 있었다. 가파르고 길이 좁아 아현역에서 아현동 꼭대기 돼지슈퍼까지 왕복하던 04번 마을버스도 보통 우리가 아는 마을버스가 아니라 15인승 승합차였다. 이곳 주민들은 동네 마당에 모여 앉아 부침개도 나누어 먹고 동네 마실도 가는 정감 어린 옛 모습을 그대로 이어 가고 있었다. 2006년 이후 아현동의 다른 지역도 개발되었거나 재건축을 진행하고 있어 다채로운 서민들의 생활상을 보여 주던 그 애오개兒峴 아현동은 남아 있지 않다. 돼지슈퍼 앞 조금 높은 염산 공터 휴게공간에 가끔 나와 하염없이 남산 쪽을 바라보며 이주 걱정을 하던 할아버지가 어디로 가셨는지, 아직 살아 계시는지 가끔 생각난다.

프로젝트를 진행하며 40여 년 이상 이곳에서 사는 토박이들도 많이 만날 수 있었다. 아현동을 기록하면서 동네 사람들과 자주 이야기를 나눌 기회가 있었는데, 이야기를 나누다 한 가지 재미있는 사실을 알게 되었다. 지금도 사람들이 많이 모이는 장소 대부분이 이전부터 사람들이 많이 모이던 우물터, 공동수도가 있던 자리였다는 것이다. 물론 오래된 구멍가게나 작은 마을 슈퍼 앞에도 사람들이 모이기는 하지만, 대부분 지금은 없어진 우물터나 공동수도가 있던 자리에 아직도 옛날을 생각하며 사람들이 모인

ⓞ 한옥과 기와집은 구별되어야 한다. 기와집은 서까래와 대들보가 노출되는 천정과 흙 기와를 올린 한옥이 아니고, 트러스구조(여러 개의 직선 부재들을 한 개 또는 그 이상의 삼각형 형태로 배열하여 연결해 구성한 뼈대 구조)의 지붕에 반자(방 또는 마루의 천장을 가려서 만든 구조체)가 있고 시멘트로 만든 기와로 지붕을 만든 집을 말한다. 도시형 한옥 이후의 주택 대부분이 이런 기와집에 해당한다. 내부 구조도 전통 한옥의 좌식이 아닌 입식 생활 방식이 혼용되는 경우가 많고, 창과 문이 혼용되는 한옥과 달리 현관이 있고 창과 문이 분리되는 구조다.

● 주로 여름철에 마을 주민이 더위를 피하거나 휴식을 위해 이용하던 벽이 없고 지붕만 있는 지금의 퍼걸러 형태로, 마을 입구나 마을 뒷산 아래, 혹은 정자나무 밑에 자리하고 있었다. 원래는 초가에 남자만의 공간이었다고 하는데, 어린 시절 호남지방 시골에서 자란 사람들은 남녀를 불문하고 모정에서 놀던 추억이 있다.

다는 사실이 매우 흥미로웠다.

과거 이런 곳은 단순하게 물만 얻는 장소가 아니라 마을 소식과 함께 세상 돌아가는 이야기를 귀동냥해 들을 수 있는 장소였다. 후에 오래되고 장기 거주하는 주민들이 많은 다른 동네를 답사할 때도 같은 이야기를 들을 수 있었다. 옛 우물터나 공동수도 자리는 멀지 않은 주변으로 이사 간 사람들도 오다가다 들르는 장소이기도 했다. 더운 여름밤 좁은 실내공간의 무더위를 피해 자리를 깔고 동네 사람들이 모여 함께 잠을 자기도 했다고 한다. 전주를 중심으로 하는 호남지방 농촌에서 볼 수 있는 모정茅亭● 같은 공간이 도시 생활에도 존재하고 있음을 알 수 있었다.

아현동은 경사가 매우 가파른 곳이 많아 특히 계단이 많은 산동네였다. 지금은 사라진 신촌로 방향에서 진입하면서 만나던 계단은 아현동을 상징하는 압도적인 풍경이었다. 제한된 여건 속에서 공간을 확보하려면 위로 올라가야만 한다. 그러기 위해서는 역시 계단이 많을 수밖에 없다. 여유롭지 않은 공간에서 위로 올라가기 위해 고민이 많았을 것이다. 건축법을 100퍼센트 지키면서 만들어질 수 없는 좁은 공간의 가파른 계단은 이동 통로일 뿐만 아니라 개별 공간의 프라이버시를 지켜 주는 출입구로, 조형적인 모습까지 보여 준다. 산동네의 계단은 단순히 공간의 기능적인 연결을 넘어 이웃 간 마음을 이어 주는 통로이기도 하다.

'아현도큐먼트'를 끝내면서 아현역에서 마무리 전시회를 했다. 종료 후 깜짝 이벤트로 전시회에 사용된 사진을 그동안 촬영에 협조해 준 주민들에게 작은 선물이지만 감사의 표현으로 나누어 주려고 했다. 하지만 전시 중에 그냥 가지고 가는 사람도 있었고, 예약할 테니 꼭 자기한테 달라는 사람이 줄을 설 정도로 반응이 좋아 전시가 끝나기도 전에 사진이 거의 없어지는 묘한(?) 전시회가 되었다. 소박하게 추억을 간직하고 싶은 사람들의 마음을 확인할 수 있는 계기가 되었고, 계속되어야만 하는 도시기록의 당위성도 찾을 수 있어 보람을 느꼈다.

당시 일간지에도 여러 번 기사가 나왔고, KBS TV 뉴스에서도 소개하기 위해 기자와 촬영 팀이 방문했다. 젊은 기자는 전시회뿐만 아니라 생동감 있는 현장을 담았으면 했지만, 노련한 촬영감독은 귀찮은지 그냥 전시회장만 찍으려 했다. 강남에서 태어나 그곳을 떠나 본 적이 없던 기자는 전시된 사진을 보고 내 설명을 들으면서 골목길에 대한 호기심이 커졌다. 취재가 끝나고 구경하고 싶은 마음이 더 간절해진 기자가 간단하게나마 현장을 스케치하고 싶다며 안내를 부탁하기에, 이주가 시작되어 어수선한 현장으로 갔다. 현장에 도착하자 바쁘다며 조금은 반응이 시큰둥하던 촬영감독의 눈빛이 갑자기 달라졌다. 그리고 계속 다른 곳도 소개해 달라고 할 정도로 반전 상황이 벌어졌다. 여기는 꼭 방송이 아니더라도 개인적으로라도 기록을 남겨야 할 중요한 장소라는 말까지 하면서. 나라에서 해야 할 일을 공공이라고는 하지만 개인이나 다름없는 조그만 모임에서 한다고 나에게 진심으로 고맙다고까지 했다.

아현동을 집중적으로 답사하면서 서울의 골목길을 향한 자긍심을 느꼈다. 모로코 페즈의 미로 골목길, 이탈리아 체스테르니노나 오스투니의 골목길과는 분명하게 다른 독특한 정체성과 공간적 특성을 가지고 있고, 우리만의 따스한 감성까지 깃든 서울의 골목길은 세계문화유산의 가치가 분명 있다. 골목길은 판자촌이나 도시 불량주택 지역이 아니며, 관광지도 아니다. 골목길은 지금도 이어지고 있는 우리 일상의 생활공간으로 자본이나 권력이 지향하는 것과는 다른 가치가 담겨 있는 공간이다.

사라진 아현동은 도시형 한옥에서부터 기와집, 다세대·다가구주택, 연립주택까지, 다양한 주거 형태가 공존하는 주거 건축 박물관이었다. 골목길 사이사이로 급경사 계단길, 좁지만 이용하기 좋은 마당이 남아 있었다. 2007.9.

답사하는 동안 오래전부터 존재해 왔지만 잊힌 좁은 골목길과 계단이 보석 같은 '도시의 비밀 공간'으로 다가왔다. 골목길과 계단은 우리나라만의 독특하고 자랑할 만한 '건축가 없는 진짜 건축 공간'이었다. 2007.9.

신촌로 방향에서 진입하면서 만나던 계단은 재개발로 없어졌지만, 아현동을 상징하는 풍경이었다. 산동네의 계단은 단순히 공간의 기능적인 연결을 넘어 이웃 간 마음을 이어 주는 통로이기도 하다. 2010.9.

도시기록 관련 취재를 나왔던 촬영감독은 처음에는 반응이 시큰둥했다. 하지만 이 골목에 들어서더니 갑자기 눈빛이 달라지면서 다른 곳도 소개해 달라고 했다. 이곳은 없어지기 전에 개인적으로라도 기록을 남겨야 할 중요한 장소라고 하면서. 2007.9.

신촌로에서 바라본 해 질 녘 모습. 아파트 단지가 성채처럼 빛나는 모습이 이탈리아 토스카나 지방의 탑상도시 산지미냐노San Gimignano를 연상시킨다(아래 사진). 현재는 재개발로 마포더클래시아파트가 들어서 볼 수 없는 풍경이다. 위 2015.5.

아래 사진_WiKiRomaWiki(Wikimedia Commons)

여유롭지 않은 공간에서 오르내리기 위해 고민이 많았을 것이다. 건축법을 100퍼센트 지키면서 만들어질 수 없는 좁은 공간의 가파른 계단은 이동 통로일 뿐만 아니라 개별 공간의 프라이버시를 지켜 주는 출입구 역할도 했다. 2006.5.

은행나무는
모든 것을 기억하고 있다

왕십리 뉴타운
구 상왕십리 130번지

2000년대 중반 재개발 아파트 조경설계를 하면서 당시 유행하던 '특화설계'를 맡게 되었다. 조합과 시공사는 이미 책정된 공사비 안에서 무언가 나오기를 바랐지만, 특별한 '무엇'이 나오지 못하고 있었다. '모든 해답은 현장에 있다.' 설계할 때 나의 지론이다. 당시도 시간만 나면 현장을 답사하면서 무언가를 찾곤 했다. 이주가 거의 끝난 현장은 철거 준비를 하고 있었는데, 특별하게 상징적인 나무도 없고 남길 만한 흔적도 없어 보였다. 그러던 중 붉은 벽돌집이 유난히도 많이 눈에 들어왔다. 똑같은 모양과 규격의 공장제품이 아닌, 1960~70년대에 손으로 만들고 구워서 만든 모양과 색이 일정하지 않은 벽돌을 사용한 집이었다. 철거하면서 생기는 더 이상 생산되지도 않고 쓰이지도 않는 이 벽돌을 모아 두었다가 옛 동네의 흔적으로 출입구, 노인정 주변과 광장, 휴게시설 등에 바닥재로 사용하자고 제안했다. 조합이나 시공사가 이 의견을 다 좋아해 특화설계의 하나로 채택되었다.

몇 년의 시간이 흘러 조경공사가 시작되었다. 바닥재로 쓰일 벽돌을 찾았더니, 아뿔싸! 중국에서 수입하는 파벽돌이 준비되어 있었다. 조합의 어르신 한 분이 말씀하시기를 철거하면서 인건비 문제로 그냥 싹 밀어 버려 벽돌을 별도로 준비하지 못하고 중국 벽돌을 쓰기로 했다는 것이다. 크기도 모양도 다르고 어떠한 의미도 부여할 수 없는 중국 벽돌. 수십 년의 시간이 쌓인 흔적의 가치가 인건비 몇 푼의 가치도 되지 않는다는 현실을 생각하니 몹시 속상했다.

2005년 도시답사와 기록을 하면서 자료를 찾다가 왕십리에 남아 있는 재미있는 건물과 관련한 논문 '상왕십리 130번지 공장건물의 변화와 주거지 적응 형태 연구'(《대한건축학회 논문집》 21권 6호, 2005년 6월)를 보게 되어 집중적으로 왕십리를 답사했다. 몇 년 후 이 동네는 이명박 시장이 심혈을 기울인 사업 중 하나인 왕십리 뉴타운 사업 시범 현장이 되어 모두 사라졌고, 5000세대 대규모 아파트촌으로 변했다. 답사하면서 조선시대의 흔적을 볼 수 있는 골목길, 재미있는 공장주택, 450여 년 된 오래된 은행나무 등이 특히 인상적이었다. 뉴타운으로 지정된 후에 당연히 언급한 세 장소 모두 흔적도 없이 사라졌을 줄 알았다. 2011년 어느 날 우연히 부근을 지나다 주변은 모두 헐렸지만 홀로 서 있는 은행나무를 보았다. 그리고 철조망으로 둘러싸여 보호받고 있는 은행나무 옆에는 공장주택을 헐면서 남겨 놓은 붉은 벽돌이 쌓여 있었다. 요즘은 흔하지는 않아도 가끔 볼 수 있지만 불과 10년 전만 해도 흔적을 남기거나 보존하는 사례는 일반적인 아파트 재개발 현장에서 찾아볼 수 없었다. 은행나무를 보존하고 남기는데 추가 공사비로 수억 원이 들어갔다는 소리를 들었다.

2009년 광화문광장을 만든다며 오래된 은행나무들을 사전 준비나 대책도 없이 옮겨 심어 죽이거나, 겨우 목숨만 부지한 상태의 처참한 모습으로 남겨 놓은 현실과 비교되는 사례다. 10여 년이 지난 후 2021년 또다시 광화문광장을 재조성(서울시의 공식 명칭은 광화문광장 재구조화)하면서 나무를 새로 심었다. 죽은 은행나무만 불쌍하다. 재구조화 계획대로라면 은행나무는 옮길 필요가 없었다. 시장이 바뀌면 광화문광장이 또 어떤 모습으로 변할지 궁금하다. 자기 집 앞마당이라면 이렇게 몇 년마다 한 번씩 다 자란 나무를 내다 버리고 새롭게 나무를 심을 수 있을까? 광화문광장(정확하게 표현하면 공원)은 공적 예산이 사용되는 시민의 광장이지 누군가의 취향에 따라 부수고 다시 만드는 일을 반복할 수 있는 개인 집 마당이 아니다.

공원과 광장은 유럽의 대표적인 도시 외부공간으로, 공원과 광장은 개념이 다르다. 공원은 산업혁명 이후 도시로 일자리를 찾아 시골에서 노동자들이 몰려들면서 그들의 휴게공간이 필요해 만들어지기 시작했다. 보통 1847년 조셉 팩스턴Joseph Paxton의 설계로 만들어진 영국 리버풀 부근의 버킨헤드파크Birkenhead Park를 공원의 시작으로 본다. 1850년 버킨헤드파크를 답사한 미국 조경가 프레더릭 로 옴스테드Frederick Law Olmsted가 설계한 센트럴파크가 뉴욕 맨해튼에 1857년 문을 열면서 공원이 도시의 대표적인 녹색 휴게공간으로 자리 잡았다.

고대 그리스 아고라부터 기원을 찾을 수 있는 광장도 물리적인 녹색공간(나무와 숲)은 없지만, 휴식이나 산책 등 이용 행태로 보았을 때는 도시 녹색공간이라 할 수 있다. 서양의 입식 생활은 내외부 구별 없이 신발을 벗지 않기 때문에, 광장은 실내 거실이 외부 거실처럼 건축적인 공간으로 확장된 개념이라고 볼 수 있다. 광장 대부분은 성당이나 관청, 시장 등을 중심으로 만들어져 종교, 정치, 문화, 상업 등 거의 모든 도시 활동이 이루어지는 장소다. 광장은 보통 사방이 건물로 둘러싸이고 규모도 그리 크지 않은 문화적 공간으로, 햇빛이 부족한 유럽에서는 전통적이고 역사적인 광장에 나무를 심지 않았다.

1922년 일제강점기에 제작된 서울 지도 '경성도'를 보면 서울 교외 지역 동쪽으로 시가지를 이룬 지역이 꽤 눈에 들어오는데, 여기가 왕십리다. 이때부터 공장들이 들어서며 주거지역과 함께 어느 정도 시가지화되었다는 사실을 알 수 있다. 앞에서 언급한 논문의 재미있는 공장건물(옛 지번 상왕십리 130번지)은 현재 왕십리 도선동주민센터 자리에 있었다. 1939년 일제강점기에 ㈜홍아학동피복이라는 상호의 의류공장으로 지어진 건물로, 해방 직전 전쟁 시기에는 군복을 생산하기도 했다고 전해진다. 해방 후에는 미국 뉴욕 센트럴파크. 19세기 중반, 이 공원을 조성할 당시만 해도 모든 사람이 필요성을 크게 느끼지 못했다. 하지만 설계자 옴스테드는 "지금 100만 평의 공원을 만들지 않으면 100년 후에는 뉴욕에 100만 평의 정신병원이 필요하게 된다"라며 시민들을 설득했다. 시인이자 언론인인 윌리엄 브라이언트 역시 "지금 맨해튼에 대규모 녹지공간을 확보하지 않으면 앞으로는 지가 상승 때문에 100만 평의 공원을 만들 수 없다"며 시민들의 지지를 호소했고, 결국 공원이 만들어지게 되었다. 2008.4.

이탈리아 토스카나 지방의 작은 도시 시에나에 있는 캄포광장Piazza del Campo. 조개 껍질을 닮은 특이한 부채꼴 모양으로 유명한 이 광장은 세계에서 가장 아름다운 광장으로 손꼽힌다. 11세기에 만들어지기 시작해 14세기 중반 현재의 모습을 갖추었다. 위 2001.7. 아래 2002.7.

장醬공장으로 활용되었다고도 한다. 건물의 동서쪽 상부 벽면에 공장건물의 특징적인 지붕 형태인 톱날지붕 sawtooth roof⊙의 흔적이 그대로 남아 있다. 두세 사람이 걸으면 어깨를 부딪칠 것 같은 좁은 골목길을 지나다 보면 한쪽으로 2층보다 높고, 길이도 20미터가 넘는 붉은 벽돌 담장이 나타난다. 대문도 없이 벽돌 벽을 뚫어 만든 좁은 개구부 두 개만 보인다. 그저 무심코 지나치기 쉬운 높은 벽이지만, 안을 들여다보는 순간 '와우' 하고 저절로 감탄사가 나올 수밖에 없는 풍경이 펼쳐진다. 한국전쟁 때 화재로 지붕이 없어지고 외벽만 남은 공장건물 빈터에 피난민들이 하나둘 집을 지으면서 자연스럽게 작은 마을이 만들어졌고, 남북으로 하나, 동서로 두 개의 골목길도 변형된 F자 모양으로 생겨났다. 남겨진 공장 벽을 최대한 활용하여 공사비도 줄이고 일조권도 확보하려고 처음에는 벽을 따라 지은 듯하다. 가운데에는 마당이 남아 있었는데, 사람이 많아지면서 마당에도 집이 들어서 골목길까지 만들어졌을 것이라 생각된다.

답사하면서 공장건물 북쪽으로 이어지는 작은 골목길을 따라가다 당시 공장에서 일하던 사람들의 숙소로 사용되었을 것으로 예상되는 몇 채의 일본식 가옥이 남아 있는 것을 볼 수 있었다. 마치 의류가 생산되고 노동자들이 바쁘게 움직이는 1930년대 활기찬 공장 모습이 내 눈 앞에 펼쳐지는 듯했다. 상황과 필요에 따라 남아 있는 공장 벽에 의지하여 최소의 재료와 구조로 만들어진 13채의 주택은 주택이 기본적으로 갖추어야 할 출입구, 향, 일조권 등 당시 상황에 맞추어 열악한 환경 속에서도 최대한 좋은 조건을 찾으려고 노력했음을 보여 준다. 좁은 실내 공간을 보완하기 위해 마당은 모두 지붕을 덮어 확장된 실내 공간으로 활용했다. 공장 주거 내부를 위에서 한눈에 보고 싶어 조금 높은 건너편 건물 옥상에 올라가니

⊙ 한쪽은 수직면, 다른 한쪽은 경사를 이루고 있는 면이 반복되는 톱날 모양의 지붕으로, 주로 공장의 채광을 위해 만든다. 균일한 조도를 위해 보통 북쪽으로 창을 낸다.

새로운 풍경이 펼쳐졌다. 톱날지붕 흔적이 선명하게 보이는 사각형 공장건물 뒤편으로 혼란스럽게 섞여 있는 각종 주거 형태가 보이고, 청계천 변으로 고층 아파트가 올라가면서 사이사이로 인왕산과 북한산이 멀리 보였다. 현장을 방문해 직접 보지 않으면 배치도를 봐도 건축가나 전문가가 아닌 한 어떻게 설명해도 이해하기 힘든 건축물이었다. 나 역시 처음 논문의 내용을 보고 너무 신기하기도 하고 재미있었지만, 감히 상상하기 어려웠다. 현장을 답사하고 나서야 실체를 정확하게 알 수 있었다. 언젠가 답사했던 이탈리아 토스카나 지방 작은 중세 성곽도시 몬테리지오니Monteriggioni의 마을과 골목길이 불현듯 떠올랐다. 규모는 작지만, 만약 남아 있었다면 몬테리지오니를 능가하는 흔치 않은 사례가 되어 세계적으로도 유명해질 수 있는 매우 훌륭한 살아 있는 건축생활사박물관이 되지 않았을까?

유네스코가 지정한 첫 번째 세계산업문화유산은 1870년대에 건립되어 1986년에 문을 닫은 독일 자르브뤼켄의 제철소Völklinger Hütte다. 1873년부터 쇳물을 쏟아 낸 이 제철소는 1950년대에 하루 1100톤의 선철을 생산했다. 1970년대까지도 1만7000명 이상의 노동자가 일했던 대규모 제철소였지만, 1960년대 제철산업이 사양길로 접어들면서 공해산업의 주범으로 낙인찍혔다. 결국 주민과 시민단체의 끈질긴 폐쇄 요구가 있어 1986년 문을 닫았다. 주민 30퍼센트 이상이 이런저런 이유로 엮여 있던 지역산업의 기반인 용광로의 불이 꺼졌다. 하지만 마지막 작업이 끝나는 순간 전혀 예상 밖의 일이 벌어졌다. 폐쇄를 주장하던 그 시민단체들이 주동해 지금까지 해 왔던 그들의 요구와는 정반대로 제철소를 보존하라며 모든 출입구를 봉쇄해 버렸다. 결국 그들의 노력으로 이 제철소는 1994년 유네스코 세계산업문화유산으로 등록된다. 현재도 1940년대 제철소의 독특한 외관을 그대로 무심코 지나치기 쉬운 높은 벽이지만 안을 들여다보는 순간 '와우' 하고 저절로 감탄사가 나올 수밖에 없는 풍경이 펼쳐진다. 한국전쟁 때 화재로 지붕이 없어지고 외벽만 남은 공장건물 빈터에 피난민들이 하나둘 집을 지으면서 자연스럽게 작은 마을이 만들어졌다. 위 2006.10. 두세 사람이 함께 걸으면 어깨를 부딪칠 것 같은 좁은 골목길 한쪽으로 2층보다 높고 길이도 20미터가 넘는 붉은 벽돌 담장에 대문도 없이 벽돌 벽을 뚫어 만든 좁은 개구부 두 개만 보인다.   아래 2006.10.

13채의 주택은 상황과 필요에 따라 남아 있는 공장 벽에 의지하여 최소의 재료와 구조로 만들어졌다. 출입구, 향, 일조권 등 주택이 기본적으로 갖추어야 할 조건을 당시 상황에 맞추어 최대한 찾으려고 노력했음을 알 수 있다. 2006.10.

● 조선시대 한성부에 속한 도성으로부터 10리 떨어진 지역으로, 성내와 비교하면 상주인구는 적었지만 묘지 만들기나 벌목 등을 할 수 없는, 현재의 그린벨트처럼 보호되던 지역이다.

유지하면서 전시·문화시설로 이용되고 있다.

요즘은 과거 단순 제조업을 위해 존재하던 근대 산업시설을 전시장과 아틀리에 같은 문화시설로 이용하면서 고부가가치를 창출하는 경우가 많다. 자르브뤼켄의 제철소는 우리에게 좋은 선례를 보여 준다. 부수고 없애는 일만이 능사가 아니다. 우리도 남의 나라를 부러워만 하던 시대는 지났다. 독일처럼 성숙한 시민의식을 충분히 발휘할 수 있는 여건이 충분히 조성되었다고 생각한다.

왕십리라는 이름은 조선 초 무학대사가 도읍을 정하려고 이곳까지 와서 도선대사의 화신이었던 한 늙은 농부로부터 "10리를 더 가야 한다往+里"는 가르침을 받은 데서 유래한다고 전해진다. 실제로 도성으로부터 약 10리(약 4킬로미터) 정도 떨어진 거리에 위치하기 때문에 왕십리라는 동명이 생겨났다는 말도 있다. 아마도 당시에는 은행나무가 없었겠지만, 왕십리에서 비교적 높은 이곳쯤에서 무학대사가 멀리 북한산, 백악산, 인왕산을 바라보며 도읍을 꿈꾸지 않았을까? 무학대사가 도읍을 정하려고 처음 머물렀던 곳이 지금의 사근동 한양대학교 자리였다는 이야기도 있다. 북쪽으로 행당산, 서쪽으로 매봉산, 동쪽으로는 청계천이 흐르고 있어 명당으로 생각했지만, 무학대사가 소를 끌고 지나가던 한 노인이 해 준 "이 무학같이 미련한 소야. 북서쪽으로 10리를 더 가라"는 말을 듣고 도읍의 중심이 되는 경복궁의 위치를 정했다고 한다. 왕십리는 성저십리城底+里●로 조선시대 500여 년간 한성부에 속했다.

몇십 년의 기억이 흔적도 없이 사라지는 경우가 다반사인데, 상왕십리 130번지는 그래도 몇몇 사람들의 보이지 않는 노력으로 도면과 사진으로라도 볼 수 있어 다행이다. 이 글을 쓰면서 현장을 다시 한번 확인하고 싶어 방문했다. 은행나무는 여기저기 영양제를 맞고는 있지만 잘 살아 있었고, 현장에 남아 있었던 공장의 붉은 벽돌은 발견할 수 없었다. 지나가는 사람들한테 물어보아도 그런 내용을 아는 사람은 없었다. 그래도 예전 지형이 어느 정도 남아 있어 은행나무가 원래대로 높은 지대에 위치하고 있었다.

지금은 주변 모두가 아파트 숲으로 변해 불과 20여 년 전 풍경마저도 볼 수 없다. 옛날 무학대사가 "내가 찾던 곳이 바로 여기다" 하면서 도읍을 꿈꾸었을 만한 사라진 멋진 서울의 산 풍경이 아쉽기만 하다. 만일 무학대사가 환생해 이 풍경을 보면 어떤 반응을 보일지 참 궁금하다. 땅을 치며 대성통곡하지 않을까. 이제는 왕십리 도선동이라는 지명 외에는 옛길과 함께 기억도 흔적도 모두 사라져 무학대사는 물론 귀신도 찾을 수 없을 만큼 변해 버렸다. 묵묵히 표정 없이 그때 그 자리에 서 있는 은행나무만은 모든 것을 알고 있지 않을까?

이탈리아 토스카나 지방의 몬테리지오니는 시작부터 끝까지 천천히 걸어도 10분이 채 걸리지 않는다. 단테의 《신곡》에도 언급되는 왕관 형태의 작은 성곽 안에 교회와 관청, 광장, 주거공간까지 갖춘 완벽한 도시다. 위 사진_Lthelion(Wikimedia Commons)

독일 자르브뤼켄의 제철소 Völklinger Hütte는 1960년대 공해산업의 주범으로 낙인찍혀 주민과 시민단체의 끈질긴 폐쇄 요구가 이어졌고, 결국 1986년 문을 닫았다. 용광로의 불이 꺼지고 마지막 작업이 끝나는 순간 예상 밖의 일이 벌어졌다. 폐쇄를 주장하던 사람들이 지금까지의 요구와는 정반대로 제철소를 보존하라며 모든 출입구를 봉쇄해 버린 것이다. 이들의 노력으로 제철소는 1994년 유네스코의 첫 번째 세계산업문화유산으로 등록되었고, 우아한 문화공간으로 다시 살아났다. 아래 2006.11.

조금 높은 곳에서 본 공장 주거 전경. 언젠가 방문했던 이탈리아 토스카나 지방의 몬테리지오니가 생각났다. 2006.10

한양대학교에서 왕십리 방향을 바라본 모습. 전해지는 이야기로는 처음 무학대사가 도읍을 정하려고 머물렀던 곳이 지금의 사근동 한양대학교 자리였다고 한다. 아마도 무학대사는 비교적 높은 이곳쯤에서 멀리 북한산, 백악산, 인왕산을 바라보며 도읍을 꿈꾸지 않았을까?
2011.3.

공장 주거 내부를 위에서 한눈에 내려다보고 싶어 건너편 건물 옥상에 올라가니 새로운 풍경이 펼쳐졌다. 톱날지붕이 선명하게 보이는 사각형 공장건물 뒤편으로 혼란스럽게 섞여 있는 각종 주거 형태가 보였고, 청계천 변으로 올라가고 있는 고층 아파트 사이사이로 인왕산과 북한산을 볼 수 있었다. 2006.10.

이제는 왕십리 도선동이라는 지명 외에는 옛길과 함께 기억도 흔적도 모두 사라져 무학대사는 물론 귀신도 찾을 수 없을 만큼 변해 버렸다. 묵묵히 표정 없이 그때 그 자리에 서 있는 은행나무만은 모든 것을 알고 있지 않을까? 사진은 왼쪽부터 은행나무가 원래 있던 풍경, 공사가 진행되는 모습. 그리고 아파트가 들어선 후 현재 풍경. 좌 2006.10. 가운데 2011.3. 우 2021.2.

티베트의 아추가르를
떠올리게 한 달동네

**이주민 정착촌
난향동과 삼성동**

1995년 방문한 달동네 난곡(신림7동)은 혼돈 그 자체였다. 사진으로 보고 놀라움에 할 말을 잊었던 동티베트 아추가르Achuk Gar●가 서울에도 있다니! 어디를 답사하고 무엇을 봐야 하는지 혼란스러웠다. 대학 시절 난곡에서 야학 봉사를 하는 친구들이 있어 가끔 친구들이 도움을 청하면 그곳을 방문하곤 했다. 대부분 어렵게 살던 때라 그곳이 특별한 공간으로 생각되지 않았고, 크게 이질감도 느끼지 못했다. 그리고 지금 돌이켜보면 조금 창피한 이야기지만 그때는 고건축에 꽂혀 건축학도로 당연히 관심을 가져야 할 달동네도 골목길도 그렇게 자세히 본 적이 별로 없다.

하지만 20여 년이 지나 다시 그곳을 방문했을 때 너무 급변한 서울의 모습과는 다른 잊힌 풍경이라 조금 혼란스러웠다. 건축학과 대학원 수업을 하면서 학생들과 서울의 다양한 장소를 체험하기 위해 방문했을 때 재개발을 앞두고 어수선하고 황량한 풍경이 펼쳐져 있어 마음이 편치 못했다. 당시 달동네가 무대가 되는 〈서울의 달〉이라는 TV 드라마가 최고 시청률을 자랑하며 인기몰이를 하다 끝이 났다. 달동네 삶이 조금은 낭만적으로 묘사된 것을 보고 난 후라 그런지 기대했던 풍경과는 전혀 다른 분위기가 마음을 불편하게 만들었다. 하지만 그 후 2001년 철거될 때까지 여러 번 그곳을 답사하면서 첫인상과는 달리 그렇게 무겁지 않은 마음과 새로운 시각으로 기록을 할 수 있었다.

● 흔히 중국에서는 야칭스亞青寺라 표현하지만 티베트 이름 아추가르로 불러야 바르다고 생각한다.

난곡 달동네는 특별한 장소가 아니라 그냥 보통의 서울 사람들이 사는 동네였다. 서울 강북 지역에서 철거민이든 수재민이든 여러 형편상 집단 이주하게 된 사람들이 모여 사는 조금 가난하고 낙후된 동네일 뿐이다. 물론 다른 것도 많았다. 한 사람 겨우 들어갈 수 있는 공간에 쪼그리고 앉아 일을 치르는 냄새 나는 재래식 화장실은 당시 일부 학생들에게는 너무 낯선 아추가르는 티베트 불교를 대표하는 성지이자 1만여 명의 닝마파 승려가 거주하며 수도하는 수행처다. 약 70퍼센트가 여성이고 짧게는 3개월에서 1년, 길게는 3년까지 본인들이 직접 만든 쪽방에 머무르며 수행한다. 1985년 라마야추 란포체가 사원을 세우며 마을이 형성되었다. 난곡과 삼성동을 보자마자 아추가르가 떠올랐다. 2011.2. 사진_박종우

풍경이었다. 그러나 그런 화장실은 1970년대까지도 어디서나 볼 수 있었다. 나도 어린 시절 어머니의 명령으로 재래식 화장실 앞에 앉아서 분뇨 퍼 가는 모습을 보면서 몇 번이나 가지고 가는지 땅바닥에 막대기로 '正'자 표시를 하면서 지켜본 기억이 있다. 군인 철모로 만든 바가지로 오물을 퍼서 들통에 담은 후 지게에 메고 나가 수레 위의 큰 통에 넣어 내가는 방법으로 처리했다. 그 일이 끝나면 조금의 용돈을 받아 군것질하는 즐거움을 누렸다. '조금 가난하다'는 것도 정확하게 어떤 기준으로 설명할 수 있을지 모르겠다. 달동네는 사라진 도시풍경도 아니고 특별한 동네도 아니다. 아파트촌만 조금 벗어나도 아직도 동네 구석구석 어디서나 달동네의 모습은 발견된다. 재개발을 기다리고 기다리다, 어디선가 사진에서 본 듯한 난민촌 같은 형편없는 모습으로 존재하기도 하지만, 대부분은 보통 사람들의 일상 생활공간으로 우리 앞에 나타난다.

2007년 9월 8일 〈서울신문〉은 난곡을 다음과 같이 소개하고 있다. "조선시대 유배지에 갇힌 강홍립이 난초를 많이 길렀다고 해서 '난곡蘭谷'이었고, 청소차에 실린 도시 철거민들이 뼈 굴러다니는 공동묘지에 쓰레기처럼 내던져졌다 해서 '낙골落骨'이었다." 1960년대 철거민 집단 이주 정착촌이 형성되기 이전부터 난곡천을 따라 산기슭에 난곡, 된굴, 못골, 이렇게 세 개의 마을이 이미 자리 잡고 있었다고 한다. 조선시대에도 여기에 사람이 살았다는 기록이 있는 것을 보면 관악산 북쪽 자락에 산과 개울이 어우러진 사람이 살기 좋은 장소였으리라. 1991년 양윤재는 우리나라에서 달동네를 처음 연구한 초기 자료 《저소득층의 주거지 형태 연구》(열화당)에서 신림7동 난곡을 이렇게 표현했다. "비록 힘들게 가꾸어 온 내 집, 우리 동네지만 눈만 뜨면 하루살이가 지겹게 다가오고 있고, 한 집 두 집 자리를 뜨면서 공동체 의식도 점점 사라지고 있다." 오래전부터 사람들이 일상생활을 영위하고 살아온 평범한 마을의 공간으로 바라보기보다 어떤 선입견으로부터 연구가 시작되었다는 느낌이 든다. 어찌 철거민 집단 이주 정착촌 달동네의 삶만 힘들고 지겹겠는가.

달동네를 바라보는 시각이나 가치 판단 기준은 사람마다 다르고 정답도 없다. 그래서 명칭도 달동네, 판자촌, 저소득층 주거지, 불량주거지 등 다양하다. 하지만 달동네를 바라보는 공통적인 시각은 빈민 혹은 영세민 주거지라는 것이다. 사실 '빈민'의 정의도 상대적이다. 그래서인지 불량주거지가 불량한 사람들이 사는 동네를 의미하는 것은 절대 아니라는 사족이 종종 붙는다. 달동네 골목길은 사람 사는 냄새가 나서 인간적이고 훈훈하며 정감이 느껴지는 동네로 감성적으로 묘사되곤 한다. 하지만 오랜 기간 답사하면서 보았을 때 달동네는 그냥 사람들이 사는 동네일뿐이다. 가끔 거울이나 옛 사진을 보며 나의 젊은 시절을 그리워하듯, 옛 추억에 젖어 달동네를 감성적으로 바라보는 것은 아닐까?

낙곡은 1967년부터 정부의 판자촌 철거 정책에 따라 이촌동, 대방동, 남대문, 서울역, 용산, 청계천 등에서 철거민이 정착하기 시작하면서 마을이 형성되었다. 처음 30~40가구가 정착하면서 형성된 낙곡마을은 1970년대는 한 때 2600가구 1만3000명이 모여 사는 대규모 정착촌이었다. 마지막까지 17만1770제곱미터(약 5만2000평)의 면적에 2509동 6148명이 삶을 이어 갔다. 2003년 4월 완전히 철거되고 현재는 관악산휴먼시아아파트가 들어섰다. 초기에는 어느 정도 계획적으로 등고선에 따라 동서와 남북으로 가로 체계가 만들어지고 세대별로 대지가 분할되어 이주했다. 상하수도 등의 기반시설은 열악했고, 구청(당시는 관악구가 아니라 영등포구)에서 나와

"너무나 질서정연하게 늘어서 있는 집들의 모습이 초등학교 아침 조회처럼 느껴지는 마을이다. 비록 힘들게 가꾸어 온 내 집, 우리 동네지만 눈만 뜨면 하루살이가 지겹게 다가오고 있고, 한 집 두 집 자리를 뜨면서 공동체 의식도 점점 사라지고 있다." '달동네'를 건축적인 측면에서 연구하기 시작한 초기 자료《저소득층의 주거지 형태 연구》에서는 난곡을 이렇게 서술하고 있다. 2001.5.

경사가 심해 두 개의 주요 도로를 빼고는 차가 다닐 수 없는 계단과 골목길이 이어지고 있다.
2001.5.

● 행정동은 행정안전부가 행정편의를 위해 구역을 정해 관리하는 동네로 행정동 단위마다 주민센터가 있다. 이에 반해 법정동은 법무부가 관리하고 있으며, 1914년 일제강점기에 식민지 수탈을 쉽게 하려고 행정구역을 개편하면서 지정된 지명이 거의 변하지 않고 현재까지 쓰이고 있다. 쉽게 설명하면 ○○동 주민센터 앞에 들어가는 동명이 행정동이다. 법정동명과 행정동명이 같은 경우도 많다. 오래된 동네일수록 법정동명이 가게 이름 등에 흔하게 사용되는 경우를 볼 수 있다.

횟가루를 뿌려 땅에 금을 그어 필지를 나누어 주면 알아서 집을 지었다고 한다.

관악구는 신림동, 봉천동, 남현동 세 개의 법정동●으로 이루어진, 그리 오래되지 않은 서울의 자치구다. 원래 경기도 시흥군 동면에서 1963년 서울시 영등포구로 편입되었다가 10년 후 1973년 관악구라는 이름으로 영등포구에서 분리된다. 관악구는 1963년부터 서울 강북 지역의 수재민과 철거민이 신림동과 봉천동으로 이주하면서 도시가 확장되며 만들어진 자치구라고 할 수 있다.

난곡은 경사가 심해 두 개의 주요 도로를 빼고는 자동차가 다닐 수 없는 골목길이 이어지는 곳이었다. 대지는 5×5미터 기준으로, 5×10미터 대지에는 두 가구가 사용하도록 주택이 지어졌다. 작은 주택도 방 하나를 세를 주는 경우가 흔했다. 이 경우 마당 한쪽에 임차인을 위한 간이 부엌이 마련되기도 했다. 당시는 달동네가 아니라도 보통 주택의 방 하나는 세를 주고 거실과 부엌, 화장실은 주인과 같이 사용하곤 했다. 워낙 협소해 실내공간의 확장 개념으로 마당은 투명 슬레이트를 덮어 사용했고, 당연히 화장실은 대문 밖 도로에 만들어졌다. 대지가 워낙 좁아 장독대 등은 별도로 도로에 단을 쌓아 수납시설로 이용하거나 대문 위나 화장실 옥상으로 올라가는 계단을 별도로 설치해 이용하기도 했다. 대문 밖 골목길이나 계단은 확장된 주택의 외부공간이자 아이들의 훌륭한 놀이 공간이기도 했다. 건물과 건물 사이의 좁은 처마 밑 공간도 연탄을 쌓아 두거나 창고 등으로 이용했다. 그 좁은 공간에서도 곳곳에 크고 작은 다양한 화분을 놓아 아름다운 풍경을 연출했다. 온갖 물건으로 가득해 어수선했지만 멀리서 바라보면 질서정연한 모습을 보여 주는 골목과 주택은 아름답기까지 했다.

눈이 내려 쌓이거나 밤에 골목길 가로등 불이 켜지면 혼잡한 모습이 사라지면서 멀리 남산과 봉천동 그리고 이미 아파트가 들어선 서울의 또 다른 모습을 배경으로 영화의 한 장면처럼 낭만적인 풍경이 펼쳐지기도 했다. 2001년 마지막으로 낙곡을 방문할 때는 당시 고등학교 1학년이었던 딸과 함께했다. 마침 딸이 건축과 진학도 생각할 때라 사라지면 보지 못할 우리 주거사의 중요한 현장을 꼭 보여 주고 싶었다. 건축가에게 주거건축과 이와 관련된 도시공간의 이해는 중요하기 때문이다. 답사하면서 별말은 없었지만 아마도 본인이 이제까지 경험하지 못했던 공간체험을 했을 것이다. 건축을 전공한 딸이 졸업 설계 작품으로 제출한 미아리 다세대 집단 주거 지역의 리모델링 관련 프로젝트를 보면서 낙곡 답사가 어느 정도 그의 건축관 형성에 영향을 미치지 않았을까 생각해 보았다. 스위스로 석사과정을 하러 떠난 딸이 취리히 시내 낙후된 주거지역을 졸업 설계 주제로 선택한 것을 보면 그에게도 분명 주거가 주요 관심사 중 하나였던 것 같다. 20여 년 전 다 사라져 앞으로는 보지 못할 것이라는 생각에 초조하고 아쉬운 마음으로 기록했던 달동네는 규모는 작아졌지만, 아직도 서울 여기저기에 다양한 모습으로 남아 있다.

낙곡과 아추가르는 뭔가 많이 닮았다. 낙곡이 원래 거주지를 떠난 사람들이 모여 만든 마을이라면, 아추가르는 수도修道를 하기 위해 집을 떠나 정착한 사람들의 사원寺院이자 마을이다. 동네 위쪽 산에서 바라본 낙곡과 강 건너 멀리에서 바라본 아추가르는 어딘가 질서정연하고 아름답게 보이는 풍경이 비슷한 느낌을 준다. 구멍가게도 있고, 공동 수도도 보이고, 골목길이 좁은 실내가 확장된 공간처럼 이용되는 모습도 비슷하다. 처음부터 이주지로 정해져 어느 정도 계획적으로 틀을 정하고 최소한의 기반시

재개발로 사라진 난곡 전경. 현재 관악산휴먼시아2단지아파트 223동 산복터널 부근에서 북쪽으로 바라본 모습으로, 오른쪽 위가 난향삼거리. 난곡은 서울의 대표적인 달동네로 1960년대 서울 시내 도시미관 정화작업이 진행되면서 대규모 철거민 이주 정착촌을 형성하며 만들어졌다. 2001.5.

달동네 난곡은 특별한 장소가 아니라 그냥 보통 서울 사람들이 사는 동네였다. 서울 강북 지역에서 여러 이유로 집단 이주한 사람들이 모여 사는 조금 가난하고 낡은 동네일 뿐이다.

2001.5.

마을 입구에 자리 잡은 구멍가게는 모든 것을 해결할 수 있는 동네 사랑방이었다.　2001.5.

철거가 진행되면서 좁고 가파른 골목길에서는 제대로 볼 수 없었던 난곡 이주 초기에 지어진 집 원형이 그대로 모습을 드러내고 있다. 2001.5.

신림역 사거리 부근에서 바라보이는 관악산. 난향동이나 삼성동은 넓게 보면 관악산 언저리 동네다. 서울 남쪽 외사산인 관악산 너머로 과천시와 안양시가 자리 잡고 있다. 600여 년 전 한양을 조선의 수도로 정할 때 한양도성 밖으로 여기까지 확장될 것을 미리 예견한 듯 서울의 행정구역이 외사산으로 경계 지어진다는 점이 매우 흥미롭다. 2021.1.

설을 갖추어 집의 크기까지 맞추어 만들어진 산동네가 난곡이라면 아추가르는 무계획으로 확장되면서도 서로 불문법 같은 질서를 지키며 평지에 조성된 점이 다르다면 다를까.

난곡과 같은 이주민 정착촌이자 난곡 바로 옆에 있는 동네인 삼성동을 답사하면서 다시 아추가르가 떠올랐다. 강남구 삼성동이 아니고 관악구 삼성동이다. 옆에는 신사동도 있다(또 하나의 신사동이 은평구에도 있다). 난곡은 재개발 이후 신림7동에서 난향동으로 동네 이름이 바뀌었다. 삼성동도 원래는 신림6동과 10동인데 봉천동이나 신림동이 달동네 이미지가 강해 바꾼 이름이다. 1980년에 방영된 인기 TV 드라마 〈달동네〉의 무대가 봉천동이었다. 달동네의 고유명사처럼 인식되던 봉천동은 법정동으로는 남아 있지만 행정동명에서는 완전히 사라지고 (그 지역에 살지 않는 사람은 잘 알 수 없는) 행운동, 청룡동, 은천동, 보라매동, 낙성대동 등으로 바뀌었다. 삼성동이나 신사동이라는 동명을 쓰면서 강남구가 사용을 금지해 달라며 법정 분쟁까지 갔으나 '문제 없다'는 대법원의 최종 판결이 났다. 난곡은 산자락 경사지에 자리 잡았고, 삼성동은 복개된 개천을 중심으로 평지에 자리 잡아 평지 개울가에 있는 아추가르와 닮은 점이 더 많아 보인다.
큰 S자로 흐르는 복개된 물길 주변으로 마을이 형성되어 있다. 길을 따라 간혹 2층이 보이기는 하지만 1층 건물 대부분에 일상생활과 밀접한 상점들이 들어서 있다. 오래된 동네라 수리할 것이 많은 탓인지 특히 설비집, 인테리어집, 도배집, 철물점 등이 거의 한 집 건너 하나라 할 만큼 많다. 일 끝나고 집에 들어가면서 한잔할 수 있는 순대국밥집이나 실비집도 많이 보인다. 상점가 뒤로는 주거지가 자리 잡고 있다. 현재는 다세대·다가구주택으로 많이 변했지만, 구석구석 옛 주택이 남아 있다. 이유는 모르겠지만 구역별로 이주 당시의 모습이 그대로 남아 있는 지역과 거의 모두 새롭게 변한 지역이 확연히 구별되기도 한다. 끝에 환풍기가 돌아가는 굴뚝이 골목마다 여기저기 높게 올라가 있고, 1960~70년대 풍경을 떠올리게 하는 사용한 연탄재나 사용할 연탄이 쌓여 있는 모습도 보인다.

지도를 봐도 알 수 있지만, 특히 원산길 지역에는 초기 이주 당시 필지의 모습을 알 수 있는 주택은 물론, 차량 통행이 불가능할 뿐만 아니라 겨우 한두 사람 지나다닐 수 있는 좁은 골목길들이 여전히 그대로 남아 있다. 서울에서 한 구역 전체가 이런 좁은 골목길로 이루어진 곳을 여기만큼 많이 볼 수 있는 동네는 내 기억으로는 없다. 쪽방촌 골목도 이 정도는 아니다. 처음 필지를 나눌 때는 그래도 좀 반듯하게 구획하고, 골목길도 최소한의 폭을 확보했을 것으로 보인다. 추측건대 집이 들어설 때 서로 경쟁하듯 '땅따먹기'를 하면서 조금이라도 자기네 공간을 더 확보하려다 현재와 같은 좁은 골목길이 생겨났을 것이다.

골목길을 비롯한 마을 공간 구조는 높은 곳에 올라가서 보아야 진면목이 드러난다. 헬리콥터를 타고 볼 수는 없으니 높은 건물을 찾아야 한다. 마침 동네 끝자락에 전경을 보기에 최적인 개방된 복도식 아파트가 있어 올라갔다. 드론으로 볼 수도 있겠지만 렌즈를 통해 보는 것과 두 눈으로 직접 보는 것은 감동의 격이 다르다. 서울판 아추가르 삼성동의 모습과 달동네에서 아파트로 모두 바뀐 봉천동 풍경이 한눈에 들어온다. 멀리서는 오래되고 낙후된 모습이나 힘들게 살아가는 형편이 보이지 않고 알 수도 없으니 그저 멋진 장면으로 눈에 들어온다.

삼성동은 '밤골마을'로도 알려져 있다. 서울 상도동과 신길동에도 밤골마을이 있다. 예전에는 서울에서도 밤이 생산되었다는 증거다. 전성기에는

재개발을 앞둔 삼성동과 재개발이 끝나 아파트촌으로 변한 서울대입구역 사거리 부근 봉천동 전경. 멀리 남산이 보인다. 2016.5.

원산길 지역에는 초기 이주 당시 필지의 모습을 알 수 있는 주택은 물론, 겨우 한두 사람 지나다닐 수 있는 좁은 골목길들이 여전히 그대로 남아 있다. 서울에서 한 구역 전체에 이런 좁은 골목길이 많은 동네는 내 기억으로는 없다. 2016.4.

큰 S자로 흐르는 복개된 물길 주변으로 마을이 형성되어 있다. 길을 따라 생활에 필요한 각종 상점이 들어서 있고, 상점가 뒤로 주거지가 자리 잡고 있다. 현재는 다세대·다가구주택으로 많이 변했지만, 구석구석 옛 주택이 남아 있다. 골목길을 비롯한 마을 공간 구조는 높은 곳에 올라가서 보아야 진면목이 드러난다. 2011.6.

문밖 골목길은 주택의 외부공간이지만 좁은 골목길도 실내공간의 확장 개념으로 다양하게 이용된다. 연탄을 사용하고 있어 끝에 환풍기가 돌아가는 굴뚝이 골목마다 여기저기 높게 올라가 있다. 2016.3.

현재 삼성동시장 뒤편으로 유곽도 자리 잡고 있었다고 한다. 유곽은 1990년대 사라졌지만, 현재도 남아 있는 방석집 형태의 술집을 통해 유곽의 흔적을 추측해 볼 수 있다. 점집도 한창때에는 가로를 따라 150여 개가 성황을 이루었다고 한다. 아직도 이곳저곳 흩어져 50여 개가 영업 중이다. 부근 남부순환로 주변 봉천동에도 점집이나 신당이 유난히 많이 몰려 있다. 바로 길 하나만 건너면 유명한 신림동 고시촌이지만 전혀 다른 생활권과 분위기라 의아해지기까지 한다. 달동네에 점집이나 무속인이 많은 현상을 두고 어떤 사회학자는 '답답한 사람들이 많이 모여 사는 동네라 그렇다'고 표현하기도 했다. 사실 무속인들이 많이 몰려 있는 곳은 오랜 기간 재개발을 앞두고 낙후된 달동네 지역이 많다. 그렇다고 세상살이 답답한 사람들만 모두 달동네에 모여 살까? 어찌 경제적으로 조금 어려운 사람들만 답답할까?

서울을 답사하면서 느낀 나의 경험과 추측으로는 점집촌이 형성되는 조금 다른 이유가 있어 보인다. 아마도 무속인들은 직업 특성상 신당을 차려 놓고 굿을 하는 등 이웃의 눈치를 볼 수밖에 없는 일들을 해야 해서 일반 주거지역에서는 집을 구하기가 어려울 것이다. 달동네는 재개발 예정 지역이 많아 마음대로 수리할 수도 없고 시간이 지날수록 낙후되어 집주인은 세입자 구하기가 힘들어진다. 그래서 평범하게 집을 구하기 어려운 무속인들에게 이런 빈집을 임대하면서 달동네 재개발 지역에 무속인들의 집이 몰린 것이 아닐까. 봉천동, 관악구 삼성동, 상계동, 삼양동 등에 무속인들의 공간이 집중적으로 몰려 있지만, 돈암동, 제기동, 전농동, 보문동, 영등포, 신월동, 창신동, 숭인동, 홍제동 등도 이와 비슷한 상황이다. 오랜 기간 재개발 논의가 이루어지면서 정체된 지역에는 여지없이 점집의 상징인 대나무에 매달린 빨간색 하얀색 깃발이 여기저기 휘날리는 모습을 볼 수 있다.

또 한 가지 특별한 점이 있다면 점집은 가까운 주변에 산이, 그것도 바위 산이 있는 지역에 많이 몰려 있다. 영험한 기운을 받기 위해서일까?

관악구는 1963년 이촌동 지역의 철거민들이 당시 영등포구였던 현재의 지역으로 이주하고 지방에서 서울로 올라오는 사람들이 대규모로 정착하면서 한가한 농촌 같은 모습에서 도시 규모로 성장하기 시작했다. 1975년 이 지역으로 서울대학교가 자리를 옮겼고, 1978년에는 남부순환로가 개통되었다. 지하철 2호선이 1980년 신설동~종합운동장 구간을 시작으로 1984년 5월 22일 순환선으로 완전히 개통되면서 관악구는 큰 변화를 맞게 된다.

관악구는 봉천동과 신림동에 이주민 정착촌이 형성되면서 만들어진 특별한 행정구역이다. 영등포는 1936년에 경성부에 편입되면서 한강의 남쪽이라는 의미에서 '강남江南'이라 불렀다. 현재 우리가 강남으로 부르는 지역은 영등포의 동쪽에 있어 '영동永東'이라 불렀다. 1970년대 본격적인 강남 개발의 상징이 된 '영동지구'라는 이름은 영등포의 동쪽 동네 '영동'이 그 시작이다. "영동·잠실 개발이 본격화되는 1970년대 초까지만 하더라도 서울의 강남은 영등포 지역 그 자체였고 그 밖에 아무것도 아니었다." 영등포구나 나중에 분리된 관악구의 강남을 향한 감정이 안타까울 정도로 드러나는, 1991년 〈영등포구지〉에 실린 표현이다.

'강남'이라는 말은 영등포구가 경성부에 속하는 시기부터 1963년부터 영등포구에 속한 지금의 관악구 지역에도 사용되었다. 현재는 힐스테이트관악뉴포레아파트가 들어섰지만, 2호선 순환선 구로디지털단지역에서 신대방역 방향으로 갈 때 오른편에 보이는 조원동(옛 신림동)에서 1974년 준공된 '강남아파트' 단지를 볼 수 있었다. 조원동은 구로동, 독산동, 대림동, 신대방동과 경계를 이루고 있어 우리가 아는 현재 강남과는 전혀 연결고리가 없다. 관악구가 영등포구였고, 영등포구는 한강의 남쪽을 뜻하는 강남이었음을 확실하게 보여 주는 증거다. 관악구는 서울의 남쪽, 남서울로도 인식되고 있다. 남부순환로, 남서울중학교, 남서울미술관 등에서 그 흔적을 찾아볼 수 있다. 이제는 지하철 2호선 서울대입구역 사거리에서 어디를 둘러보아도 아추가르를 닮은 이주민 정착촌 달동네 관악구의 모습은 찾을 수 없다. 삼성동, 신사동으로 이름만 바뀐 것이 아니다. 상전벽해桑田碧海 정도가 아니라 천지개벽天地開闢이다.

한창때에는 가로를 따라 150여 개의 점집이 성업 중이었다고 한다. 아직도 이곳저곳 흩어져 50여 개가 영업하고 있다. 2016.3.

오랜 기간 재개발이 논의되면서 정체된 지역에서는 여지없이 점집을 볼 수 있다. 아마도 무속인들이 직업 특성상 신당을 차려 놓고 굿을 하는 등 이웃의 눈치를 볼 수 밖에 없는 일을 해야 하니 일반 주거지역에 집을 구하기가 어렵기 때문일 것이다. 달동네는 재개발 예정 지역이 많아 마음대로 수리할 수도 없고 시간이 지날수록 낙후되어 집주인은 세입자 구하기가 힘들다. 그래서 평범하게 집을 구하기 어려운 무속인들이 이곳에 들어오게 되면서 달동네 재개발 지역에 점집이 몰린 것이 아닐까 한다. 사진은 봉천동 점집촌. 2017.8.

현재는 힐스테이트관악뉴포레아파트가 들어섰지만, 2호선 구로디지털단지역에서 신대방역 방향으로 갈 때 오른편에 보이는 조원동 옛 신림동에서 1974년 준공된 '강남아파트' 단지를 볼 수 있었다. 조원동은 구로동, 독산동, 대림동, 신대방동과 경계를 이루고 있어 우리가 아는 현재 강남과는 전혀 연결고리가 없다. 관악구가 영등포구였고, 영등포구는 한강의 남쪽을 뜻하는 강남이었다는 사실을 확실하게 보여 주는 증거다. 2013.5.

골목길의 아름다움은
발로 느껴야 한다

곧 사라질 산동네 한남동

경부고속도로를 빠져나와 한남대교를 지나 도심으로 가다 보면 오른편 산등성이에 오래된 산동네가 보인다. 이제 곧 재개발되어 다시는 볼 수 없는 마을 한남동이다. 한강의 한漢, 남산의 남南을 더해 만든 이름처럼 남쪽으로는 한강, 서북쪽으로는 남산 사이에 있는 동네다. 한남대교의 원래 명칭은 유명한 유행가에 서울의 상징처럼 등장했던 제3한강교다. 1969년 강북 도심과 막 개발되기 시작한 강남을 연결하기 위해 만들어진 서울의 세 번째 한강 다리라 붙여진 이름이었다. 경부고속도로가 1970년에 개통되면서 출발점이 된 다리다. 한남동은 길 이름에도 '대사관로'가 있을 정도로 대사관이 많고, 한강 변이나 이태원에는 재벌 회장 집은 물론 최고급 주택이 많아 부촌으로 알려져 있다. 한남동을 남북으로 가로지르는 한남대로 동쪽은 최근 대통령 관저까지 이전하면서 정부 주요 고위직의 관사도 몰려 있는 서울의 고급 주택지다. 그러나 한남대로 서쪽은 그런 이미지와는 크게 다르다. 재개발로 아파트가 들어선 일부 지역을 빼고는 오래된 달동네 모습이다.

재개발을 앞둔 한남대교와 보광동 사이 한남동 산동네는 주택지로는 최고의 입지 조건을 갖추고 있다. 흔히 최고의 향으로 꼽는 동남향에 한강이 보이는 경사 지형이라 그 어디보다 전망이 좋다. 게다가 뒤로는 남산, 앞으로는 한강 넘어 강남의 모습까지 한눈에 들어오는 배산임수의 지형이다. 이 일대에서 제일 먼저 해맞이를 즐겼다고 해서 예전 길 이름도 해맞이길이었다. 남산 자락을 내려와 한강으로 그냥 흘러가기가 아쉬운 듯 다시 한 번 솟아오르면서 넓게 펼쳐진 봉우리의 능선과 골짜기를 따라 자리 잡은 마을이다.

이태원 우사단길은 한남동을 비스듬히 동서 방향으로 가로지르는, 바로 그 솟아오른 한남동의 제일 큰 능선 길이다. 길 좌우를 보광동과 한남동으로 가르는 길이기도 하다. 이 길은 보광초등학교 삼거리에서 시작해 이슬람교 서울중앙성원을 거쳐 큰 S자를 그리며 완만하게 오르내리다 도깨비시장을 지나 아랫길 윗길 두 길로 갈라진다. 두 길에서 여러 갈래가 생기지만 내려가는 길은 결국 한강 북쪽 한남대로나 서빙고로에서 끝이 난다. 능선 길을 따라 양편으로는 대부분 오래된 건물을 개성 있게 개조한 터키, 인도, 아프리카 등 여러 나라 스타일의 카페와 음식점이 있고, 특색 있는 공예품 가게와 공방도 있어 그냥 걷기만 해도 흥미 있는 볼거리를 만날 수 있다. 지금은 재개발이 확정되고 이주가 시작되어 을씨년스러운 분위기다.

우사단길은 지금은 한남동 중심가로지만 1960년대까지는 무허가 천막집과 판잣집이 즐비한 유흥가였다고 한다. 유흥가조차도 아랫동네는 미군이, 윗동네는 우리나라 사람이 이용하는 형태로 자연스럽게 공간이 나뉘었다는 점이 씁쓸하다. 그 시절에는 어디나 아랫동네는 산동네 윗동네보다 여러 가지로 형편이 나은 동네였다. 1971년 무허가주택 양성화 사업이 시작되면서 시멘트 블록을 사용하는, 모양을 갖춘 이층집이 들어섰다. 그 후 확장이나 개축을 하면서 현재에 이르렀다. 걸어가면서 골목길 사이사이로 한강 변을 따라 지어진 아파트나 고층 건물, 남산이 보이고 보광동 쪽 골목길에서는 관악산까지 보인다. 날이 좋을 때 해 지는 시간에 보는 관악산 석양은 일품이다.

지도를 보면서 찾아가기보다는 그냥 마음 내키는 골목길로 들어가 계단을 오르내리며 구경하다 보면 다시 큰길로 나오게 된다. 오래전 모로코 페즈의 미로 골목길을 답사할 때 현지 가이드가 이성적으로 골목길을 찾지 말라고 했다. 직관적으로 사람이나 물건의 움직임, 냄새나 소리를 따라가는 방법으로 골목길에서 목적지를 찾으라고 했는데, 여기에서도 통하는 것

경부고속도로를 빠져나와 한남대교를 지나 도심으로 가다 보면 오른편 산등성이에 오래된 산동네가 보인다. 이제 곧 재개발이 되면 다시는 볼 수 없는 마을 한남동이다. 2017.5.

재개발을 앞둔 한남대교와 보광동 사이 한남동 산동네는 주택지로는 최고의 입지 조건을 갖추고 있다. 흔히 최고의 향으로 꼽는 동남향에 한강이 보이는 경사 지형이라 전망이 그 어디보다 좋다. 남산 자락을 내려와 한강으로 그냥 흘러가기가 뭔가 아쉬운 듯 다시 한번 솟아오르면서 넓게 펼쳐진 봉우리의 능선과 골짜기를 따라 자리 잡은 마을이다. 2023.11.

사진_김재경

차도 못 들어오고 불편한 계단과 골목길을 오르내려야 하지만 시원하게 펼쳐진 남산이 한눈에 들어온다. 남들은 일부러 시간 내서 남산 구경을 다닌다고 하는데, 이곳은 골목길 어디서나 사계절 남산의 전경을 즐길 수 있다. 2008.9.

지금은 별 볼 일 없지만 도깨비시장은 꽤 규모가 큰 재래시장이었다. 무허가 재래시장이다 보니 수시로 단속이 나오면 순식간에 사라졌다가 도깨비처럼 다시 나타난다고 붙은 이름이라고 한다. 위 2007.3. 아래 2008.9.

한남동은 다국적 동네다. 나라별로 사람들이 모여 살면서 전통의상을 입기도 하고, 구역마다 들리는 언어는 물론 음식 냄새도 다르고, 생김새와 피부색도 다 달라 짧은 시간에 골목길 세계여행을 하는 느낌이다. 위 좌 2016.11. 위 우 2017.5.

우사단길은 한남동을 비스듬히 동서 방향으로 가로지르는 제일 큰 능선 길이다. 길 좌우를 보광동과 한남동으로 가르는 길이기도 하다. 보광초등학교 삼거리에서 시작해 이슬람교 서울중앙성원을 거쳐 큰 S자를 그리며 완만하게 오르내리다 도깨비시장에서 아랫길, 윗길 두 길로 갈라진다. 아래 2016.11.

우사단로 북동쪽에서는 어디서나 이슬람교 서울중앙성원이 보인다. 급경사라 골목길이든 건물이든 계단이 많다. 2017.5.

우사단길을 걸어가면 골목길 사이사이로 한강 변에 지어진 아파트나 고층 건물, 남산이 보이고, 보광동 쪽 골목길에서는 관악산까지 보인다. 날이 좋으면 일몰 시각에 멋진 관악산 석양을 볼 수 있다. 위 2012.10. 아래 2016.11.

같다. 물론 내비게이션이 없던 시절의 이야기지만. 도깨비시장은 지금은 별 볼 일 없지만, 윗동네 사람들이 이용하는 꽤 규모가 큰 재래시장이었다. 무허가 재래시장이다 보니 단속이 나오면 순식간에 사라졌다가 도깨비처럼 다시 나타나 붙은 이름이라고 한다.

한남동은 다국적 동네다. 외국인이 많이 몰리는 이태원 주요 지역도 한남동에 속한다. 한남동뿐만 아니라 용산구 하면 나에게 떠오르는 이미지는 '용산=미군기지'라는 선입견 때문인지 '서울 속 이방인 지역'이다. 골목길을 다니다 보면 여러 외국어로 된 주민센터 안내문이 붙어 있는데, 우리가 아는 한자나 알파벳뿐만 아니라 그림처럼 보이는 모르는 문자도 보인다. 상점 간판도 당연히 다국적 언어로 되어 있고, 다니는 사람도 피부색이 다 달라 세계 인종 전시장이라 할 만하다. 할랄 전문 정육점뿐만 아니라 그 나라 사람이 직접 만드는 세계 모든 음식을 먹을 수 있다. 휴일 이슬람교 서울중앙성원 주변으로는 종교 행사에 참여하기 위해 서울 근교는 물론 멀리 지방에서도 올라오는 외국인들로 꽉 찬다. 종교 행사에 참석하기 위해 한껏 모양을 내고 각국의 고유 의상을 입고 몰려다니는 모습을 보고 있으면 발 디딜 틈 없는 터키 이스탄불 바자bazar나 모로코 페즈 메디나를 걷고 있는 듯한 착각이 들 정도다. 언젠가 골목길 답사에 참여한 분이 "우리가 외국인 같네"라고 했을 정도로 어떨 때는 우리나라 사람보다 외국인을 더 많이 만나게 되는 동네가 바로 이곳이다.

한남동에 외국인이 몰리는 이유는 용산 미군기지가 가장 큰 원인이고, 두 번째는 이슬람교 서울중앙성원 때문일 것이다. 임오군란 때에는 이곳에 중국군이 주둔했고, 일제강점기에는 일본군, 한국전쟁 후에는 미군이 있었다. 해방 후 미군이 잠시 주둔하다 정부 수립 후 철수하면서 한국전쟁 전까지 짧은 시간이었지만 오로지 우리 군의 중심지이기도 했다. 19세기 말 서울을 그린 '경조오부도'를 보면 용산은 남대문을 지나 무악재 입구까지 만초천 물길이 연결되어 있어 한강을 통해 들어오기 편한 통로였다. 불시에 도망가야 할 경우가 생겨도 쉽게 한강을 통해 서해로 빠져나갈 수 있는 지리적 여건 때문에 전략적 요충지가 되었다.

군부대 주변으로는 주둔 군인들과 가족을 위한 각종 편의시설이 들어서면서 자연스럽게 기지촌이 형성된다. 일제강점기에는 주로 주둔지 서쪽 용산역을 중심으로 삼각지, 남영동, 용문동, 원효로, 후암동 등에 배후 주거지가 형성되었다. 일본에서 배를 타고 부산으로 건너와 철도를 이용해 서울로 들어오려면 용산역이 관문 역할을 했기 때문이다. 현재도 용산 곳곳에서 일본식 건물을 볼 수 있다. 또 1922년 일본인을 위한 공설시장으로 문을 연 남영아케이드도 그대로 남아 있다. 폐허 같이 버려졌던 건물이 레트로 열풍으로 젊은이들이 모여들기 시작하면서 다시 활기를 띠고 있다.

해방 후 미군이 주둔하면서 삼각지를 중심으로 육군본부가 들어섰고, 미군뿐만 아니라 우리 군의 중심지가 되었다. 그리고 이태원을 중심으로 기지촌이 만들어졌다. 삼각지는 1989년 계룡대로 육군본부가 이전하기 전까지 우리 군의 핵심지역이었다. 이태원에 미군들을 위한 편의시설이 하나둘 자리 잡으면서 군인뿐만 아니라 외국인이 모여들었다. 처음은 근무를 마치고 미국으로 다시 돌아가는 사람들이 저렴한 가격에 양복도 맞추고, 추억의 기념품을 사기 위해 들르기 시작했다고 한다. 사람들이 모이면 당연히 먹고 노는 곳이 늘어나기 마련이라 자연스럽게 그들을 위한 유흥가가 형성되었고, 이태원은 그렇게 자리를 잡아갔다.

1970년 남산1호터널과 남산2호터널이 뚫리면서 도심에서 접근하기가 엄

1922년 일본인을 위한 공설시장으로 문을 연 남영아케이드가 그대로 남아 있다. 일제강점기 용산에 조선군사령부가 주둔하면서 일본인 주거지역이 형성되었다. 연병장이 있다고 연병정練兵町으로 불리다 해방 후 남영동으로 바뀌었다. 오랫동안 폐허 같이 버려졌던 건물에 젊은이들이 모여들기 시작하면서 다시 활기를 띠고 있다. 2013.4.

청 빨라지고 편해져 호황기를 맞이하게 된다. 외국인 전용 클럽 등이 만들어 내는 이국적인 풍경 때문에 우리나라 사람에게도 인기 있는 지역이 되었다. 내국인에게는 출입이 금지된 외국인 전용 클럽에 뒷문으로 들어가 단속을 피하면서 미제 맥주를 마시고 양담배도 피울 수 있었다. 모든 생필품이 부족하고 다들 어려웠던 시절이라 '미제'가 하나의 특권처럼 여겨지던 때의 이야기다.

이태원에 죽치고 앉아 오가는 외국인을 무작정 붙들고 영어를 배워 한때 학원가에서 유명한 영어 강사가 된 사람도 있다. 미국 유학은커녕 지금처럼 어학연수도 없을 때라 미국 땅 한번 밟아 본 적 없는 사람도 이런 이야기의 주인공이 될 수 있었다. 그때만 해도 외국어는 영어, 외국 사람은 당연히 미국인을 떠올릴 정도로 이태원은 작은 미국이었다. 주한 미군이 감축되고 평택으로 기지를 옮기면서 쇠락하는 듯했지만, 우리나라에 일자리를 찾아 들어온 외국인이 이곳에 모여들기 시작했다. 서울 도심에서 멀지 않고, 재개발을 기다리며 정체된 지역이 많아 상대적으로 임대료가 저렴했으며, 외국인에게 특화된 상권과 편리한 주변 환경 때문에 거주지로도 외국인이 선호하는 지역이었다. 특히 이슬람교 서울중앙성원을 중심으로 외국인 무슬림들이 모이면서 다시 활기를 찾았다. 다니다 보면 나라별로 사람들이 모여 살면서 전통의상을 입기도 하고, 구역마다 들리는 언어는 물론 음식 냄새도 다르고, 생김새와 피부색도 다 달라 이태원에 오면 짧은 시간에 골목길 세계여행을 하는 느낌이다. 재벌 회장 저택부터 달동네까지 한 지역에서 볼 수 있는 다양성은 물론 개방적이고 자유스러운 분위기는 덤이라 젊은 예술가들이 선호하는 지역이기도 하다.

지금은 대사관로로 도로명이 바뀌었지만, 당시에는 해맞이길이라는 예쁘고 낭만적인 이름이었다. 이 길을 따라 걸으며 네 방향 경사가 다 다르고 엇갈리는 사거리 골목길이 특이해 사진을 찍고 있었다. 7부 잠옷 바지에 민소매 러닝셔츠 하나만 걸친 편한 차림을 하고 몸에 문신을 한 건장한 체구의 남자가 약간 거칠고 짜증스러운 말투로 조합에서 나왔냐고 말을 건넸다. 아무리 더운 여름이지만 집안에서나 입는 옷차림이라 조금 민망하기도 하고 의아했다. 말을 나누다 보니 동네가 대부분 마당이 없는 다세대 주택이라 이분에게는 골목길이 자기네 집 앞마당이었다. 그러니 평소에도 속옷인지 겉옷인지 구분하기 어려운 옷차림이 서로 부끄럽지 않을 정도로 편안함이 몸에 밴 듯했다(은근히 울퉁불퉁한 몸매를 자랑하고 싶었는지도).

골목길 구경을 다닌다고 했더니 여기는 골목길도 좋지만 자기네 집 옥상 전망이 최고라고 하면서 나를 집으로 이끌었다. 계단을 올라 3층에서 집 안으로 들어가 거실을 통과해 부엌으로 나가야 옥상으로 올라갈 수 있었다. 원래는 단독주택 동네였는데, 다세대·다가구주택이 많아지면서 주로 꼭대기 층에 사는 주인이 옥상을 개인 공간으로 사용하고 아래층은 세를 주는 형태가 많다고 설명해 주었다. 남산이 시원하게 한눈에 들어왔다. 차도 못 들어오고 불편하지만 이 맛 때문에 이사하지 못하고 여기 산 지 30년이 넘었다고 했다. 한강도 산책할 수 있는 거리에 있어 너무 좋다면서. 남산과 한강 사이 동네라는 사실을 확실히 알 수 있었.

남들은 일부러 시간 내서 남산 구경을 다닌다고 하는데, 집에서 계단 하나만 오르면 남산 전경을 언제든 즐길 수 있는 것이다. 꽃 피는 봄부터 단풍 드는 가을은 물론 한겨울 눈 쌓인 모습까지 계절 따라 달라지는 풍경을, 그것도 아주 가까이 바로 눈앞에서 볼 수 있는 스카이라운지가 집에 있는 셈이다. 옥상을 둘러보니 작은 텃밭, 지붕이 있는 평상과 함께 체육관이라고 해도 될 정도로 운동기구가 가득했다(그의 건장한 체구가 설명이 되었다).

한남동 지도를 가만히 들여다보면 추상화가 떠오른다. 동네를 다니며 만나는 상상을 초월하는 골목길과 계단은 입체적 추상화다. 작가의 난해한 속내를 헤아릴 수 없는 추상화처럼 한남동의 골목길과 계단은 짧은 시간에 파악하기도 어렵고 누군가에게 제대로 설명하기도 무척 난감하다. 미로에서 길도 잃어 보고, 가파른 계단도 힘들게 오르내려 보는 경험을 하지 않고는 알 수 없다. 무명의 동네 건축가들이 절실한 필요 때문에 만들어 낸, 기능에 충실하면서도 조형적인 공간 구성은 그 어떤 복잡하고 현학적인 미사여구가 필요 없이 그냥 참 아름답다. 무조건 골목길로 가기를 권한다. 아름다움은 보는 것이 아니라 '자가 발동'한 감동으로 느껴야만 한다. 엇갈리는 길, 구부러지는 길, 휘어지는 길, 갈림길, 꺾어지는 길, 막다른 길, 계단길, 오르막길, 내리막길, 좁은 길, 넓은 길, 회오리길, 삐뚤빼뚤한 길, 지그재그길, 꾸불꾸불한 길, 하늘길, 해맞이 길. "세상에 많은 재앙이 있었지만, 이토록 후세에 즐거움을 가져다준 재앙은 없었을 것이다." 괴테가 1787년 3월 이탈리아 기행을 하면서 비록 화산 폭발로 폐허가 되었지만 지금까지도 흔적이 남아 있는 폼페이를 보고 남긴 말이 생각난다. 이 유일무이한 아름다운 골목길이 계속 존재할 수 있는 방법은 정말 없는 것일까. 이제 곧 산동네 한남동은 사라지고 새 동네가 들어선다.

산자락 경사지에 자리 잡은 동네는 어디나 아랫집 지붕이 전망을 가리지 않는다. 아랫집 지붕이 마치 윗집 마당 같은 구조다. 2017.5.

한남동 지도를 가만히 들여다보면 추상화가 떠오른다. 상상을 초월하는 골목길과 계단은 입체적 추상화다. 작가의 난해한 속내를 헤아릴 수 없는 추상화처럼 한남동의 골목길과 계단은 짧은 시간에 파악하기도 어렵고 누군가에게 제대로 설명하기도 무척 난감하다. 미로에서 길도 잃어 보고, 가파른 계단도 힘들게 오르내려 보는 경험을 하지 않고는 알 수 없다. 2007.4.

무명의 동네 건축가들이 절실한 필요 때문에 만들어 내는 골목길과 계단은 기능에 충실하면서도 공간 구성이 조형적이다. 그 어떤 복잡하고 현학적인 미사여구를 동원할 필요 없이 그냥 참 아름답다. 무조건 가서 보기를 권한다. 아름다움은 보는 것이 아니라 느껴야만 한다.　위 좌, 아래 우 2007.4. 위 우, 아래 좌 2008.9.

무질서해 보이지만 나름 원칙을 지켜 각자가 서로 방해하지 않으면서 최대한 건축 면적도 확보하고 전망 좋은 향도 찾아 집을 지었다. 환상적인 아이들 블록 놀이를 보는 느낌이다.
2012.10.

불편함 속의 편안함,
내가 그곳에 사는 이유

천장산 아랫동네
이문동과 석관동

뭐니 뭐니 해도 답사의 가장 큰 즐거움 중 하나는 먹는 것이다. 답사 전 조금 일찍 만나 함께할 사람들과 느긋하게 아침을 먹는 시간이야말로 나에게는 최고의 즐거움이다. 나는 지인들이 빵을 몸무게만큼 먹는 사람이라고 농담 반 진담 반 이야기할 정도로 빵을 좋아하니, 밥이 아니고 빵이라면 더욱 좋다. 10여 년 전 주말에 지인들과 함께 강북지역 사대문 안을 답사할 때마다 무교동 코오롱빌딩 건너편에 있던 커피 체인점 엔제리너스에서 아침을 먹었다. 이곳 아침 빵 뷔페가 아주 좋았다. 당시 아메리카노 커피 한 잔 값보다 조금 비싼 5000원으로 풍성한 아침을 즐길 수 있었다. 커피, 우유, 주스는 물론 갓 구운 크루아상을 비롯한 몇 종류의 빵과 버터, 잼, 채소, 치즈, 햄까지 마음껏 먹을 수 있는, 제대로 된 화려한 식사였다. 빵 뷔페를 좋아했던 또 다른 이유는 답사하다 보면 늘 시간에 쫓기고, 마땅한 맛집을 찾지 못해 답사 중 점심을 거르는 경우가 많아 든든한 아침이 필요했기 때문이다.

엔제리너스가 있는 건물 자체도 특이했다. 원래 부흥회 강사로 유명했던 이만신 목사의 중앙성결교회 건물로, 현재도 건물 모서리를 보면 십자가 종탑 흔적을 유추할 수 있고, 박공지붕의 입면도 그대로 남아 있어 누가 봐도 교회였다는 사실을 알 수 있다. 어느 봄날, 맛있는 아침을 행복하게 먹은 후 재개발로 곧 헐리게 되어 사라질, 눈여겨 두었던 이문동 쪽으로 발길을 옮겼다.

서울에서 가장 비밀스러운 장소를 하나 꼽으라면 아마 옛 중앙정보부가 있던 의릉과 천장산 부근이 아닐까? 1970년대 유신 시절에 '중정'이라는 단어는 누구나 예외 없이 주위를 돌아보며 저절로 어깨를 움츠리게 하는 공포의 대상이었다. 중앙정보부는 국가정보원으로 명칭이 바뀌면서 내곡동으로 이전했고, 현재 그 자리는 한국예술종합학교(한예종)가 자리 잡고 있다. 몇 년 동안 한예종 미술원 건축학과에 출강했다. 강의실이 이전 중앙정보부 별동 건물, '태극기방'이라 불리는 곳이었다. 과거에 방 가운데 태극기가 걸려 있었다고 전해지기는 하지만 학생들도 왜 그렇게 부르는지 이유를 모른다고 했다.

그 방은 사방에 창문이 있어 외부에서 누구나 볼 수 있고 건물 가운데 중정처럼 자리 잡고 있지만, 복도를 따라 사방에 방이 있어 햇빛이 들어오지 않는 이상한 구조의 방이었다. 태극기방은 강의실로 사용되고, 복도를 따라 있는 늘어선 방은 학생들의 실습실로 사용되고 있었다. 언젠가 첩보영화에서 본 듯한 비밀 회의실 같은 느낌이었다. 선입견 때문인지 사방에서 들여다볼 수 있기 때문인지, 뭔가 강의실보다 취조실 같았다. 정보를 다루는 비밀 장소였던 그곳이 워낙 터의 기가 센 곳이라 예술가들의 더 센 기로 다스리려고 예술학교를 들인 것일까?

중앙정보부의 흔적이 남아 있는 태극기방 못지않게 주변 석관동과 이문동도 평범하지 않은 분위기가 여전히 느껴진다. 재개발을 앞두고 낙후되고 정체된 모습에서 느낄 수 있는 분위기이기도 하지만, 이곳에서만 감지되는 뭔가 괴이한 느낌이 있다. 오랫동안 지니어스 로사이(Genius Loci, 땅의 수호신)조차도 선한 기운이 어린 수려한 풍광과 햇볕 좋은 산자락을 지키지 못하게 할 만큼 사람을 움츠러들게 했던 그 무엇이 지배하던 땅은 결국 종말을 맞이해 모두 사라지고 새롭게 변신하고 있다. 아파트 단지로.

한예종 후문 부근에서 평범해 보이지만 태극기방처럼 묘하다고 할 수밖에 없는 주택 단지를 발견했다. 여기는 여러 번 다니면서도 눈여겨보지 않았으니 내가 찾았다기보다 내가 꼭 좀 봐 주었으면 해서 누군가가 이끈 듯한 동네라는 느낌이 들었다. 골목을 어슬렁거리며 도대체 이 묘한 분위기의 정체는 무엇일까 생각해 보았는데, 아무리 해도 감을 잡기 어려운 동네였다. 잔뜩 궁금증을 품고 사진을 찍으면서 살펴보니 정말 묘한 배치가 볼수록 특이하다는 생각이 들었다. 마치 군인들이 열병식을 하듯 차렷 자세로 단정하게 서 있는 모습인데, 위에서부터 아래로 내려오면서 보니 뭔가 위계가 느껴졌다.

마침 천장산에서 내려오는 사람을 만나 물어보니 여기가 그 무서운 중앙정보부 관사였다고 한다. 지금이야 산에 갈 수 있지만, 중정이 있을 때는 '중앙정보부 산'이라 부르는 정상이 레이더 부대가 주둔하는 군사지역이라 어른들이 가지 말라고 하는, 누가 사는지도 모르는 전설에나 나올법한 비밀 장소였다고 한다. 군인이나 경찰이 경비를 서는, 좀 살벌하고 경직된 분위기였을 것이라 짐작하고 물어보았더니, 막상 별로 그런 기억은 없다는 답이 돌아왔다. 여기서 가까운 외대 뒤에 오래 살았는데도 불구하고 그냥 정보부라는 선입견 때문에 동네 사람 누구도 선뜻 가 보거나 지나갈 생각을 할 수 없었다고 한다. 지금 생각해 보니 시간이 정지된 마을 같았다고. 산기슭 끝 동네인데다가 중앙정보부가 있었던 시절에는 천장산도 출입 금지 군사지역이라 섬처럼 고립된 지역이었다. 그러니 여기에 중정 관사가 들어선 것은 매우 탁월한 입지 선택이다.

1962년부터 자리를 잡고 1995년까지 중앙정보부가 위세를 떨치던 이곳은 조선 20대 왕 경종과 그의 계비 선의왕후를 모신 의릉이었다. 당시 왕릉을 정보부 자리로 결정하게 된 알려진 동기가 재미있다. 전해지기로는 정보원들이 '비밀을 무덤까지 가지고' 가야 해서 이렇게 되었다는 것이다. 믿거나 말거나. 정보부 자체가 폐쇄적인 금단의 장소인지라 요즘 같은 정보 홍수 시대에도 이문동 중정 관사 관련한 기록과 이야기는 어디에서도 찾아볼 수가 없어 안타깝다.

이렇게 묘한 분위기가 났던 이유는 주택의 배치와 크기 때문이었다. 사실 가운데 큰길을 두고 양쪽으로 작은 골목으로 이어지는, 어디서나 볼 수 있는 배치였고, 다양한 크기의 주택이 섞여 있는 단지도 얼마든지 많다. 하지만 이곳은 그 방법이 좀 달랐다. 산자락에 자리하고 있어 위로 올라갈수록 전망 좋은 곳에는 규모가 큰 단독주택이 있었고, 아래로 내려오면 내려올수록 연립이면서 집의 크기도 작아지고 마당도 작아졌다. 작은 규모 연립주택은 줄지어 단정하게 배치되어 있지만, 단독주택이나 규모가 좀 큰 연립은 향이나 지형을 따라 자유롭게 배치되어 있었다. 사회적 지위에 따라 개인의 주거생활 환경도 결정되는, 전형적인 계급사회가 자연스럽게 공간으로 표현된 모습이었다. 한마디로 윗사람이 아랫사람을 감시하며 내려다보는 모습이 주택 배치에도 나타나고 있었다고나 할까. 그 시절에는 당연할 수도 있었겠지만, 지금은 어딘가 어색하고 묘하게 느껴질 수밖에 없다. 이제 옛 관사는 모두 헐리고 아파트가 들어서고 있다.

보통 이문동 답사가 시작되는 지하철 1호선 신이문역에 내리면 이문초등학교 주변에서 질서 정연하게 바둑판 모양으로 구획된 주택 단지를 볼 수 있다. 전형적인 1960년대 집장사 주택 단지다. 1960년대 인구 증가로 도시가 팽창하면서 미아리, 용두동, 회기동, 녹번동, 신당동 등 서울 강북 지역 변두리 어디서나 볼 수 있었던 단지의 모습이지만, 최근 대부분 재개발되어 이제는 이런 모습도 귀하다. 돈암동(동소문동), 보문동, 용두동, 신설동 등에도 1930~40년대 조선총독부가 토지구획정리사업을 하면서 만든 대규모 바둑판 주택 단지가 있다. 아직도 일부가 남아 있어 그때 지어진 도시형 한옥의 흔적도 볼 수 있다. 하지만 언제 사라질지 모르니 지금이라도

위에서부터 아래로 내려오면서 보았을 때 주택의 배치와 크기에서 뭔가 위계가 느껴졌다. 윗사람이 아랫사람을 감시하며 내려다보는 전형적인 계급사회가 공간에 표현된 모습이다.   위 2016.1.

마치 군인들이 열병식 하듯 차렷 자세로 단정하게 서 있는 주택 단지의 모습에서 묘한 분위기가 느껴진다.   아래 2016.1.

한국예술종합학교 뒷문 천장산 아래에 남아 있던 구 중앙정보부 관사 전경. 재개발로 들어선 대규모 아파트 단지 뒤로 불암산과 수락산이 보인다. 2016.1.

규모가 큰 단독주택. 전망 좋은 곳에 향이나 지형을 고려해 자유롭게 배치되어 있다. 위 2016.1.
아래로 내려오면 내려올수록 향도 무시되고, 집의 크기도 작아지고, 마당도 작아진다.

아래 2016.1.

가운데 큰길에서 작은 골목으로 이어지는 어디서나 볼 수 있는 배치고, 다양한 크기의 주택이 섞여 있는 단지도 얼마든지 많지만, 이곳의 집들은 좀 다르다. 평지의 골목길도 어떤 이유에서인지 묘하게 단 차이를 만들어 위계가 느껴진다.　2016.1.

관심 있는 분들은 방문을 권한다. 이문동도 이 지역만 남고 주변은 개발되었거나 개발 중이다. 아직도 1960년대 단독주택부터 1980년대부터 지어진 다세대·다가구주택까지 골목길을 따라 질서 정연하게 배치되어 있다. 경우에 따라서는 두 필지를 한 필지로 합쳐 집을 짓기도 했다.

1960년대에는 지금 같은 자가용 시대를 대비하지 못했기 때문에 이 지역은 도로가 좁다. 1980년대 200만 호 주택정책을 펼치면서도 주차장 설치 의무를 느슨하게 적용한 다세대주택이 들어서면서 현재 주차 문제도 심각하다. 오래된 낡은 주택도 문제지만 주차 문제를 해결하기 위해 주민들이 재개발을 원하기도 한다. 단지 외곽으로 갈수록 바둑판 모양은 사라지고 필지에 맞추어 부정형 삼거리·사거리 골목길이 나타난다. 단지가 평지가 아니라 높지는 않아도 오르락내리락하면서 나지막한 산동네 골목길 분위기를 아직도 느낄 수 있는 재미있는 동네다. 가지런히 보이는 기와집 지붕이나 지붕 모양에 따라 다양하게 나타나는 지붕 선, 모서리를 마감하는 막새기와의 모습도 눈여겨보면 새롭다.

2005년 일본에서 발행된 책 《세계의 골목길 100 世界の 路地裏 100》은 세계의 100대 골목길을 소개하면서 우리나라 대표 골목길로 이문동 골목길을 소개하고 있다. 옛 중앙정보부 높은 담을 따라 자리 잡은 동네에 있던 골목길이다. 이 책이 세계 골목길 역사에 어느 정도 중요하고 비중이 있는지, 또 어떤 기준으로 어떤 연유로 소개되었는지는 알 수 없다. 다만 2005년 우리에게는 그냥 없애 버리고 개발해야 하는 곳으로 인식되던 달동네 골목길이, 세계의 유명한 골목길과 당당히 어깨를 겨루고 있다는 생각에 골목길을 답사하러 다니는 사람으로 매우 기분이 좋았다. 오해의 여지가 있는 표현이기는 하지만 그곳에 사는 사람들의 여러 사정과 형편은 조금 다

르 시각에서 다루어야 하고, 골목이라는 공간 자체에만 관심을 가진 사람의 입장에서 그랬다는 것이다. 그 책에 수록된 세계의 골목길은 여전히 세계문화유산이나 유명 관광지로, 많은 사람이 찾아가는 명소로 자리를 지키고 있다. 하지만 이문동 그 골목길은 사진으로만 남아 있고 흔적 없이 사라졌다. 기록이 중요한 이유다.

그 책에도 소개되는 이탈리아 풀리아 지방의 오스투니 골목길을 답사할 때 마침 그곳에 사는 제노바대학 건축학과 교수 부부를 우연히 골목길에서 만나 이야기할 기회가 있었다. "골목길이 예쁘고 참 좋다. 좋은 곳에 살고 있어서 부럽다"라고 했더니 웃으면서 집으로 들어오라고 했다. 차도 못 다니니 물병이나 와인도 들고 다니기가 무거워 그때그때 걸어가 한 병씩 사 먹어야 하고, 오래된 동네라 수압도 문제고, 집들도 온전하지 못해 얼마나 생활이 불편한지 아느냐며 나에게 말했다. 게다가 계단은 곳곳에 왜 그리 많은지. 자기네 같은 노인들은 다니기 힘들다고 덧붙였다. 그렇다. 익숙하지 않은 신기한 모습이라 돈 들여, 시간 들여 관광지로 찾아가는 곳이지만, 사실 그곳은 우리로 치면 딱 산동네, 달동네였던 것이다. 그럼에도 불구하고 그분들이 그곳에 사는 이유는 공기가 맑다, 번잡스럽지 않고 여유가 있다, 오래된 동네라 추억과 정감이 있다, 우리가 흔히 생각하는 그런 것이 아니었다. 그들은 도시에서는 느끼지 못하는 '불편함 속의 편안함'이라고 했다.

1940년대 미국 시장에 케이크 믹스 가루가 등장했다. 시간도 오래 걸리고 과정도 복잡한 케이크를 그냥 오븐에 굽기만 하면 완성할 수 있게 해 주는 획기적인 상품으로 엄청난 유행을 기대했지만 결과는 아니었다. 원인을 분석해 보니 어렵고 힘들지 않아서였다. 가족이든 사랑하는 사람이든, 자기가 만든 케이크를 맛있게 즐길 누군가를 생각하며 힘들게 하는 노동은 놀이이자 즐거움이지 불편함이 아니었던 것이다. 그래서 달걀을 풀어 흰자위로 거품을 내게 만드는 등 조금은 불편한 노동을 해야 케이크가 완성될 수 있게 만들자 폭발적인 인기 상품이 되었다고 한다. 골목길은 왠지 조금은 불편할 것 같지만 우리가 은근히 원하고 바라는, 헬레나 노르베리 호지가 말하는 라다크의 '오래된 미래' 같은 것이 아닐까? 산속 오지에 들어가지 않아도 도시 골목길에는 오래된 미래의 삶이 있다. 우리가 꿈꾸며 살고 싶은 이상적인 미래는 현재도 남아 있는 과거에서부터 찾아야 하지 않을까?

요즘 옛집을 고쳐 사는 레트로 감성 정도가 아니라 다 허물어져 가는 시골의 오래된 빈집을 고쳐 사는 사례가 SNS나 뉴스에 자주 오르내린다. 도시를 떠나고 싶은 젊은 사람이나 은퇴 후 귀촌하려는 사람 모두에게 이런 일이 '로망'처럼 느껴지는 것이다. 그렇다면 새벽 배송까지 되는 서울 산동네의 오래된 집도 편리한 도시생활과 레트로 감성을 모두 즐길 수 있게 그렇게 고쳐서 살 수 있지 않을까. 맞다. 불편함 속의 편안함. 서울에는 자부심을 가지고 세계에 소개하면서 지켜야 할 불편한 골목길이 아직도 존재하고 있다. 좀 늦지 않았을까 하는 지금이 바로 '그때'다.

이문동 옛 중앙정보부 높은 담을 따라 자리 잡은 동네에 있던 골목길. 2005년 일본에서 발행된 책 《세계의 골목길 100》은 우리나라 대표 골목길로 이곳을 소개하고 있다. 재개발로 흔적 없이 사라지고 사진으로만 남아 있다. 기록이 중요한 이유다. 2008.4.

《세계의 골목길 100》 책에도 소개되는 이탈리아 풀리아 지방의 오스투니 골목길을 답사할 때 그곳에 사는 제노바대학교 건축과 교수 부부를 우연히 만나 이야기할 기회가 있었다. 이들은 우리가 흔히 생각하는 그런 이유가 아니라 도시에서는 느끼지 못하는 '불편함 속의 편안함'이 마음에 들어 거주하고 있다고 했다. 골목길에는 조금 불편할 것 같지만 우리가 은근히 원하고 바라는 오래된 미래의 삶이 있다. 2007.6.

이문동 주택가 기와집에서 볼 수 있는 다양한 막새기와. 가지런히 보이는 기와집 지붕이나 지붕 모양에 따라 다양하게 나타나는 지붕 선, 모서리를 마감하는 막새기와의 모습도 눈여겨보면 새롭다. 2020.9.

천장산 아래 한국예술종합학교 뒤로 멀리 북한산과 도봉산이 보이는 이문동 풍경. 현재 재개발로 모두 헐렸고 래미안라그란데가 들어설 예정이다. 2019.4

지하철 1호선 신이문역 이문초등학교 주변에서는 서울의 대표적인 1960년대 집장사 주택 단지를 볼 수 있다. 자가용이 별로 없었던 시절에 지어진 단독주택 필지에 1980년대 이후 다세대주택이 들어서면서 심각한 주차 문제가 발생해 주민들이 재개발을 요구하기도 한다.

2020.9.

북한산이 보이는 전형적인 이문동 산동네 풍경. 경사 지형이라 대부분 앞집이 뒷집을 가리지 않는 전망 좋은 주택지다. 2011.5.

신이문역 부근에서 만나는 다양한 주거 풍경에서 재개발 전후의 모습을 상상해 볼 수 있다.
2020.9.

한 사람 겨우 지나갈 수 있는 작은 골목길. 2020.9.

요즘 다 허물어져 가는 오래된 시골 빈집을 고쳐 사는 사례가 SNS나 뉴스에 자주 오르내린다. 도시를 떠나고 싶은 젊은 사람이나 은퇴 후 귀촌하려는 사람 모두에게 이런 일이 '로망'처럼 느껴지는 것이다. 그렇다면 새벽 배송까지 되는 서울 산동네의 오래된 집도 편리한 도시생활과 레트로 감성을 모두 즐길 수 있도록 고쳐서 살 수 있지 않을까. 맞다. 불편함 속의 편안함. 서울에는 자부심을 가지고 세계에 소개하면서 지켜야 할 불편한 골목길이 아직도 존재하고 있다. 좀 늦지 않았을까 하는 지금이 바로 '그때'다. 2011.5.

평범하지 않지만, 보통의 장소 기록으로
남기를 바라며

전농동 588번지
청량리588

평소 대중교통을 이용하는데, 지하철보다는 거리 풍경을 구경할 수 있는 버스를 주로 타고 다닌다. 2015년 여름, 사무실을 회기동으로 옮기면서 매일 청량리를 지나다니게 되었다. 어느 날 청량리역 앞에 걸린 재개발 관련 플래카드가 눈에 들어왔다. 이른바 '청량리588' 유곽이 없어지기 전에 기록을 남겼으면 좋겠다는 막연한 생각이 들었지만 이내 잊어버렸다.

2016년 3월 초 전농동 일대를 답사할 때였다. 해가 질 무렵, 청량리역 뒤편 답십리 굴다리 지하보차도를 지나가다 불을 환하게 밝힌 청량리588을 보았다. 갑자기 맥박이 빨라지면서 얼굴이 달아올랐다. 그냥 멀리서 불빛만 보았을 뿐인데, 누가 나를 지켜보고 있지는 않은지, 무슨 잘못을 저지른 사람처럼 그곳을 빨리 지나갔다. 답십리로를 따라 성바오로병원까지 정신없이 걸어오면서 그곳을 빠져나가야만 된다는 생각뿐이었다. 환하게 밝은 큰길로 나와 청량리역에 이르자 흥분과 긴장감이 조금 가라앉으며 그곳을 한번 구경해 보고 싶다는 호기심이 발동했다. 카메라를 배낭에 넣고, 모자를 더 깊이 눌러쓰고, 겉옷의 옷깃을 가능한 한 높이 올려 얼굴을 반쯤 가린 후 (나름 변장을 하고) 골목 안으로 들어갔다. 일요일 저녁이라 그런지 지나다니는 사람이 거의 없어 영업하는 가게들도 많지 않아 조금 어두운 골목길은 불안하기까지 했다. 처음에는 불 켜진 가게의 여성들을 볼 생각은커녕 그저 앞만 쳐다보고 빨리 길을 빠져나오기 바빴다. 그렇게 지나오니 제대로 보지 못한 것이 아쉽기도 하고, 조금 용기가 생겨 두 번째는 천천히 걸으면서 본격적으로 답사했다.

신세계가 펼쳐져 있었다. 아직 무척 쌀쌀한 겨울 날씨임에도 불구하고 거의 반라의 여성들이 눈에 들어오기 시작했다. 빨간색 파란색 화려한 조명 불빛 아래 다양한 장식이 되어 있는 '미쓰방'이라 불리던 유리방도 그제야 제대로 모습이 보였다. 나중에 이야기를 들으니 청량리588 여성들의 미모는 1980년대부터 유명했다고 한다. 분장에 가까운 화장술과 20센티미터가 넘는 굽을 단 특수 영업용 하이힐이 그들의 몸매와 미모를 더욱 강조하고 있었다. 나중에 본격적으로 기록을 시작한 후, 그곳 분들과 조금은 친해져 일하는 여성들이 출퇴근할 때 서로 가볍게 목례를 나누기도 했는데, 화장하지 않은 얼굴이라 아는 척을 해도 누군지 모를 때가 많았다.

꼭 기록을 하고 싶어 멀리 길 건너편에서 몰래 사진을 몇 장 찍는데, 누군가 보고 달려올 것만 같았다. 전경을 보고 싶어 주변을 살펴보니 지금은 없어진 성바오로병원 옥상에 올라가면 가능할 것 같았다. 다행스럽게도 비상계단이 외부에 노출되어 있어 옥상까지 쉽게 올라갈 수 있었다. 올라가니 멋진 야경이 눈앞에 펼쳐졌다. 하지만 역시 누가 나를 감시할 것만 같아 제대로 보지도 못하고 고개를 바짝 숙이고 숨다시피 급하게 사진을 몇 장 찍을 수 있었다. 내려오는데 발이 후들거리고 쌀쌀한 날씨였지만 온몸이 긴장으로 땀범벅이 되었다. 청량리588의 기록은 2016년 3월 6일 늦은 저녁 시간 이렇게 몰래 숨어서 시작되었다. 후에도 몇 번 전경을 찍으러 옥상에 올라가다 결국 CCTV에 찍혀 병원 관리실에 끌려가는 등 험악한 분위기가 될 적도 있었다. 하지만 기록의 의미를 잘 설명하자 오히려 홍보담당자를 소개받아 적극적으로 편하게 촬영할 수 있었다.

본격적으로 기록하기로 마음먹고 방법을 찾던 중, 7월 중순 서울에서 약사회 회장을 했던 친구로부터 청량리에서 오랜 기간 약국을 운영하면서 유곽에서 일하는 여성들도 보살피고 그곳 사정을 잘 알고 있는 약사 한 분을 소개받았다. 만나 뵙고 내가 이전에 했던 도시기록에 관해 말씀드리고 결과물로 나온 책도 보여드리며 청량리588을 기록하고 싶은 뜻을 설명

빨간색 파란색 화려한 조명 불빛 아래 다양한 장식이 되어 있는 '미쓰방'이라 불리던 유리방은 손님을 기다리는 영업공간으로, 1988년 서울올림픽 즈음에 유럽 홍등가를 흉내 내 만들어지기 시작했다고 한다. 2016.9.

했다. 그 약사는 잘 아는 업소를 소개해 주고 기록할 수 있게 돕는 일 말고는 다른 도움을 줄 수 없다고 안타까워하셨다. 거리나 전경 촬영은 청량리 588이 특수한 지역이기 때문에 매우 민감한 일이라 청량리 재개발을 추진하고 있는 이 지역의 회장님을 통해야만 가능하다고 했다. 재개발사업에 대한 의견이 서로 다르고 보상 문제 등으로 조금은 매끄럽지 못한 사이라 직접 연결해 주는 일을 부담스러워하는 것 같았다.

바로 그때 약국 건너편 건물로 들어가고 있는 어떤 분을 바라보며 바로 저분이라고 가리키셨다. 조금 불편해하며 머뭇거리는 약사님에게 염치 불고하고 급하게 소개를 부탁드려 인사한 후, 내가 하고 싶은 기록의 의미를 설명하고 도움을 요청했다. 그 자그마한 체구의 인상 좋은 백발노인은 뜻밖에도 흔쾌하게 돈도 안 되는 일 같은데 의미 있는 일을 한다며 필요한 도움을 주겠다고 했다. 몇 시간 후 담당자의 연락을 받고 정식으로 기록을 시작할 수 있었다.

그해 여름은 몹시 덥기도 했고 휴가철이 겹쳐 방문을 미루다 2016년 8월 2일 정식으로 첫 번째 기록 작업을 시작했다. 당연히 혼자는 다닐 수가 없어 그곳을 잘 아는 분이 안내 겸 보호자로 지정되어 연락만 하면 동행해 주었고, 기록할 일이 생기면 먼저 연락해 주기도 했다. 기록에 들어가기 전 딱 한 가지 매우 엄격한 촬영 조건이 있었다. 그곳에서 일하는 여성들은 절대 뒷모습도 찍지 말라는 것이었다. 아마 그 여성들을 어떻게든 지키고 보호하고 싶은, 한솥밥을 먹고 살아가는 매우 특별한 그들의 세계를 배려하려는 마음이 느껴졌다. 아쉬우면서도 가슴 한편이 아렸다. 실제로 초반에는 같이 다니다 '지금 이상한 것을 찍지 않았냐'고 하면서 불시에 촬영한 사진을 보여 달라는 요구를 받기도 했다.

자주 만나고 같이 다니면서 그들도 정말로 이 공간이 사라지기 전 기록으로 남기고 싶어 하는 나의 진심을 알고 때로는 적당히 모르는 척 눈감아 주었다. 오히려 좋은 기록으로 남을 수 있도록 혼자 다니면 절대로 알 수 없는 비밀의 장소까지도 적극적으로 속속들이 보여 주었다. 내가 특히 일하는 여성들보다는 그들이 생활하는 공간에 관심이 많다는 사실을 알고는 가능하면 그들의 개인 방까지 촬영할 수 있도록 도와주었다. 여성들이 출근하기 전, 밥 먹으러 가거나 일이 끝나 잠시 비어 있는 틈을 활용해 아무나 접근하거나 볼 수 없는, 공개되지 않은 실내 공간도 생생하게 기록으로 남길 수 있었다.

첫 촬영은 말벌에 세 군데나 쏘이는 호된 신고식으로 시작되었다. 첫날이라 촬영 계획을 간단하게 설명하고, 우선 높은 곳에서 전경을 보고 청량리588을 둘러보기로 했다. 전경을 보기 위해 첫 번째로 이주가 끝나 비어 있는 무지개 무도장건물 옥상에 올라가기로 했다. 전기도 끊겨 완전히 캄캄한 계단을 핸드폰 손전등 불빛에 의지해 계단에 방치된 장애물까지 치우면서 어렵게 올라갔다. 옥상도 버려진 가구나 집기로 발 디딜 틈 없이 매우 어수선한 모습이었다. 그러나 집창촌 전역을 파노라마로 볼 수 있어 정신없이 장애물 사이를 넘나들면서 전경을 카메라에 담았다. 그때 갑자기 오른손 엄지 부분이 따끔했다. 그 부분을 손으로 문지르고 있는데 이번에는 또 오른쪽 눈 밑이 따끔했다. 비비면서 아무래도 이상해 옆을 보니 말벌들이 새까맣게 떼로 몰려오고 있었다. 카메라 가방으로 쫓으면서 장애물을 넘어 급히 피했다. 알고 보니 오래 비어 있던 건물에 벌집이 지어졌는데 내가 그것을 잘못 건드린 것이었다. 나중에 보니 팔목도 물렸고, 여름이라 땀이 계속 흘러 염증까지 생기는 바람에 한 달 이상 상처 치료를 하

안내해 주는 분은 내가 특히 공간에 관심이 많다는 것을 알고 여성들이 일하는 개인 방까지 촬영할 수 있도록 도와주었다. 여성들이 출근하기 전, 밥 먹으러 가거나 일이 끝나 잠시 비어 있는 틈을 활용해 아무나 접근하거나 볼 수 없는, 공개되지 않은 실내 공간도 생생하게 기록으로 남길 수 있었다. 2016.8. – 2017.1.

일하는 여성들이 종교에 깊이 빠져들거나 신내림을 받고 무당이 되는 경우도 종종 있었다고 한다. 유리방 한구석에 설치된 비밀스러운 종교적인 공간을 철거 전에 볼 수 있었다. 2017.3.

며 고생했다. 벌침이 박히지 않아 그나마 다행이었다.

벌에 쏘였음에도 불구하고 헐리기 전 하루라도 빨리 답사해야겠다는 생각이 들어 내친김에 지역에서 제일 높은 10층 건물인 칠보장모텔에 올라갔다. 전체 골목길이 한눈에 들어오고 때마침 멀리 보이는 인왕산의 석양이 매우 아름다웠다. 멀리 남산은 물론 북한산과 도봉산, 매봉산 등 서울을 에워싸고 있는 산의 모습도 주변 건물 사이사이로 한눈에 들어오는 모습이 인상적이었다. 안내하는 분은 옥상에는 형님들에게 혼날 때 아니면 올라와 본 기억이 없어 이런 서울의 풍경은 처음 본다고 신기해하며 구경했다. 누구나 일반적으로 생각하거나 겪어 보기 어려운 매우 특별하고 치열한 삶의 현장에서 이렇게 낭만적으로 아름다운 풍경을 즐겨도 되나 싶어 미안한 마음이 들기도 했다. 석양을 바라보며 풍경을 핸드폰에 담던 안내자가 다 헐리기 전에 옥상에서 고기라도 한 번 구워 먹어야겠다는 말에 부담스러운 마음이 조금은 편해지는 느낌이었다. 전경과 골목길 야경까지 촬영하고 보니 몇 번만 기록하려던 처음 생각과는 달리 가능하면 사계절을 기록하고 싶은 욕심이 들었다. 곧 철거가 진행될 것 같아 조바심이 났지만, 시간이 날 때마다 촬영을 진행했다. 여러 가지 사정으로 철거가 조금씩 지연되고 부분적으로 영업집 폐쇄와 철거가 진행되어 결국 철거가 되지 않은 눈 내린 전체 풍경까지 골목길의 사계절을 기록할 수 있었다.

기록하면서 2층 '깔레', 2층 '관내'라는 말을 많이 들었다. 전농동 588번지 길은 청량리588의 시작이었고 중심지였다. 청량리역부터 답십리, 답십리 굴다리 지하보차도까지 이어지는 긴 골목길이 전농동 588번지다. 지금도 '전농동 588-1'을 검색하면 '청량리역 맞이방'이 나온다. 깔레의 어원에 관해서는 여러 설이 있다. 오래된 분들의 의견을 종합해 보면 여러 갈래 골

처음에는 몇 번만 기록하고 끝내려 했지만 가능한 한 사계절을 기록하고 싶은 욕심이 들었다.
여러 가지 현장 사정으로 철거가 조금씩 지연되고 부분적으로 영업집 폐쇄가 진행되어
결국은 철거가 되지 않은 청량리588의 눈 내린 전체 풍경까지 골목길의 사계절을 기록할 수
있었다. 좌 2017.3. 우 2017.1.

여인숙골목에 눈이 내린 날 야경. 건물에서 나오는 붉은 빛이 영업 중임을 알리고 있다. 2017.1.

지역에서 제일 번화가였던 부림골목과 가운데골목의 야경. 2016.8.

부림골목, 가운데골목, 여인숙골목, 우성아파트골목 등 청량리588의 골목은 골목마다 특징이 있었다. 사진은 부림골목과 가운데골목의 풍경. 2016.9

목길이 있어서 자주 '여기로 갈까, 아니면 저기로 갈까' 했기 때문에 이런 말이 나오지 않았을까 추측한다. 청량리588은 갈래길과 골목길을 빼고는 말할 수 없고 이해할 수도 없다. 1981년 2층 깔레 골목길을 녹지대로 정비하는 청량리588 정비계획이 처음 발표되었고, 2007년 도로 확장을 이유로 2층 깔레 지역이 철거되었다. 그 후 깔레에서 철거된 업소들이 부림골목, 가운데골목, 여인숙골목, 우성아파트골목 등으로 들어가면서 골목마다 특색이 생겨났다. 부림골목과 가운데골목(가나안교회 사거리 골목)이 제일 젊고 화려했고, 여인숙골목이나 우성아파트골목은 나이 든 사람들이 찾는 골목길이 되었다.

청량리588만의 재미있고 독특한 골목길은 단속이 진행될 때 이용하는 비상 통로다. 이웃하는 업소와 서로 연결된, 신도 알 수 없는 미로라고 할 수 있다. 뒷문으로 통하는 골목길, 가구로 가려진 문, 마치 환기구처럼 겨우 한 사람이 기어서 움직일 수 있는 비상 통로, 실제로 보지 않으면 도저히 밖에서는 알 수 없는 건물 사이의 작은 골목길 등 이루 말할 수 없는 다양한 형태의 길이 있었다. 나를 안내해 주던 사람조차도 이곳에서 오래전부터 일했기 때문에 모든 골목길을 다 알고 있다고 말은 했지만, 지금까지 전혀 모르던 처음 보는 미로를 만나게 되어 당황해할 정도였다. '미쓰방'으로 부르는 영업장 내부도 미로의 연속이었다. 비교적 길눈이 밝은 나도 몇 번 들어가 보았는데 나오는 출구를 찾지 못할 때도 있었고, 분명히 제대로 나왔는데 들어갈 때와는 다른 집으로 나와 당황스러운 경우도 종종 있었다. 제대로 만들어진 미로를 '찐하게' 경험했다. 이용하는 사람들이 서로 마주쳐서 민망하지 않게 배려해 동선을 만들어 그렇다고 생각되지만, 공개하기 어려운 비밀스러운 장소만의 특성이 반영되었다고 할 수 있다.

여인숙골목의 마지막 집이 철거되는 2018년 12월 22일 촬영으로 청량리 588 기록 작업은 34개월 만에 끝이 났다. 소위 청량리588로 불리는 '동대문 청량리 4구역 재정비촉진지구'에는 현재 65층 4개 동 아파트와 오피스텔, 45층 호텔과 쇼핑몰 1개 동이 들어섰다. 그리고 나한테는 400기가바이트에 이르는 디지털 사진과, 파노라마를 비롯한 아날로그 흑백사진, 영업전표를 비롯한 현장 자료, 그리고 관계자들의 인터뷰가 기록으로 남았다. 원래는 서울시의 재정비 사업 허가 조건으로 여인숙골목의 일부를 역사문화공간으로 보고 흔적을 남겨 전시관과 마을회관으로 사용할 계획이 있었다. 재개발이 끝나면 청량리588과 오랜 시간 이런저런 모습으로 관계를 맺었던 조합원들과 함께 그곳에서 전시도 하고 아카이브를 만들려고 했는데, 여러 이유로 계획이 백지화되면서 실현되지 못하고 모두 사라졌다. 이제는 오로지 사진으로만 남아 있다.

이 기록 작업이 알려져 의뢰를 받아 서울 월곡동 미아리 텍사스 집창촌과 지금은 사라진 수원 역전 집창촌도 헐리기 직전에 기록할 수 있었다. 다행히 수원은 보고서의 형태로 일부 사진이 공개되었다. 특별한 공간인 청량리588은 입장에 따라 지역을 보는 시각이 확연히 달라질 수밖에 없는, 매우 민감한 곳이다. 공개적으로 어디 발표할 수도 없고, 누구도 나서서 출판하려 하지 않아 나의 기록은 여전히 미개봉 상태다. 조심스럽지만 거의 3년에 걸쳐 이루어진, 아마도 전무후무할 특별한 공간 기록 자료가 단순한 흥밋거리로 비추어지지 않고 언젠가는 다른 재개발 지역처럼 일반적인 도시기록의 하나로 모두에게 공개되는 기회가 오기를 바란다.

지금은 사진으로만 볼 수 있는 성바오로병원과 청량리역, 청량리588 주변 풍경으로 멀리 용마산이 보인다. 위 2016.10.

답십리 굴다리 지하보차도부터 성바오로병원 삼거리 사이에서 볼 수 있었던 가로수가 있는 멋진 풍경이 주변 재개발과 함께 모두 사라졌다. 아래 2017.8.

골목길의 일상 풍경. 특별한 공간인 청량리588은 입장에 따라 시각이 확연히 달라질 수밖에 없는, 매우 민감한 곳이다. 공개적으로 어디 발표할 수도 없고, 누구도 나서서 출판하려 하지 않아 나의 기록은 여전히 미개봉 상태다. 거의 3년에 걸쳐 이루어진, 아마도 전무후무할 특별한 공간 기록 자료가 단순한 흥밋거리로 비추어지지 않고 언젠가는 다른 재개발 지역처럼 일반적인 도시기록의 하나로 모두에게 공개될 수 있는 기회가 왔으면 좋겠다. 2016.9.

지역 내에서 제일 높은 10층 건물인 칠보장모텔에 올라가면 남산은 물론 북한산과 도봉산, 매봉산 등 서울을 에워싸고 있는 산 풍경이 주변 건물 사이사이로 한눈에 들어왔다. 사진은 해 질 녘 인왕산 풍경. 2016.9.

청량리588 주변 고층 건물에서 바라본 모습. 청량리시장과 경동시장 뒤로 안산, 인왕산, 백악산, 그리고 북한산 보현봉과 삼각산(만경대, 백운대, 인수봉)이 보인다. 2016.10

시대의 간절한 염원이 담긴
집합주택 단지

문래동, 이화동, 청량리, 정릉의 영단주택

서울에는 아직도 일제강점기에 지어진 대규모 주택 단지가 거의 지어질 당시 모습으로 남아 있다. 그것도 21세기 서울을 상징하는 대규모 고층아파트 단지 바로 옆에. 1943년 5월에 준공된 문래동 500채길 영단주택이 그 주인공이다. 조선총독부는 심각하게 부족한 주택 문제를 해결하기 위해 1941년 조선주택영단을 만들어 주택을 공급하기 시작했다. 일제는 서울을 비롯해 인천, 군산, 평양, 청진, 함흥, 원산, 신의주 등 전국 19개 도시에 5년에 걸쳐 2만 호 주택을 공급하겠다는 계획을 세웠다. 서울에만 42개 지역에 4472호가 건설되었다. 실제로는 전쟁이 끝나는 1945년까지 한반도 18개 도시에 1만2064호 주택이 건설되었다고 한다.

어떤 곳은 일반적인 주택이지만 위치를 보면 당시 일제가 태평양전쟁 중 우리나라를 병참기지화 하려고 세운 군수산업체 공장의 노동자를 위한 사택 개념이다. 전시체제를 지원하기 위한 주거단지계획이라는 사실을 알 수 있다. 새로운 토지구획정리사업으로 영등포 문래동에 651호, 대방동에 464호, 그리고 이미 경성부에서 부영주택지●로 공급한 상도동에 1067호가 건설되었다. 문래동, 상도동, 대방동 세 지역 모두 영등포 공업지역을 지원하기 위한 배후주거지였고, 현재는 상도동에 몇 채와 문래동에만 남아 있다.

이렇게 전쟁 중에 주택을 대량 공급하기 위해 효율적이고 경제적인 단지계획과 함께 다양한 건축공법이 적용되었다. '오카베집'이라 부르는 목조 구조에 시멘트나 회벽 마감을 한 일본식 집도 전쟁 중 화재를 대비한 간접적인 내화시스템 공법을 적용한 집이라 할 수 있다. 일본보다 추운 겨울과 한국인의 생활 습관을 고려해 다다미방과 함께 구들이 있는 온돌방도 도입했다. 최근 재개발로 모두 헐린 인천 백마장(현 부평 산곡동) 영단주택은 근처 일본 육군 조병창에서 근무하던 한국인 노동자를 위해 지은 건물로,

● 부영주택府營住宅은 1921년부터 부府 단위 행정관청이 공채를 발행하는 등 자체 예산을 만들어 지은 임대주택이다. 후에는 도시공영주택이라고도 불렀다. 현대판 시영주택 市營住宅이라고 할 수 있다.

우리나라 건축가도 참여해 일부가 개량 한옥 형태로 지어졌다. 조선주택영단은 해방 후 대한주택영단으로 이름이 바뀌었고, 1962년 대한주택공사로, 다시 한국토지주택공사를 거쳐 현재는 LH라는 이름으로 전국에 주택을 공급하고 있다.

도쿄대학교에서 우리나라, 중국, 대만의 영단주택을 주제로 연구를 해 온 한양대학교 건축과 토미이 마사노리富井正憲 교수님을 2000년대 초반 만난 이후로 영단주택에 관심을 가지고 살펴보기 시작했다. 처음 만난 문래동 영단주택 단지는 흡사 군대 막사를 보는 느낌이었다. 거의 당시 모습 그대로 가로세로 줄을 맞추어 같은 간격으로 서 있는 건물은 (주택에서 공작소로 많이 바뀌기는 했지만) 일본의 전통적인 장옥長屋 '나가야'를 보는 듯했다. 단독주택도 일부 있지만 대부분 연립주택이라 그런 느낌이 더한 것 같았다. 현재는 도림로로 이름이 바뀌었지만, 주민들이 이전부터 늘 습관적으로 부르던 '500채길'이라는 이름도 인상적이었다.

당시 부근에 있던 문래공작소촌은 작가들이 모여들며 활기를 띠기 시작했지만, 여기는 그냥 철공소가 모여 있던 공장 지역이었다. 최근 방문했더니 20여 년이 지나면서 형편이 완전히 바뀌었다. 문래공작소촌 작가들은 오르는 임대료 때문에 떠났고, 일부 카페가 자리 잡기는 했지만 조금 썰렁해진 모습이었다. 반면 영단주택이 있던 곳의 공작소는 줄어들고 골목마다 카페나 음식점이 들어서면서 젊은이들로 붐비고 있었다. 몇 년 전부터 조금씩 바뀌는 모습을 보기는 했지만, 완전히 달라진 모습이다.

영단주택은 많은 주택을 빨리 쉽게 효과적으로 공급하기 위해 표준 설계를 적용했다. 갑·을·병·정·무, 이렇게 다섯 가지 유형으로 각각의 크기는 건평 20평부터 15평, 10평, 8평, 6평까지 기본형과 변형이 마련되었다. 단지

규모에 따라 병원, 목욕탕, 이발소, 가게 등 근린생활 시설이 마련되었고, 구역별로 공원도 만들었다. 공원은 주민들에게 편안하게 쉴 수 있는 녹지 공간을 제공하기 위해서라기보다 당시 태평양전쟁이 점점 우리나라까지 위협하면서 일종의 소개공지疏開空地, 화재가 번지는 것을 막기 위해 공터로 비워 둔 곳로 조성한 것으로 보인다. 공원은 물론 일부 근린생활시설도 한국전쟁 후 피난민이 몰리면서 주거지로 변했고, 마당이 있는 주택도 대부분 세를 주기 위해 내부공간을 확장했다. 갑·을·병에는 주택 안에 목욕탕이 있었고, 나머지 집들은 50호마다 공동목욕탕을 설치했다고 한다. 도로도 위계에 따라 8미터, 6미터, 3미터 폭으로 만들었다. 문래동 영단주택에서는 현재도 격자형 단지 내 도로의 위계를 그대로 볼 수 있다.

주택이나 건물의 용도는 대부분 철공소 등 공장으로 변해 실내 등 당시의 모습을 알기 어렵다. 유명한 칼국숫집이 그나마 실내를 구경할 수 있는 곳인데 옛 흔적은 찾아볼 수 없다. 우연히 답사 중 재개발을 추진하는 분을 만나 내부를 볼 수 있는지 물어보았지만 여러 번 연락해도 답이 없어 포기했다. 수년 전부터 재개발 이야기가 나오고 있어 수리할 수 없는 상황이라 푸른 천막으로 지붕을 덮어 겨우 비를 가릴 정도로 주거 환경이 매우 열악하다. 그래도 재개발이 여러 이유로 계속 지연되면서 구석구석에 나름 개성을 살려 개조를 한 카페가 들어서고 있어 오히려 활기를 찾는 듯하다.

낙산 자락 이화동에는 국민주택이라는 이름의 영단주택이 있다. 한때 벽화마을로 유명해지며 사람들이 몰려들자 주민들이 일부 관광객의 횡포에 가까운 무례함 때문에 벽화를 지우고 외부인의 방문을 막으면서 더 유명해진 마을이다. 좁고 고만고만한 골목길과 계단, 2층 다락방이 보이는 재미 있는 연립주택 풍경만으로도 충분히 이야깃거리가 되는데, 꼭 뭔가 만들

최근 재개발로 모두 헐린 인천 백마장 (현 부평 산곡동) 영단주택은 근처 일본 육군 조병창에서 근무하던 한국인 노동자를 위해 지은 건물로, 우리나라 건축가도 참여해 일부가 개량 한옥 형태로 지어졌다.   2019.4 사진_김재경

일제강점기에 지어진 대규모 주택 단지가 아직도 거의 지어질 당시 모습으로 남아 있다. 그것도 21세기 서울을 상징하는 대규모 고층아파트 단지 바로 옆에. 1943년 5월 준공된 문래동 '500채길' 영단주택 너머로 저 멀리 북한산이 보인다.　2008.11.

문래동 영단주택의 모습. 위 2018.9. 아래 2015.2.

철공소가 집단으로 몰려 있는 삭막한 공단지역이지만 뒷골목 어디서나 사람들이 가꾸는 식물이 있는 풍경을 만날 수 있다. 2017.8.

● 청와대의 옛 이름. 경복궁 북쪽에 있던 경무대라는 터 이름에서 유래한다. 일제강점기에는 조선총독 관저, 해방 후에는 미군정사령관 관저로 사용되었다. 1948년 대한민국정부가 수립되면서 대통령의 관저가 되었다. 청와대는 윤보선 대통령이 바꾼 이름이다.

어야 하는지 그 이유가 참 궁금하다. 부근에 이승만 대통령의 사저인 이화장이 있어서 그런지 이와 관련된 '카더라' 설이 많다. 부근 판잣집이 보기 싫어서 대통령한테 잘 보이려고 주택이 들어섰다는 이야기 정도는 그래도 애교 수준으로 받아들일 수 있다. 이대통령을 가까이에서 모시려는 비서관과 경호원 들을 위해 지은 호화 관사라는 설도 있다. 아무리 옛날이지만 15평 주택이 호화주택도 아니고, 대통령이 살던 백악산 아래 경무대景武臺●와 이곳 낙산은 당시로는 먼 거리다. 심지어 교통도 불편한 산꼭대기가 아닌가.

언젠가 답사하던 중 지금은 거의 재벌 수준으로 커진 동네 사랑방 구멍가게(지금은 슈퍼로 변했다)에서 벌어진 막걸리판에 끼어들어 동네 이야기를 듣게 되었다. 이승만 대통령과 이화장, 국민주택 그리고 현재의 정치 이야기까지. 거기 모인 사람들끼리 두 패로 갈라져 서로 자기가 다 알고 있다는 듯 말하면서 거의 멱살잡이 일보 직전까지 가는 모습을 보았다. 모두 설에 불과하지만, 정치 관련 '이바구'는 언제나 최고의 안줏거리인 듯하다.

몇 사람이 관심을 가지고 개인적으로 마을 박물관도 만들고 주택의 역사도 전시하자 전임 시장도 여기를 몇 번씩 방문하면서 마을 만들기 우수사례로 힘을 실어 주며 많은 지원을 해 주었다. 지금은 모두 카페나 상점으로 바뀌면서 그런 모습보다는 성공한 투기지역이라는 느낌이 들어 개인적으로 아쉽다. 서울에서 이만큼 풍광 좋고 살기 좋은 곳이 개발되지 않고 남아 있다는 것이 신기할 정도다. 사실 개발에 제한이 많은 한양도성 문화재 지역이라 일반적인 투기 개념과는 거리가 있다. 주택이 경사지에 지어져 앞집이 뒷집을 가리지 않아 전망이 좋다. 남산부터 안산, 인왕산, 백악산으로 이어지는 서울 서쪽 파노라마가 종일 시간대마다 다른 모습을 보여 주는 서울 최고 스카이라운지다.

낙산 자락 이화동에는 국민주택이라는 이름의 영단주택이 있다. 이화사거리에서 바라본 이화동 영단주택 전경. 2009.10.

주택이 경사지에 지어져 앞집이 뒷집을 가리지 않아 서향이지만 전망이 좋다. 남산부터 안산, 인왕산, 백악산으로 이어지는 서울 서쪽 파노라마는 종일 시간대마다 다른 모습을 보여 준다. 서울 최고의 스카이라운지라 할 만하다. 이화동 영단주택. 위 좌 2009.10. 위 우, 아래 좌우 2006.2.

청량리 홍릉 앞에는 부흥주택으로 알려진 영단주택이 있다. 1951년 한국전쟁 중 우리나라의 재건과 부흥을 지원하기 위해 UN의 결의로 UNKRA United Nations Korean Reconstruction Agency 즉 유엔한국재건단이 만들어졌다. 유엔 회원국들이 기금을 만들어 산업, 교육 등 우리나라 전 분야에 걸친 원조를 지원하는 기관이다. 주택 부분에서도 많은 지원이 있었다. 피난 중 대한주택영단에서 임시 수도 부산에 500호 구호주택을 지을 때도, 전쟁 중이라 재료를 구하기 어려운 상황에서 목재나 지붕 재료, 하다못해 못 같은 자재까지도 지원했다고 한다.

보통 9평인 운크라UNKRA주택은 도시형과 농촌용으로 구별해 주로 조적조 간이주택으로 지어졌다. 9평으로 정해진 이유는 당시 유엔의 기준이었던 가구당 6평에 우리나라 4급 공무원 기준 가족을 고려해 50퍼센트를 더한 것이라는 설이 있다. 그러나 어떤 국제연합기준을 적용했는지는 불분명하다. 아마도 힘들고 어려운 시절, 국제 기준보다 나은 주택이라는 것을 강조해 그렇게라도 위로받고 싶어 만들어진 이야기가 아닐까 짐작한다.

1955년 서울시에서 204호의 시영주택을, 1957년에는 대한주택영단이 283호의 영단주택을 건설했다. 복층형 4호 연립 형태로 한 가구가 2층을 사용한다는 점에서는 이화동 국민주택과 비슷하지만, 다락방이 아니고 제대로 된 2층이라는 점이 다르다. 단층 단독 공영주택이 2층 공동주택으로 변해 가는 과정의 주택으로, 필지도 공동으로 사용하고 있어 아파트 시작의 전 단계라고 볼 수 있다. 1955년 12월 16일 서울시가 시행자로 나서고 육군 공병대가 지은 1차분 50호가 준공될 때는 이승만 대통령을 비롯해 서울시장과 관련 부처 장관도 참석했다고 한다. 불과 50호 주택이 완성되는 준공식에 대통령이 관심을 가지고 직접 참석할 정도로 당시도 주택 문제는 언제나 정부의 최고 관심사였다는 사실을 알 수 있다.

반듯하고 체계적이지만, 지루하고 재미없는 영단주택 단지에 활기를 주는 것은 큰길의 가로수와 골목 여기저기서 보이는 식물이다. 공동 필지로 사용하는 좁은 골목길이 가꾸는 사람의 취향에 따라 다양한 모습의 아름다운 정원으로 만들어져 지나다니는 사람들에게 즐거움을 선사한다. 개별 주택은 시간이 지나면서 편의를 위해 많이 변했지만, 문래동과는 달리 그대로 주거로 활용되고 있어, 지어질 당시의 분위기를 느낄 수 있다.

정릉에도 1958년에 지어진 부흥주택 단지가 남아 있다. 앞의 세 단지에 비해 작은 규모지만 바로 옆 골목에 1967년에 지어진 서울의 마지막 집장사 도시한옥 단지가 같이 있어 재미난 모습이다. 2008년 대림미술관의 의뢰로 서울 주거 100년을 기록하는 프로젝트를 할 때는 대부분 남아 있던 부흥주택이나 도시한옥이 현재는 많이 사라졌고 그 자리에 빌라나 다세대주택이 들어섰다. 도시한옥은 대부분 단지로 이루어져 있어 넓은 범주에서 영단주택과 같은 집합주택 단지의 한 형태로도 생각할 수 있다.
1920~30년대 우리나라 최초의 근대적인 부동산 디벨로퍼땅 매입부터 기획, 설계, 마케팅, 사후관리까지 총괄하는 부동산 개발업로 거론되는 정세권의 건양사에서 개발하고 분양한 익선동과 가회동에서 도시한옥 단지가 시작된 것으로 알려져 있다. 도시한옥은 일제강점기부터 한국전쟁 후까지도 보문동, 돈암동, 신당동, 용두동, 마포, 북아현동, 영등포 등 서울 전역에서 토지구획정리사업이 이루어지면서 들어섰다. 조선기와집, 조선가옥, 신식 조선가옥, 절충한옥, 개량한옥 같은 이름에서 도시한옥의 모습은 물론 정착 과정을 엿볼 수 있다. 도시한옥은 1920~60년대 서울을 중심으로 도시 여건과 좌식에서 입식으로 변하는 등 진화한 생활양식에 적응하면서, 토지구획정리사업이나 부동산 개발을 위한 대규모 필지를 분할해 지어진 한옥이라고

청량리 홍릉 앞에는 부흥주택으로 알려진 영단주택이 있다. 1951년 한국전쟁 중 우리나라의 재건과 부흥을 지원하기 위해 UN의 결의로 유엔 회원국들이 기금을 모아 만든 기관 UNKRA 즉 유엔한국재건단의 주택 부분 후원사업으로 조성된 주택 단지다. 2011.5.

개별 주택은 시간이 지나면서 편의를 위해 많이 변했지만, 문래동과 달리 그대로 주거로 활용되고 있어 지어질 당시의 분위기를 느낄 수 있다. 사진은 청량리 부흥주택. 2011.5.

반듯하고 체계적이지만, 지루하고 재미없는 영단주택 단지에 활기를 주는 것은 골목 여기저기서 보이는 식물이다. 공동 필지로 사용하는 좁은 골목길이 가꾸는 사람의 취향에 따라 아름다운 모습의 정원으로 여기저기를 장식하며 지나다니는 사람들에게 즐거움을 선사한다. 사진은 청량리 부흥주택 골목 풍경. 2019.10.

할 수 있다. 대들보나 서까래 등이 살아 있는 전통 한옥의 모습을 유지하고 있어 기와집과는 구별이 된다. 1960~70년대까지만 해도 서울은 어디를 가나 한옥 단지를 볼 수 있는 한옥의 도시였다. 오래되었다고 쉽게 헐어 버리면서 서울을 '역사도시'라 자랑하는 것이 맞는지 모르겠다.

조선주택영단이 지은 영단주택은 아니지만, 영단주택과 항상 같이 언급되는 주택이 인천에 있다. 미쓰비시三菱 줄사택 혹은 삼릉사택이라 부르는 집합주택 단지다. 인천 부평 일대가 일본 육군 조병창으로 병참기지화 되면서 많은 군수기업이 공장을 세웠다. 일본 기업 미쓰비시도 제강공장을 세워 무기를 비롯한 군수용품을 생산했다. 삼릉사택은 이 공장 직원과 한국인을 포함한 노무자를 위한 주택 단지다. 패전 직전 직원 사택, 노무자 합숙소, 공중목욕탕, 공중변소 등 근린시설까지 191동이 있었다고 한다.
현재 주변 지역이 개발되고 그 일부만 섬처럼 남아 있는데, 보존이냐 철거냐 논란이 계속되면서 방치되는 건물들은 빠르게 훼손되고 있다. 태평양 전쟁 당시 식민지 군수공장 노동자 주택이라는 특별한 역사의 흔적이라 남겨야 한다는 의견과 좀 더 행복한 생활을 위해 폐허 같은 건물은 헐고 새 주택을 지어야 한다는 의견이 팽팽하다. 이 문제는 단순한 찬성 반대로 해결될 일이 아니다. 낡아 보기 흉하고 춥고 불편해 없애고 새로 지어야 한다고 하지만, 결국 이 문제 저변에 깔린 핵심 이슈는 이권과 돈이다. 쉽게 헐어 버린 후에 제대로 뭔가 하지도 못하고 애매하게 주차장이나 만들고 후회하지 말았으면 좋겠다.

재건주택, 희망주택, 부흥주택, 국민주택, 후생주택, 시범주택, 시험주택, 운크라주택, ICA주택, AID주택, 상가주택, 외인주택. 해방 이후 한국전쟁을 거치면서 주택난을 해결하기 위해 지어진 주택의 다양한 이름이다. 역사는 물론 각 시대의 사회상황이나 간절한 요구사항이 주택 이름에 담겨 있다. 재미있는 것은 무조건 빨리 '재건'하고 이를 기반으로 '희망'을 가지고 '부흥'시켜 '국민'들의 '후생'에 도움을 주자는 염원이 담긴 듯 실제로 주택이 지어진 순서대로 이런 이름이 붙었다는 점이다. 우연인지 계획적이었는지는 알 수 없지만.

2013년 당시 대통령이 국민 행복 시대를 선언하면서 공공임대주택에 '행복주택'이라는 이름을 붙였다. 이제까지 뭔가 행복하지 못했기 때문에 만들어진 이름 같아 조금 씁쓸한 기분이 들기는 하지만, '부흥' 후에 '국민'들의 생활이 '후생'의 뜻처럼 넉넉하고 윤택해져 마침내 '행복'을 누리게 되었다는, 거의 완벽한 주택이 완성되었다는 느낌의 이름이다. 이런 깊은 뜻을 알고 행복주택이 지어졌을까? 이름은 다르지만 조선주택영단이나 대한주택영단과 관련이 있는 모든 주택은 크게 영단주택의 범주에 들어간다. 서울 곳곳에 지어졌던 다양한 주택은 이제 대부분 흔적조차 찾아보기 힘들지만 여러 가지 이유로 단지가 몇 군데 남아 있어 그나마 역사 도시 서울의 근대사를 엿볼 수 있는 흔적을 이어 가는 듯해서 다행이다.

정릉에도 북한산을 배경으로 1958년 지어진 부흥주택 단지가 남아 있다. 작은 규모지만 바로 옆 골목에 1967년에 지어진 서울의 마지막 집장사 도시한옥 단지가 같이 있어 흥미롭다.

2008.10.

정릉 부흥주택 단지의 모습.. 2008.10.

1920~30년대 우리나라 최초의 근대적인 부동산 디벨로퍼로 거론되는 정세권의 건양사에서 개발하고 분양한 익선동과 가회동 도시한옥 단지는 넓은 범주에서 영단주택과 같은 우리나라 최초 집합주택 단지의 한 형태로 생각할 수 있다. 인왕산을 배경으로 익선동 한옥마을의 눈 쌓인 지붕 기왓골이 유난히 아름답다. 2017.1.

조선주택영단이 지은 영단주택은 아니지만 영단주택과 항상 같이 언급되는 주택이 인천에 있다. 미쓰비시 줄사택 혹은 삼릉사택이라고 부르는 집합주택 단지다. 인천 부평 일대가 일본 육군 조병창으로 병참기지화 되면서 많은 군수기업이 공장을 세웠는데, 일본 기업 미쓰비시가 직원들과 한국인을 포함한 노무자들을 위해 이 주택 단지를 지었다. 2019.4. 사진_김재경

2.

장소,

우리 삶의 시간이
켜켜이 쌓인 곳

"바로 저기다!"
정도전의 탁월한 선택

북한산 보현봉을 눈앞에, 정릉3동 정릉골

정릉貞陵에 능이 있는지 모르는 사람은 보통 성북구에 있는 정릉동과 정릉을 같은 지명으로 생각한다. 정릉은 태조 이성계의 계비인 신덕왕후神德王后의 능을 말한다. 정릉에서 정릉동의 이름이 유래했지만, 신덕왕후의 능인 정릉은 원래 중구 정동, 현재 영국대사관과 조선일보 자리에 있었다. 정동貞洞이라는 지명도 신덕왕후의 능인 정릉에서 유래한다. 사대문 안에는 묘지를 설치할 수 없었고 규모도 너무 크다는 이유로 태종 때 이전하게 된 것이다. 하지만 사실은 태종 이방원이 태조 이성계가 신덕왕후에서 낳은 여덟 번째 아들 방석을 세자로 정한 것을 두고 섭섭한 감정이 있었기 때문이라는 뒷이야기도 전해진다. 태종은 능을 묘로 격하시키고, 왕후를 후궁이라는 칭호로 바꾸었다. 후에 현종 때 우암 송시열의 상소로 왕후로 복위되고 묘도 능으로 복원된다. 서울에 또 다른 정릉靖陵이 있다. 서울 강남구 삼성동의 선정릉은 성종과 두 번째 계비 정현왕후의 선릉, 그리고 그의 아들 중종의 능인 정릉을 합쳐 부르는 이름이다. 선정릉 아래에 있는 지하철 2호선과 수인분당선 정류장은 선릉으로, 선정릉 위쪽에 있는 9호선과 수인분당선 환승 정류장 명칭은 선정릉으로 되어 있다.

정릉골이라고도 부르는 정릉3동은 북한산 언저리에 자리 잡은 전형적인 서울의 산동네로 풍광이 뛰어나다. 국립공원과 그린벨트가 인접해 있어 상대적으로 개발이 멈춘 듯 더디게 진행되다 2020년 3월 서울시 건축 심의를 통과했고, 11월 사업시행계획인가를 신청하여 2025년 준공을 목표로 개발되기 시작했다. 그러나 최근까지도 이주나 철거 등 눈에 띄는 큰 변화가 보이지 않는다. 그래서 다행히도 아직은 북한산을 배경으로 경사지 주거나 골목길이 잘 남아 있고, 골목 사이사이로 아름다운 북한산 보현봉의 모습을 조망할 수 있다. 새로운 개발계획도 아파트가 아니라 경사지를 따라 타운하우스®를 짓기로 해서 개발 후에도 북한산 풍경이 보존될 것으로 보인다. 1960~70년대 정릉2동의 배밭골과 정릉3동의 청수장은 한여름 계곡 물놀이 장소로 알려졌던 곳이다. 1971년 성북구 정릉동과 종로구 평창동을 연결하는 북악터널이 개통되면서 정릉2동의 배밭골은 가재 잡고 소풍 가던 한가로운 모습을 잃어버렸다.

2000년대 중반부터 정릉골이 곧 재개발된다는 말을 듣고 아랫동네 부흥주택, 한옥마을과 함께 여러 번 답사하며 기록했다. 그 후 잊어버리고 있었는데 2020년 4월 우연히 이곳을 지나다 건축 심의 통과 플래카드가 붙은 것을 보고 다시 답사하게 되었다. 다시 찾은 지 10년이 넘었지만 마침 정릉골의 명물 복사꽃이 만발해 있었고, 멀리서 보니 여전히 풍광이 아름다웠다. 그러나 동네 안으로 들어가 보니 빈집도 많았고, 산등성이에 늘 사람이 모이던 사랑방 같던 구멍가게도 문을 달아 을씨년스러운 풍경을 연출하고 있어 안타까웠다. 그래도 사람이 사는 곳은 잘 정리되어 있었고, 텃밭과 잘 가꾼 정원도 보여 발걸음을 멈추게 했다.

산동네의 대표적인 풍광인 경사지 골목길은 어디나 비슷하지만, 정릉골은 걸어가는 방향에 따라 펼쳐지는, 앞산도 되고 때로는 뒷산도 되는 북한산의 모습이 골목길을 특별하게 만들어 준다. 장소에 따라 발아래로 마을 모습이 펼쳐지기도 하고, 높은 능선에 오르면 멀리 잠실 롯데타워까지도 보이고, 보현봉이 거의 비슷한 높이로 가깝게 다가오기도 한다. 아마도 서울에서 만화경처럼 다양하게 보이는 북한산 풍경을 볼 수 있는 최고의 장소가 아닐까 한다. 마침 여기가 재개발된다는 소식을 듣고 현장을 찾아온 노년의 부부를 만날 수 있었다. 사진기를 들고 있는 나를 재개발 관계자로 알고 이것저것 물어보아서 잠깐 같이 대화를 나누었다. 그들은 이곳에서

● 4~5층 정도 저층의 집합주택으로, 경사지를 활용해 짓는 벽이 붙은 연립주택 형태.

전형적인 서울 산동네 정릉골은 풍광이 뛰어나다. 정릉동에서 보이는 북한산 보현봉, 무학대사와 삼봉 정도전 이 두 사람을 언급하지 않고서는 조선의 수도 서울을 이야기할 수 없다. 서울 아차산과 위례성은 이미 조선시대 이전부터 무려 500여 년간 한성백제의 수도였다. 서울의 산은 조선은 물론 백제에서도 수도가 되기 위한 매우 중요한 입지 조건이었을 것이다. 2008.10.

2000년대 중반부터 정릉골이 곧 재개발된다는 말을 듣고 아랫동네 부흥주택, 한옥마을과 함께 여러 번 답사하며 기록했다. 그 후 잊어버리고 있었는데 2020년 4월 우연히 이곳을 지나다 건축 심의 통과 플래카드가 붙은 것을 보고 다시 답사하게 되었다. 다시 찾은 지 10년이 넘었지만 마침 정릉골의 명물 복사꽃이 만발해 있었고, 멀리서 보니 여전히 풍광이 아름다웠다. 2020년 3월 서울시 건축심의를 통과했기 때문에 재개발되면 더는 볼 수 없는 풍경이다. 2020.4.

정릉골은 봄이 되면 마을 어디서나 복사나무의 꽃을 볼 수 있어서 오래전부터 '복사골'이라는 이름으로 불린다. 2020.4.

어느 때부터인가 정원이 화두가 되면서 모든 지자체가 경쟁적으로 '정원도시'를 꿈꾸고 있다.
소박하지만 정성껏 돌보는 마을 꽃밭은 예나 지금이나 여전히 빛을 발한다. 2008.10.

재개발을 앞두고 빈집도 많고, 늘 사람이 모이던 사랑방 같던 산등성이 구멍가게도 문을 닫아 을씨년스러운 모습이지만, 틈만 있으면 비집고 올라오는 풀들이 꽃을 피워 사람들을 반갑게 맞이하고 있다.   2020.5.

살고 싶어 관심 있게 보고 중이었는데 벌써 땅값도 너무 오르고 매물도 없어 안타깝다고 했다.

정릉은 1960~70년대 지금의 평창동이나 성북동처럼 강북의 부촌으로, TV 드라마에 '정릉 사모님'이 자주 등장하곤 했다. 큰 규모의 단독주택도 많았고 북한산을 배경으로 환경도 좋아 예술인이 많이 거주했다. 소설가 박경리의 대작 《토지》가 정릉에서 집필되었고, 화가 박고석의 화실도 후에 처남인 건축가 김수근이 설계한 명륜동 건물로 이전하기 전까지 이곳에 있었다. 화가 이중섭도 이곳에 거주한 적이 있었기 때문에 시인 구상이 그의 유골을 망우리 공동묘지, 일본에 있던 부인, 정릉, 이렇게 세 곳으로 보냈다고 한다. 화가 박고석이 보관하던 이중섭의 유골은 정릉골 어딘가에 뿌려졌다.

사실상 조선의 첫 번째 국모인 신덕왕후의 능을 지키기 위한 수호원찰守護願刹●인 흥천사(신흥사)를 비롯해 경국사, 봉국사 등의 대규모 사찰도 정릉에 자리 잡고 있다. 170여 칸이나 되는 흥천사는 원래 서울 정동의 신덕왕후 능 옆에 있던 대규모 사찰로 조계종의 본산이었다. 정동 흥천사는 후에 유교 국가인 조선의 유생들이 이단으로 몰면서 파괴되어 폐사된다. 신덕왕후 능이 정동에서 정릉동으로 이장하면서 현재의 정릉에서 고개 하나만 넘으면 되는 돈암동에 있던 신흥암이 신흥사로 승격되어 원찰이 되었다. 그러다 고종이 흥천사라는 휘호를 내리면서 다시 흥천사로 바뀐다. 흥천사 부근(1980년대까지도 버스정류장 이름이 신흥사 입구였다)에는 무슨 이유인지 1990년대까지도 고임상의식이나 잔치에 쓰는 음식을 높이 쌓아 올린 상을 차리고 국악으로 흥을 돋우며 환갑잔치를 전문으로 하는 음식점이 많이 있었는데, 시대의 흐름에 따라 환갑잔치를 점점 하지 않는 분위기가 되자 음식

● 원래는 창건주가 자신의 소원을 빌거나 죽은 사람의 명복을 빌기 위해 세우는 원당, 내불당, 내원당 등의 불교 건축물을 의미한다. 왕이나 왕비의 능 옆에 세워 능을 보호하고 이들이 극락왕생할 수 있도록 명복을 빌고 제사 등을 준비하던 사찰을 일컫기도 한다.

점들도 자연스럽게 사라졌다.

정릉천을 따라 북한산 쪽으로 올라가다 보면 북한산국립공원 탐방 안내소를 만난다. 현재 북한산 정릉 등산로 입구에 있는 이 안내소는 원래 1910년 일제강점기 지어진 청수장이라는 일본인의 별장이었다. 2000년 초반 등산로 입구를 정비하면서 본관만 개축되어 남았다. 1956년 정비석의 소설을 영화로 만든 《자유부인》에 등장하는 댄스홀 무대가 바로 청수장이다. 당시 불륜이라는 파격적인 소재로 한국 사회에 큰 충격을 불러일으켰다는 이유로 영화 〈자유부인〉은 국가등록문화재 347호로 지정되어 있다. 한국전쟁 초기에는 잠시 북한산에서 훈련하던 특수부대의 숙소로 사용되기도 했다. 특수부대 훈련장은 1960년대에 한국보이스카우트연맹의 야영훈련장으로 이용되었다. 요정, 고급 여관, 음식점으로 용도가 계속 바뀌면서 한때는 신혼여행지로도 유명했다고 한다. 현재 부근의 청수장이라는 중국집이 이곳이 청수장이었음을 알려 주고 있다.

정릉동에서 보이는 북한산 보현봉, 그리고 무학대사와 삼봉 정도전을 언급하지 않고 조선의 수도 서울을 이야기할 수 없다. 정도전은 고려와 조선 두 왕조에서 중요한 역할을 한 관리이자 유학자다. 두 왕조에 걸쳐 한 인물이 했던 활동이 역사에 기록된 사례는 당시와 같은 왕조사회에서는 흔치 않은 일이었다. 무엇보다 중요한 것은 정도전이 서울에 도읍이 정해지고 경복궁이 지어지는 등 물리적인 공간 한성漢城이 만들어지는 모든 과정에 지금의 건축가나 도시계획자로 활동했다는 사실이다.

정도전의 고향은 지금의 경상북도 봉화나 충청북도 단양으로 알려져 있다. 봉화는 아버지의 고향이고 단양은 어머니의 고향이다. 아마도 어머니가 친가에 머물면서 출산해 두 장소가 고향으로 언급된 것 같다. 어린 시절을 단양 외가에서 보냈던 정도전에게 도담삼봉은 놀이터였다. 삼봉이라는 호도 그의 놀이터였던 단양 도담상봉에 관한 추억과 관련이 있다고 전해진다. 서울에 거주할 때 백운대, 인수봉, 만경대, 이 세 봉우리가 있어 '삼각산'이라고도 불린 북한산 자락에 살아서 그런 호가 되었다는 설도 있다. 광화문 교보빌딩 뒷길 도로명이 바로 삼봉로다.

무학대사가 북한산 보현봉에서 남쪽을 바라보며 '바로 저기다!' 하면서 수도를 정했다는 이야기가 전해 내려오지만, 정도전도 책임감 때문에 보현봉에 올라 무학대사의 의견을 두 눈으로 분명하게 확인했을 것이다. 들어가는 글에서도 언급했지만 정도전이 일터이던 개성에서 명절이나 휴가를 보내기 위해 외가나 친가에 가려면 아마도 지금의 의주로를 지나 무악재를 넘고, 종로를 가로질러 왕십리를 지나, 망우리와 구리를 거쳐 중부내륙고속도로나 중앙고속도로 부근 어딘가를 따라 걸어가지 않았을까? 오가는 길에 가까이 또는 멀리서 눈여겨본 서울 주변 백악산, 인왕산, 남산, 낙산, 북한산, 덕양산, 관악산, 아차산 등을 살피면서 풍경도 수려하고 풍수지리에도 들어맞는 지형의 서울을 조선의 수도로 결정할 때 전혀 주저하지 않았을 것 같다. 사실은 그 누구도 정확하게 알 수 없으니 나의 상상이 맞든 틀리든 큰 상관은 없다. 컴퓨터 그래픽으로 재현하는 600년 전 서울이 아니라 정도전의 두 눈으로 보았던 그때 서울의 모습이 참 궁금하다. 어쨌든 나에게는 그의 탁월한 선택으로 만들어진 서울이 여전히 멋지고 너무 좋다.

서울은 이미 조선시대 수도 이전에 한성백제의 수도로 자리 잡았다. BC 18년부터 AD 475년까지 무려 500여 년 동안 아차산과 위례성이 한성백제의 수도였다. 그 후 백제는 공주에 이어 부여로 수도를 옮긴다. 64년 웅진 공주, 123년 사비 부여와는 비교가 되지 않을 정도로 518년 조선의 수도에

버금가는 오랜 기간 백제의 수도가 바로 서울이었다. 서울의 산은 조선은 물론 백제에서도 수도가 되기 위한 매우 중요한 입지 조건의 하나였을 것이다.

Hommage to 정도전! 고맙습니다.

마을 정상에서 내려다본 정릉골 전경. 2020.4.

정릉 입구 삼거리에서 바라본 정릉골의 모습. 오른편 멀리 북한산 아래에 마을이 자리 잡고 있다. 위 2011.11.

1960년대에 조성한 정릉 한옥마을에서 바라본 북한산과 정릉골의 모습. 아래 2008.10.

장소에 따라 발아래로 펼쳐진 마을 모습을 볼 수 있기도 하고, 멀리 서울 시내의 모습을 조망할 수도 있다. 2008.10.

뒤로 보이는 아파트의 모습에서 개발 후 미래 모습을 상상해 볼 수 있다. 누군가는 개발을 원하지만, 다른 누군가는 현재의 삶과 풍경이 유지되기를 간절히 바라고 있다. 위 2020.4. 아래 2008.10.

삶의 흔적을 엿볼 수 있어서
귀하고 가치 있는 공간

**안산, 쌍룡산,
와우산에서
이어지는 동네,
노고산동**

"신고산이 우르르"로 시작되는 '신고산 타령'을 "와우아파트가 와르르"로 바꿔 부른 가수 조영남이 제5공화국 시절 그 무서운 중앙정보부(현재 국가정보원)에 끌려가 혼이 났다는 이야기가 있다. 사실일 것 같다. 1970년 4월 8일 새벽 6시 40분경, 마포구 창전동에서 5층 와우아파트 1동이 붕괴하여 축대 아래에 자리한 주택까지 덮치면서 시민 30여 명이 사망하고 30여 명이 중경상을 입는 대형 사고가 발생했다. 부실 자재, 부실 공사, 부실 행정, 1960년대 개발 우선주의 시대의 총체적인 불법과 부실의 결과물이라 할 수 있는 매우 충격적인 사건이었다. 전체 30세대 중 15세대만이 입주한 상태에서 무너져서 그나마 다행이었다. 이 사건은 위정자는 물론 모든 국민이 '빨리빨리'를 강조하는 사회 분위기와 안전 불감증을 인식할 수 있게 해 주었다.

하지만 안타깝게도 현실에서는 후진국형 안전사고가 끊임없이 이어졌다. 와우아파트 붕괴는 성수대교 붕괴, 삼풍아파트 붕괴로 이어지는 대형 붕괴 사고의 시작이어서 이런 사고가 발생할 때마다 언급된다. 남아 있던 16동의 아파트도 그 후 몇 년에 걸쳐 모두 헐리고 현재는 그 자리에 와우공원이 들어서 있다. 와우아파트는 '불도저' 김현옥 서울시장이 1960년대 심각한 서울의 주택문제를 해결하기 위해 건설한 시민아파트다. 시민아파트는 일자리를 찾기 위해 상경한 인구가 급격히 증가하면서 도시 팽창이 이루어지자 판자촌 문제와 서민 주거 문제를 해결하기 위해 계획되었지만, 실제로 입주한 사람은 대부분 중산층이었다고 한다.

2015년 북아현동 금화시민아파트도 헐리고 이제 '시민아파트'라는 이름으로 남아 있는 아파트는 1970년에 준공한 회현시민아파트 뿐이다. 당시에 지어진 보통 5층 규모의 다른 시민아파트와는 달리 지형 문제로 10층 아파트가 되었지만, 당시 엘리베이터는 일종의 사치품이라 시민아파트에는 설치될 수 없었다. 다행스럽게도 출입구가 5층에 있어 거주자들은 5층 아파트에 사는 셈이었다. 아래나 위로 최고 5층만 이동하면 되니까. 와우아파트 붕괴 이후 안전 문제에 신경을 많이 써 지은 아파트라 골격이 매우 튼튼하게 남아 있다.

지은 지 50여 년이나 되어 몇 번의 재건축 논의가 있었지만, 순조롭게 진행되지 못해 전임 시장 시절 서울시에서 매입해 청년 예술인을 위한 아트빌리지로 고쳐 역사적인 유산으로 보존할 예정이었다. 그러나 시장이 바뀌면서 다시 철거로 정책이 바뀌었다. 안전에 문제가 있어 철거를 결정했다고 하는데, 전임 시장은 안전 문제는 검토도 하지 않고 그냥 청년 예술인한테 선심 쓰듯 보존한다고 한 것인지 참 궁금하다. 아니면 현 시장은 전임 시장의 정책은 무조건 반대해야 한다고 생각하는 것일까. 1000만 서울시의 정책이 시장 한 사람의 취향에 따라 오락가락하는 것이 참 '거시기'하다.

시민아파트 대부분이 와우산, 낙산, 안산, 인왕산, 남산 등 산자락 높은 곳에 지어졌다. 과거 시민아파트 자리는 현재의 기준으로 보면 최고의 전망 좋은 주택지다. 당시 청와대에서 박정희 대통령의 눈에 잘 뜨이게 하기 위해서 그렇게 했다는 웃지 못할 이야기도 전해진다. 저렴한 땅값도 땅값이지만 당시 불도저 시장의 입장에서는 빨리 추진해야 하는 일이었다. 그래서 할 수 없이 교통이 불편한데도 비어 있거나 손쉽게 확보할 수 있는 시유지나 국유지 땅을 찾아 높은 곳으로 올라갈 수밖에 없었다. 다행히도 개발의 흔적이자 증거이면서 자연 훼손의 주범이었던 시민아파트는 망가진 자연환경 회복을 위해 철거되었고, 일부는 다시 녹지나 공원으로 돌아와 서울의 산 풍경을 회복했다.

두 동만 남아 있던 북아현동 금화시민아파트는 2015년 모두 헐려 사라졌다. 2010.9.

현재 시민아파트라는 이름으로 남아 있는 건물은 회현시민아파트 뿐이다. 당시에 지어진 보통 5층 규모의 다른 시민아파트와는 달리 지형 문제로 10층 아파트가 되었지만, 당시 엘리베이터는 일종의 사치품이라 시민아파트에는 설치될 수 없었다. 다행스럽게도 출입구가 5층에 있어 거주자들은 아래나 위로 최고 5층만 이동하면 된다. 2006.3.

남산에서 바라본 회현시민아파트와 서울 풍경. 건물 사이사이로 인왕산, 백악산, 북한산이 모습을 드러내고 있다. 보현봉뿐만 아니라 만경대와 백운대, 그리고 인수봉까지 멀리 보인다. 과거 시민아파트 대부분이 와우산, 낙산, 안산, 인왕산, 남산 등 산자락 높은 곳에 지어졌다. 현재의 기준으로 보면 최고의 전망 좋은 주택지다. 당시 청와대에서 대통령 눈에 잘 뜨이게 하기 위해서 그렇게 했다는 웃지 못할 이야기도 전해진다. 도심에 고층 빌딩이 들어서기 전 남산 자락에 위치한 회현시민아파트는 당시 청와대에서 바라보면 한눈에 들어왔을 것 같다.

2010.4.

현재 아현동, 북아현동, 염리동, 대흥동, 대현동, 노고산동, 창천동에서 신촌로터리까지 이어지는 구역은 재개발로 이미 아파트가 들어섰거나 공사가 진행되고 있다. 재개발 사업이 진행되지 않는 곳을 찾아보기 어렵다. 모두가 '열중쉬어'도 아니고 긴장된 '차려' 자세로 철거 대기 중이다. 이미 큰길가는 모두 개발되어 오피스텔이나 대규모 건물이 마치 성벽처럼 버티고 있다. 그래도 안쪽으로 조금만 들어가면 멀리 고층 건물 사이사이로 안산이 보이고, 오피스텔이나 아파트를 배경으로 산동네 골목길 풍경을 만날 수 있는 곳이 노고산 북쪽 자락이다. 바로 길 건너 이대 앞이나 신촌 연세로의 화려한 풍경과는 전혀 다른 서울 시민의 일상생활 풍경이 큰길 몇 발자국 뒤에서 펼쳐지고 있다.

언젠가 이곳을 같이 답사했던 20대 초반의 강남 토박이는 24시간 편의점이 아닌 동네 구멍가게와 골목길을 처음 본다고 했다. 영화 〈기생충〉에 등장하는, 표현하기 어려운 묘한 냄새가 어디에나 아직 남아 있는 서울 산동네의 일반적인 풍경이지만, 그에게는 자기와 전혀 상관이 없고 관심도 없는, 자기가 아는 서울이 아니었던 것이다. 하지만 답사하면서 그의 얼굴에서 진지하게 몰입하는 표정이 보였다. 산자락 골목길에서 보이는 다양한 풍경이 분명히 그를 매료한 것 같았다.

산동네는 경사 지형인데다 주거 면적마저 협소해 공원이나 정원을 확보하기가 더욱 어렵다. 하지만 녹색공간을 향한 사람들의 간절한 마음은 좁은 땅 어디에서도 어떻게든 고개를 내민다. 에드워드 윌슨이 말한 인간의 '생명 사랑' 본능인 바이오필리아 biophilia가 골목길에서도 여지없이 드러난다. 골목길 계단 한편에도, 옥상에도, 담장에도, 어디든 틈새만 보이면 녹색공간이 만들어진다. 특히 잎이 넓은 토란은 시각적으로 녹색공간을 확장해 줄 뿐만 아니라, 어릴 적 고향을 생각하며 반찬을 해 먹을 수도 있으니 일거양득이다.

각자가 정성껏 만들어 보여 주는 녹색공간은 가꾼 사람뿐만 아니라 오가며 지나가는 모두를 즐겁고 행복하게 만드는 열린 공간이다. 타인을 배려하는 아름다운 마음의 표현이라고 말할 수 있을 것 같다. 아마도 녹색공간을 가꾼 사람은 이른 새벽부터 숱한 노동을 했을 것이다. 노고산동 고산2길과 신촌로20길이 교차하는 사거리 골목길 옹벽 밑에 자리한 가로정원은 우선 규모가 크다. 차로까지 침범해 도로를 마치 앞마당처럼 이용하는 과감한 조성이라 보는 사람을 압도한다. 이 공간의 영향으로 주민들이 장소와 형편에 맞는 다양한 가로정원을 조성해 주변이 꽃동네가 되었다. 가끔 산동네에서 꼭 필요한 것을 어떻게든 갖추고야 마는 절묘하고 재기 넘치는 공간 활용을 볼 때면 법정스님의 '무소유'가 생각난다. "무소유는 단순히 아무것도 갖지 않는다는 것이 아니라 불필요한 것을 갖지 않는 것을 뜻한다. 우리가 선택한 맑은 가난은 고귀한 것이다."

이제는 사라지는 골목길뿐만 아니라 재건축으로 헐리는 아파트까지도 추억에 잠기게 한다. 몇몇 젊은이들이 살던 아파트가 재건축되는 것이 안타깝고 아쉬워 SNS에 기억을 남기고 있는데, 주민들의 관심과 참여도가 매우 높다. 서울시에서도 재건축을 시행하면서 말로만 반복하던 아파트 1동 남기기를 실천에 옮겨 반포 주공아파트 108동, 개포주공아파트 429동, 잠실 주공아파트 523동 등을 보전하기로 했다. 하지만 시장이 바뀌면서 보존 계획이 표류하고 있다. 아직 재개발이 이루어지면서 골목길이 보존된다는 이야기는 어디서도 들어보지 못했다. 노원구 백사마을이 산동네 지형이나 마을 구조를 유지하는 도시재생 형태로 재개발되면서 골목길 형태가 조금이라도 남지 않을까 기대해 본다.

부실하게 지어져 붕괴 위험이 있는 건물이나 비가 새고 낡아 도저히 사람이 살 수 없는 건물까지도 보존하자는 말이 아니다. 재개발·재건축을 무조건 반대하지는 않는다. 하지만 인간은 자기가 살아온 공간을 추억할 권리가 있고, 그 기억을 남겨야 할 의무도 있다. 역사적으로 가치가 있는 공간을 보존하고 남기려는 노력은 당연하다. 우리는 너무 당연한 사실을 가끔 잊고 산다. 아니 일부러 잊어버린다. 역사는 차곡차곡 쌓여야 만들어진다. 10년이 10번 쌓여 100년이 되고, 100년이 10번 쌓여야 1000년이 된다. 세월이 쌓인 골목길은 그 자체만으로도 역사적 가치가 있는 공간이다.

세계적인 문화유산이 된 그리스의 산토리니나 모로코의 페즈, 인도의 바라나시가 품은 골목길이 바로 그렇다. 오래되고 낡았다고 버리지 않고 오랜 세월이 만들어 낸 가치를 소중히 여겼기에 지금도 남아 있다. 누군가 없애 버리려고 하는 골목길은 서울을 부끄럽고 추한 도시로 만들지 않는다. 오히려 물질적인 가치만 앞세우며 세월과 흔적의 가치를 지우려고만 하는 인간의 모습이 추하지 않을까? 골목길은 어떻게든 주어진 환경에서 사람들이 열심히 살아가고 있다는 흔적이 담겨 있어서 귀하고 가치 있는 공간이다.

안산이 보이는 염리동 풍경. 아현동, 북아현동, 염리동, 대흥동, 대현동, 노고산동, 창천동에서 신촌로터리까지 이어지는 구역은 재개발로 이미 아파트가 들어섰거나, 공사가 진행 중이다. 현재 일부 구역에는 마포프레스티지 자이1단지가 들어섰고, 나머지 지역도 '열중쉬어'도 아니고 긴장된 '차려' 자세로 철거 대기 중이다. 2016.5.

산동네는 경사 지형인데다 주거 면적마저 협소해 공원이나 정원을 확보하기가 더욱 어렵다. 하지만 녹색공간을 향한 사람들의 간절한 마음은 좁은 땅 어디에서도 어떻게든 고개를 내민다. 골목길 계단 한편에도, 옥상에도, 담장에도 어디든 틈새만 보이면 녹색 공간이 만들어진다. 위 좌우, 아래 좌 2020.7. 아래 우 2018.9.

신촌로 큰길가는 모두 개발되어 오피스텔이나 대규모 건물이 마치 성벽처럼 버티고 있다. 하지만 안쪽으로 조금만 들어가면 멀리 고층 건물 사이사이로 안산이 보인다. 2020.7.

정자나무 아래 평상이 있는 모습은 서울 도심에서는 흔히 보기 어렵다. 무슨 이유인지 현재 나무는 잘리고 없다. 2020.7.

오래된 동네를 걷다 보면 한옥이 어느 틈엔가 불쑥 나타나 존재감을 드러낸다.　2020.7.

오래되고 낡았다고 없애지 않고 골목길에 세월이 쌓이게 하면 그것만으로도 역사적 가치가 있는 공간이 된다. 골목길은 어떻게든 주어진 환경에서 사람들이 열심히 살고 있다는 흔적이 담겨 있어서 귀한 공간이다. 2020.7.

절벽에 가까운 급경사에 주택이 들어서 있는 아찔한 풍경은 서울이 '산의 도시'라는 사실을 증명하듯 보여 준다. 2024.3.

추억을 어루만지는
영혼의 휴식 공간

**부아악이 보이는 동네
수유1동 빨래골**

어린 시절, 겨울에 눈이 내리면 집 앞 경사진 골목길은 스키장으로 변했다. 그 시절에는 동네마다 대나무가게가 많았다. 집 근처 대나무가게에 가면 추위를 피하기 위해 피워 둔 모닥불의 열을 이용해 자른 대나무 앞쪽을 약간 초승달처럼 휘게 해서 즉석에서 멋진 대나무 스키를 만들어 주었다. 기억을 더듬어 보니 양발 밑에 하나씩 신고 양손에 잡은 대나무 막대기로 지치면서 타기도 했고, 지금 유행하는 스노보드처럼 하나에 양발을 얹고 미끄러져 내려오기도 했다. 동네 아이들은 물론 어른들도 나와서 하얀 눈밭 위에서 같이 스키를 즐겼던 기억이 난다. 차도 별로 없던 시절이라 지금처럼 눈을 금방 치우거나 염화칼슘을 뿌려 눈을 녹이는 일도 없었다. 당시는 눈도 자주 참 많이 내린 것 같다. 다니기 불편하다고 몇몇 사람이 길에 연탄재를 뿌리기 시작하면 골목 스키장은 아쉬움 속에 문을 닫곤 했다.

서울을 답사하면서 몇 년 전 그 골목길을 다시 찾았다. 모든 것이 그 시절 그대로였지만, 기억에 남아 있는 그렇게 넓고 긴 슬로프의 '스키장'은 사라지고 없었다. 옹색한 골목길만 남아 있을 뿐이었다. 골목길 스키와 함께 동네 개천에서 타던 썰매나 스케이트도 추운 겨울을 이겨 내기 위한 즐거운 놀이였다. 집마다 정화조는 당연히 없었고, 오수가 그냥 버려지던 때라 개천은 늘 오물투성이였고 냄새가 났다. 그 물이 얼어 그 위에서 몇 번 미끄러지고 넘어지면서 스케이트를 타고 나면 온몸에서 정말 심한 냄새가 났다. 지금처럼 아무 때나 마음대로 샤워도 할 수 없었던 때라 집에 돌아오면 '바께스'라 부르던 양철 양동이에 물을 담아 난로 위에서 데워 찬물을 섞어 겨우 씻곤 했다. 세탁기는 물론 고무장갑도 없이 모두 찬물에 손빨래하던 시절이니, 어머니들의 고생이 어땠을지 상상조차 할 수 없다. 그 후로는 스케이트를 타러 미아리고개를 넘어 농사가 끝난 논에 물을 채우고 얼려 만든 스케이트장으로 갔다. 바로 수유리였다.

1973년 7월 1일 도봉구가 분리되기 전까지 미아리고개 넘어 서울의 북쪽은 경기도 의정부 경계까지 모두 성북구였다. 지금은 성북구, 강북구, 도봉구, 노원구, 이렇게 네 개 구가 이전 경기도 일부 지역까지 영역을 확장했다. 북한산에 자주 가거나 이곳을 잘 아는 사람들은 예전부터 하산 코스나 시작 코스였던 '빨래골'을 잘 알고 있다. 지금은 바로 입구까지 도시화되어 오랜만에 온 사람은 입구도 찾을 수 없을 정도로 변해 버렸다.

우연히 내가 안내하는 골목길 답사에 참여한 수유1동 도시재생센터의 열성적인 코디네이터의 권유로 우이신설경전철도 처음 타 볼 겸 거의 40여 년 만에 빨래골을 방문했다. 화계역을 나와 처음 본 모습은 기대했던 북한산이나 도봉산 주변의 모습이 아니라 역 주변 사거리 저층 상가와 연립주택 등이 대세인 일반적인 서울 변두리 주거지역이었다. 다행히도 비교적 자주 지나다니는 수유역처럼 고층 빌딩과 아파트군은 아직 보이지 않아, 조금만 움직이면 북한산과 도봉산의 모습이 보이기를 기대하며 약속 장소로 갔다. 역시나 골목 사이나 공원 뒤편으로 북한산과 도봉산의 모습이 보이기 시작했다. 스케이트를 타러 다니던 초등학교 시절로 시간여행을 떠난 듯한 느낌으로 기분 좋게 골목길 답사를 시작했다.

동네가 끝나고 북한산 산길로 접어드는 입구 개울가에 자리 잡은 빨래골은 궁궐 안에서 피를 보이면 안 되는 조선시대 궁녀들이 매달 달거리 후 피 묻은 빨래를 한 곳이었다고 한다. 도로가 나면서 규모도 줄어들고 부분적으로는 인공적으로 바뀌었지만 지금도 여전히 수려한 풍광을 자랑한다. 그 옛날에는 금강산 옥류천계곡이 부럽지 않은 풍경이었을 것이다. 게다가 빨래터는 당시 구중궁궐 안에 갇혀 살며 야외 출입이 자유롭지 못하던 궁녀들에게 허가된 나들이 장소였을 것이다.

지금처럼 아파트나 고층건물이 없던 시절에는 굳이 높은 곳에 올라가지 않아도 거리 어디서나 불암산, 수락산, 도봉산, 북한산까지 이어지는 서울 속 산악 파노라마를 즐길 수 있었을 것이다. 수유1동주민센터 옥상에서 바라본 북한산과 도봉산. 2020.9.

빨래골 이야기를 나누고 있는데 부근에서 등산객을 위한 조그만 매점을 운영하는 분이 역사적인 장소인 빨래골을 보존은커녕 훼손시키고 있는 작금의 행태에 불만을 표시하며 이야기에 끼어들었다. 카이저수염에 강한 눈매가 인상적인, 머리에 두건을 쓴 분이었다. 해박한 지식까지 갖추고 있어 평범해 보이지 않는 이분을 분명 어디선가 본 것 같다는 느낌이 들어 누군지 곰곰이 생각하고 있었다. 아니나 다를까 1970년대를 기억하는 사람은 누구나 아는 그 유명한 카이저수염! 바로 정의당 대통령 후보로 출마했던 진복기 씨 둘째 아들이었다.

카이저수염이 트레이드마크였던 진복기 씨는 1인당이나 다름없는 정의당을 창당해 1971년 7대 대통령 선거에 출마했다. 모두 일곱 명이 출마한 선거에서 박정희, 김대중에 이어 3위를 차지했다. 당시 약 12만표(1.03퍼센트)를 얻었는데, 4위에 비해 세 배가 넘는 수의 표였다. 그는 앞서 1963년 성북구 을선거구에 국회의원으로 출마했지만 당선되지 못한 비운의 정치인이었다. 정치자금이 없으니 당연히 사무실도 없고, 승용차도 없이 버스를 타고 다니며 선거운동을 했다고 한다. 그것도 서울에서만. 오히려 경호원들이 승용차를 타고 버스 뒤를 따라다니며 경호했다는 일화도 있다. 직접 본 적은 없지만 우렁찬 목소리, 카이저수염, 당찬 태도가 떠오르는 정치인 진복기를 기억나게 해 준 재미있는 시간이었다. 1981년 전두환이 통일주체국민회의에서 대통령으로 선출된 후 '민주정의당'을 창당했고, 2012년에는 '진보정의당'이 만들어졌으며, 다음 해에 이름을 '정의당'으로 바꾸었다. 이렇게 한국 정치사에 '정의당'이라는 이름이 계속 이어지고 있다는 사실이 재미있다. 이 세 개 '정의당'의 이념이나 정치색은 전혀 다르지만.

수유1동은 북한산 자락에 자리 잡고 있기 때문에 서울에서는 비교적 공기가 맑고 좋은 동네다. 1960~70년대 소위 서양식 '집장사' 주택, 다세대주택, 빌라, 연립주택이 공존하고 있으며, 다행히도 아직은 아파트가 많이 보이지 않아 자연 풍광을 즐기기 좋은 곳이다. 인수봉, 백운대, 만경대가 있어 삼각산이라고도 불리는 북한산이 거의 코앞에서 정면으로 제일 아름답게 보이는 동네이기도 하다. 삼각산 인수봉을 동쪽에서 정면으로 바라보면 마치 아이를 업은 것 같이 보여 부아악負兒嶽이라 부르기도 한다. 부아악은 보는 방향에 따라 보이기도 하고 안 보이기도 하는 인수봉의 매력적인 또 다른 이름이다.

수유일공원에서 보면 건물 사이사이로 북한산과 오봉이 이어지면서 도봉산 선인봉까지 그야말로 멋진 풍광이 펼쳐진다. 주변 조금 높은 언덕길이나 수유1동주민센터 옥상에서 본다면 매력적인 파노라마를 제대로 즐길 수 있다. 아마 지금처럼 아파트나 고층건물이 없던 시절에는 굳이 높은 곳에 올라가지 않아도 거리 어디서나 흔히 '불수도북'이라 부르는 불암산, 수락산, 도봉산, 북한산까지 이어지는 서울 도시 속 산악 파노라마를 즐겼을 것이다.

골목길 사이로 멀리 보이는 삼각산을 바라보며 한가로이 걷다가 우연히 메모 하나가 보여 발걸음을 멈추었다. "힘드시면 잠시 쉬어 가세요." 작지만 아름답게 조성된 골목 정원과 쉬어갈 수 있게 탁자와 의자가 준비되어 있었다. 사진을 찍고 있는데 지나가던 어르신 부부가 사람이 없으면 사진이 재미없다며 의자에 앉아 모델이 되어 주셨다. 정원을 배경으로 두 분의 사진을 찍고 이야기를 나누어 보니 바로 집주인이었다. 세 들어 사는 분이 가꾸고 있는 정원은 처음에는 계단참 화분 몇 개로 시작되었다고 한다. 그

분의 식물을 향한 애정과 노력이 골목까지 확장되어 지금의 정원이 되었다. 자기네는 나이도 들고 거동도 불편해 어떤 도움이 되는 일도 거들지 못하지만 오며 가며 정원을 즐길 수 있어 너무 고맙다고 했다. "지금도 병원을 다녀오는 길인데, 집에서 나갈 때나 돌아올 때마다 잠시라도 앉아 숨을 돌릴 수 있는 공간이 생겨 좋아요. 꽃 때문에 저절로 행복한 마음이 생겨서 힘든 것을 모두 잊고 쉴 수 있지요. 작은 공간이지만 마음이 부자가 되는 기분입니다." 단지 힘든 다리만 쉴 수 있게 해 주는 공간이 아니라 영혼의 휴식 공간이라는 그 분의 말이 오래 기억에 남아 있다.

골목길 사이로 멀리 보이는 삼각산을 바라보며 한가로이 걷다가 우연히 메모 하나를 발견했다. "힘드시면 잠시 쉬어 가세요." 작지만 아름답게 조성된 골목 정원과 쉬어갈 수 있게 탁자와 의자가 준비되어 있었다. 쉬고 있는 분이 이런 말을 했다. "작은 공간이지만 마음이 부자가 되는 기분입니다. 단지 힘든 다리만 쉴 수 있게 해 주는 공간이 아니라 영혼의 휴식 공간이지요." 위 2020.8. 아래 2020.7.

빨래골 이야기를 나누고 있는데 부근에서 조그만 매점을 하는 분이 역사적인 장소인
빨래골을 보존은커녕 훼손시키고 있는 작금의 행태에 불만을 표시하며 이야기에 끼어들었다.
카이저수염에 강한 눈매가 인상적인 평범해 보이지 않는 분이었다. 아니나 다를까,
1970년대를 기억하는 사람은 누구나 아는 그 카이저수염! 바로 정의당 대통령 후보로
출마했던 진복기 씨 둘째 아들이었다. 2020.8.

오른쪽 사진은 1971년 7대 대통령 선거 포스터.

북한산 산길로 접어드는 입구에 산행하는 사람들에게 하산 코스나 시작 코스로 잘 알려진 빨래골이 있다. 궁궐에서 피를 보이면 안 되는 조선시대 궁녀들이 이곳에 와서 매달 달거리 후 빨래를 했다고 한다. 구중궁궐 안에 갇혀 살며 야외 출입이 자유롭지 못했던 궁녀들에게 허가된 나들이 장소였을 것이다. 2020.8.

수유1동은 북한산 자락에 자리 잡고 있어서 서울에서는 비교적 공기가 맑고 좋은 동네다.
1960~70년대 소위 '집장사' 주택, 다세대주택, 빌라, 연립주택이 공존하고 있다. 2009.8.

227

북한산은 중심에 왼쪽부터 만경대, 백운대, 인수봉 세 봉우리가 있어 삼각산이라고도 부른다. 인수봉을 정면으로 바라보면 마치 아이를 업은 것처럼 보여 부아악負兒嶽이라고도 한다. 부아악은 보는 방향에 따라 보이기도 하고 안 보이기도 하는 인수봉의 매력적인 또 다른 이름이다. 하남에서 바라본 삼각산 인수봉 오른편 끝에 부아악이 보인다. 위 2016.6.
삼각산 인수봉 부아악. 아래 2023.5.

수유리 옆 동네 삼양동은 시간이 멈춘 마을이다. 오래된 골목길 어디서나 정성스럽게 가꾸는 꽃밭을 만날 수 있다. 2020.8.

골목 사이사이로 보는 방향에 따라 도봉산이나 북한산이 다양한 모습을 드러낸다. 2020.8.

옛 추억을 더듬으며
지금의 나를 만든 동네를 찾아가다

**의도되지 않은
풍경을 만나는 곳,
북아현동**

중학교 1학년 겨울 방학, 형이 고등학교 동창에게서 받은 엽서 한 장을 건네주었다. 형에게 보낸 새해 인사 안부 엽서였지만, 덧붙인 내용은 나에게 무언가를 제안하는, 마치 비밀접선을 위한 안내장 같았다. 2월 어느 날 몇 시까지 몇 번 버스를 타고 어디로 오라는 내용만 간단하게 적혀 있고 무엇을 할 것인지, 거기가 어딘지, 구체적인 내용은 전혀 알 수가 없었다. 형도 한번 가 보라는 말 외에는 별도의 설명이 없었다. 편지를 보낸 사람이 보이스카우트 활동을 하는 멋진 형이라는 것을 어렴풋이 알고 있기는 했었다. 나의 중학교 6년 선배라는 사실 말고는 어떤 정보도 없었지만, 어딘가 신비스럽고 멋진 느낌이었던 '비밀접선'에 응했다.

지금처럼 내비게이션을 따라가는 것도 아니라, 집과 학교만 오가다 생전 처음 찾아가는 길은 낯설기 그지없어 어렵게 목적지에 도착할 수 있었다. 한겨울이라 아현동 굴레방다리에서 내려 북아현동 꼭대기까지 찾아가는 길도 몹시 추웠다. 지금처럼 환승제도가 있을 때도 아니라 버스를 갈아탈 때마다 새로 똑같은 요금을 '안내양'에게 내야 했기 때문에, 먼 거리만 버스로 움직이고 나머지는 걸어야만 하던 때다. 당시 내가 살던 정릉에서 아현동까지 가려면 두 번의 버스를 갈아타야 했다. 여기서 종점까지 다시 버스를 탈 수도 있었지만, 차비를 아끼려고 한참을 걸어 올라가 큰 규모의 일본식 주택이 몰려 있는 오래된 주택지에 도착했다.

가운데 연탄난로가 있는 큰 마루방에 들어가니 이미 몇 사람이 모여 이야기를 나누고 있었다. 벽에 기대거나 팔베개를 하고 반쯤 누워 있는 사람도 있었고, 너무 분위기가 자연스러워 전부 친형제 같았다. 같은 중학교 3학년 형과 고등학교 (당시는 중고등학교가 같이 있었다) 2학년 형도 있었다. 다른 중고등학교에 다니는 형들과 함께 대학에 다니는 형들도 있어 내가 제일 막내였다. 인척 관계가 아닌데 왜 전부 친형제 같아 보였는지 스카우트

생활을 하면서 알게 되었다. 이들은 최소 1주일에 한 번은 만나 집회를 하고, 한 달에 한 번 하이킹과 1박 2일 캠핑을 하러 갔다. 여름·겨울 방학 때는 장기간 캠핑을 하면서 같이 먹고 자기 때문에 동고동락하는 친형제나 다름없는 분위기가 만들어질 수 있었던 것이다.

내가 갔던 그날에는 무슨 의식 같은 것도 있었는데, 정말 비밀집회를 하는 것처럼 너무 멋졌다. 특히 집회가 끝날 때 처음 온 나를 중앙에 세우고 빙 둘러서서 손을 잡고 환영 의식을 해 주었다. 한 사람이 "환호 준비!"라고 하자 "의여차!"를 세 번 외쳐 주었다. 온몸이 짜릿해지는 최고의 순간이었다. 스카우트들이 모이면 모임이 끝나고 흩어지기 전 서로의 손을 잡고 노래를 하나 부르고, 마지막으로 이 '환호' 의식을 한다. 함께 부른 노래의 가사는 이렇다. "같은 정신 목적으로 예 다 함께 모여서/ 동고동락 함께하며 힘써 애쓴 형제들/ 오늘은 동서로 섭섭하게 떠나나/ 마음은 영원히 서로 교통하리라." 스카우트 활동을 하면서 모임이 끝날 때마다 언제나 다 같이 손을 잡고 부른 노래라 아직도 잊히지 않고 선명하게 기억에 남아 있다. 1969년 2월의 어느 토요일. 눈물이 날 정도로 감동적이었던 "의여차!"로 끝났던 그날이 아직까지도 내 삶의 평생 동반자가 된 스카우트 생활이 시작된 날이다. 북아현동과의 만남이 시작된 날이기도 하다.

돈의문敦義門으로도 불리는 서대문西大門은 한양도성 서쪽 큰 문으로, 주로 중국과 교류가 이루어지던 길목에 있었다. 현재 정동사거리에서 강북삼성병원으로 올라가는 길목(현 종로구 평동)에 있었는데, 지금은 표지석만 남아 있고 1915년 전찻길이 복선화되면서 헐렸다. 1898년 서대문 홍릉 간 전차 개통 당시 가운데 홍예석문으로 전차가 드나드는 모습을 사진에서 볼 수 있다. 이때 동대문도 헐기로 했지만, 임진왜란 때 일본군이 이 문을 통해

성안으로 들어왔다고 양쪽 성벽만 헐고 문은 보존시키고 철로를 우회했다고 전해진다. 아마도 서대문은 당시 일본과 껄끄러운 관계였던 중국에서 온 사신들이 드나들던 문이라 굳이 없애지 않았을까 추측된다.

한양도성 서쪽 돈의문 바깥 동네가 바로 북아현동이다. 금화산 자락에 자리 잡은 북아현동은 서울 한양도성에서 가깝고 풍광이 좋아 일제강점기에는 부유한 일본인들이 많이 모여 살았다. 그래서 1970~80년대까지도 큰 규모의 일본식 주택이 많이 남아 있었다. 해방 후부터 지방에서 올라오는 이주민들이 자리 잡으면서 만들어진 북아현동 산동네는 언제 사라질지 모르지만 아직은 서울에서 볼 수 있는 거의 마지막 압도적인 골목길 풍경을 보여 준다. 서울역에서 수색으로 이어지는 경의중앙선 철길과 건널목도 고층빌딩을 배경으로 도심에서 서울답지 않은 풍경을 연출하고 있다. 안산에서 이어지는 철거된 옛 금화시민아파트 자리에서는 사방으로 서울 파노라마도 즐길 수 있다.

북아현동 답사는 보통 서대문역 사거리 충정로우체국 앞에서 서대문 2번 마을버스를 타고 '금화장오거리'에서 내리면서 시작된다. 정류장 이름도 지명도 보통은 '금화장오거리'로 부르지만, 조그만 막다른 골목길 하나까지 합치면 '칠거리'라고 해야 정확한 표현이다. 웬만한 골목길은 대부분 파노라마 카메라에 담을 수 있지만 여기는 도저히 한 장의 사진으로 보여 주고 설명할 수 없다. 오거리도 흔하지 않은데 좀처럼 보기 힘든 (나도 처음 보는) 칠거리다. 칠거리 중앙에 서서 360도 돌아보면 평지도 아니고 올라가고 내려가는 일곱 개의 서로 다른 골목길이 다가오는 듯한, 어디서도 경험하기 어려운 입체적인 공간 체험을 할 수 있다. 도로 경사도 심하고 각 방향으로 서로 엇갈리고 있어 로터리로 만들기도 어려운 지형이라 만약 차가 많이 다니는 길이었다면 원활한 소통을 위한 신호체계를 찾는 일이 쉽지 않았을 것이다.

다른 방법은 미근동 서소문아파트에서 시작해 서소문 철도건널목, 충정아파트를 거쳐, 길 건너 철로 변을 따라 북아현동으로 가는 길이다. 그러면 금화산 줄기를 따라 골목길에서 일본식 가옥들, 독특한 도심 속 분위기를 느낄 수 있는 충정맨션을 만나고 금화장오거리에 이르게 된다. 우리가 흔히 말하는 북아현동은 법정동으로는 충현동과 북아현동, 충정로3가를 아우르는 동네다. 행정동으로는 북아현동과 충현동을 일컫는데, 면적으로는 충현동이 더 넓게 차지하고 있다.

마을버스 정류장에 내리면 바로 오른편으로 가파른 높은 계단이 보인다. 계단을 올라 골목길을 지나 안산 줄기 끝자락에 이르면 서울 전경이 시원하게 펼쳐진다. 지금은 모두 철거된 옛 금화시민아파트 터다. 금화시민아파트는 야심만만한 김현옥 서울시장이 저돌적으로 추진한 시민아파트 계획 중 1969년 첫 번째로 준공된 아파트다. 그 후 확장을 거듭해 한창때는 2000세대가 사는 대단지가 형성되었다. 2015년 높은 언덕길 끝에 마지막 남아 있던 한 동이 철거되어 지금은 흔적도 없이 사라졌다. 아파트가 많이 들어서기 전에는 2000년대까지도 독립문 현저고가차도를 지나다 보거나, 지금은 사라진 아현고가차도를 신촌에서 시청 방향으로 지나면서 바라보면 저기가 어딘가 궁금할 정도로 금화시민아파트는 독립된 성채처럼 존재감이 뚜렷한 아파트였다. 북쪽으로 거대한 아파트 숲 뒤로 인왕산부터 백악산이 이어지고, 그 뒤로 북한산, 도봉산, 수락산, 불암산 그리고 동쪽에서 남쪽으로 계속 눈을 돌리면 낙산, 용마산, 아차산, 남산과 관악산까지 이어지는 산의 도시 서울 파노라마를 눈높이에서 제대로 즐길 수 있다.

추계예술대학교 부근에서 바라본 북아현동 전경. 왼편으로 2015년 높은 언덕길 끝에 마지막 남아 있던 한 동이 철거되어 흔적 없이 사라진 금화시민아파트가 보인다. 2010.9.

북아현동 정상 옛 금화시민아파트 자리에서는 북쪽 거대한 아파트 숲 뒤로 인왕산부터 백악산이 이어지고, 그 뒤로는 북한산, 도봉산, 수락산, 불암산이 보인다. 동쪽에서 남쪽으로 계속 눈을 돌리면 낙산, 용마산, 아차산, 남산과 관악산까지 이어지는 산의 도시 서울 파노라마를 눈높이에서 제대로 즐길 수 있다. 위 2007.9. 아래 2009.10.

북아현동 답사는 보통 '금화장오거리'에서 시작된다. 정류장 이름도 지명도 보통은 '금화장오거리'로 부르지만 조그만 막다른 골목길 하나까지 합치면 '칠거리'라고 해야 정확한 표현이다. 웬만한 골목길은 대부분 파노라마 카메라에 담을 수 있지만 여기는 도저히 한 장의 사진으로 보여 주고 설명할 수 없다. 지금은 모두 사라진 금화시민아파트에서 바라본 금화장오거리와 북아현동 풍경. 2012.9.

능선길이 끝나는 부근에서 아래 좁은 골목으로 내려가면 북아현동 전경이 기찻길과 함께 보인다. 경사진 계단형 주거지가 만들어 내는 다양한 풍경은 아파트가 들어선 지금의 모습과는 비교할 수 없을 정도로 매우 인상적이었다. 2010.10.

1960년대 후반 서울에 시민아파트가 집중적으로 지어질 당시 행정가들이 청와대에서 잘 보이게 하려고 위치를 잡았다고 하는데, 바로 여기는 그런 장소가 맞는 것 같다. 땅값이 저렴하기도 했지만 당시 '불도저 시장'이라 불리던 사람의 입장에서는 빨리 추진되어야 하는 프로젝트였기 때문에 비어 있거나 손쉽게 확보할 수 있는 땅을 찾아 할 수 없이 교통도 불편한 높은 곳으로 올라갔을 것이다. 하지만 과거 시민아파트 자리는 현재로 보면 최고의 전망 좋은 주택지임에 틀림없다.

북아현동 답사의 백미는 역시 산동네 주변으로 보이는 다양한 주택과 골목길, 그리고 계단이다. 북아현동을 금화산 능선에서 크게 남북으로 이어 주는 중심축이라 할 수 있는 북아현로14가길과 북아현로14나길(옛 금화장2길)을 따라가면, 좌우로 올라가고 내려가면서 (언제 사라질지 모르지만) 다들 처음 보고 신기하게 여기는 풍경을 잘 볼 수 있다. 서울에서 마지막으로 볼 수 있는 대규모 산동네 모습이 아닐까 한다. 북아현동은 한국전쟁 이후 몰려온 피난민과 1960년대 산업화 시기에 농촌에서 밀려나 도시로 일자리를 찾아온 사람들이 무작정 정착하며 만들어진 동네다. 부정형의 도로망은 일제강점기부터 계획적으로 만들어진 주변 동네의 반듯한 모습과는 한눈에 봐도 다르다. 전혀 의도되거나 계획된 풍경이 아니라는 사실을 알 수 있다.

능선길이 끝나는 부근에서 아래 좁은 골목으로 내려가면 (지금은 거의 아파트만 보이지만) 북아현동 전경이 기찻길과 함께 보인다. 과거 경사진 계단형 주거지가 만들어 내는 풍경은, 재개발로 모두 헐리고 아파트가 들어선 지금의 모습과는 비교할 수 없을 정도로 매우 인상적이었다. 조금 길쭉한 고리 모양의 매두 독특한 환상형環狀形 골목길도 만날 수 있다. 산등성이에 있는 경사진 골목길이라 계단과 경사로로 서로 입체적으로 연결된다. 고리 안에 있는 집이나 고리를 둘러싸고 있는 집들도 비탈진 땅에서 절묘하게 조화를 이루며 자신만의 진입로를 해결하고 있다. 그야말로 환상적幻想的인 환상형環狀形 골목길이고, 서울판 '건축가 없는 건축'의 완성형이다. 골짜기와 능선을 따라 주민들 스스로 길을 내고 집을 지으면서 자생적으로 만들어졌지만, 묘하게도 골목길이 이어진다. 집의 방향이나 배치에도, 각자의 삶의 시간이 오롯이 담긴 이 공간에도 나름대로 질서가 있다. 비록 '달동네'라 불리지만 뭔가 격이 있어 보이고 매력적이다.

겉모습만 멀쩡한 살기 좋은 집을 주로 만들어 온 우리는 30년만 지나면 그 멀쩡한 집을 부수고 또다시 유행에 따라 '살기 편한' 집을 짓는다. OECD 선진국이라고 하면서도 이렇게 계속 같은 행태를 반복해야 할까? 이제는 좋은 동네를 만든다고 있던 동네를 없애 버리지 말고, 있는 동네를 잘 관리하며 느긋이 기다리면서 시간이 만들어 가는 아름다움을 즐겨야 하지 않을까? 달동네나 산동네 골목길은 비록 어두웠던 기억이지만 자부심을 가져야 할 과거의 흔적이 남아 있는 곳이다. 이제는 적어도 자존감을 가지고 지켜 내고 보존해야 할 풍경이다.

답사하면서 굴레방다리에서 올라가던 길을 기억을 더듬어 스카우트를 처음 시작했던 집을 여러 번 찾아갔으나 너무 변해서 어디가 어딘지 방향감각조차 없었다. 부근에 있던 버스 종점이 어렴풋이 기억나 동네 사람들에게 물어보았더니 현재 마을버스 종점이 아닐까 하는 추측성 대답만 돌아왔다. 다세대주택이나 빌라로 변해 추억의 장소는 찾을 수 없었다.

흔한 표현으로 나의 8할을 키워 준 스카우트 활동에 관한 추억이 많은 동네 북아현동 이야기를 하다 보니 말이 많아진다. 2023년 여름, 거의 폭력적인 무더위 속에서 연일 좋지 않은 안타까운 소식이 톱뉴스로 다루어졌다. 바로 새만금 간척지에서 개최된 2023 세계 스카우트 잼버리World Scout Jamboree 행사다. 어떤 변명도 할 수 없는, 준비 부족에 태풍과 불볕더위까지 겹치면서 도저히 벌어질 수 없는 상황으로 치달아 세계적인 조롱거리로 전락한 사건이다. 전체 참가 인원의 10퍼센트에 달하는 4500여 명이라는 가장 많은 스카우트를 보낸 영국 등 일부 참가 국가가 철수해 행사가 중단될 뻔한 상황까지 벌어졌다. 중학교 때부터 스카우트 생활을 하면서 크고 작은 잼버리에 참여했을 뿐만 아니라 지도자로서도 오랜 기간 활동해 이번에도 방문객으로 참여하려 했는데 아쉬움이 많았다. 스카우트는 대원부터 지도자까지, 거의 30여 년간 삶의 전반부를 함께하며 나를 성장시킨 중요한 경험이라 남들보다 이 행사에 대한 기대가 컸기 때문에 주최 측에 아쉬움과 섭섭함을 넘어 분노가 치밀기도 했다.

내가 스카우트를 할 때는 20여 명의 대원을 데리고 캠핑을 하려면 거의 7~8명의 지도자가 미리 현장을 답사하며 현장 자연조건은 물론 교통편, 부식 조달 방법, 위급상황 발생 시 대처방안 등을 꼼꼼히 조사했다. 사전에 준비된 점검 목록을 가지고 하다못해 야영 기간 중 몇 번은 옮겨야 하는 가설용 임시 화장실 위치까지도 확인하는 치밀한 답사였다. 당시는 자가용 시대도 아니고 대중교통편도 좋지 않아 새벽에 떠나도 하루에 돌아오기 힘든 일정이 많았지만, 한 번의 사전 답사가 미흡하면 두 번, 세 번까지도 다녀왔다. 전 세계에서 4만5000명이 참가하는 대규모 국제행사를 장소 선정부터 이렇게 엉터리로 할 수 있는지 도저히 용납할 수 없다. 행사를 진행한 사람들이 스카우트의 첫 번째 구호가 "준비"라는 것을 아는지조차 의심스럽다. 내가 스카우팅을 하던 시절에 사용하던 휘장 아래에는 'ㅈㅜㄴㅂㅣ'라는 글자가 새겨져 있었다. 그만큼 '준비'는 스카우트라면 제일로 지켜야 하는 생명과도 같은 지침이다. 새로운 휘장에는 준비라는 글자가 없어서 준비를 안 해도 다 자동으로 될 줄 알았을까?

스카우팅은 캠핑할 때 늘 부르던 노랫말처럼 자연 속에서 조물주와 신비하게 속삭이며, '우리'라는 이름으로 단체 활동을 하며 나를 새롭게 발견하고 키워 가는 경험이다. 그 과정에서 절제하며 불편함도 극복해야 하고, 부싯돌로 불을 붙여 식사를 해결하며 자연에서 생존하는 방법도 배우는 등 다양한 경험을 하게 된다. 자연의 경이로움, 밥 한 끼의 소중함과 감사함, 그리고 내 주변 이웃의 귀중함과 고마움도 스스로 깨닫게 된다. 사진으로 본 나무 한 그루 안 보이는 사막 같은 캠핑장은 뉴스로만 보던 중동 전쟁지역 난민수용소와 다름없는 풍경이었다. 스카우트의 캠핑은 생존을 위한 극기 훈련이 아닌데 말이다.

"철현이 형, 민기 형, 그곳에서도 편안하게 잘 지내고 계시지요? 얼마 전에 두 분 오랜만에 만나 묵은 이야기 나누며 즐거운 시간 보내셨을 것 같습니다. 북아현동 골목길 이야기를 쓰다 보니 처음 형들을 만났을 때 포스 넘치던 멋진 모습이 계속 떠오르네요. 보고 싶고요. 다음에 만난다면 하늘나라 구름 위에서 그 옛날처럼 캠핑 '찐'하게 하고 '의여차!' 한번 크게 같이 외쳐 보지요."

서울은 적어도 1970년대까지는 한옥의 도시였다. 재개발로 사라지지만 않는다면 여전히 골목길 어디서나 한옥을 볼 수 있다. 2010.8.

북아현동은 한국전쟁 이후 몰려온 피난민과 1960년대 산업화 시기에 농촌에서 밀려나 도시로 일자리를 찾아온 사람들이 무작정 정착하며 만들어진 동네다. 전혀 의도되거나 계획되지 않은 서울에서 마지막으로 볼 수 있는 대규모 산동네 풍경이 아닐까 한다. 2010.4.

산등성이에 있는 경사진 지형이라 계단과 경사로로 서로 입체적으로 연결되는 조금 길쭉한 고리 모양의 골목길. 고리 안에 있는 집이나 고리를 둘러싸고 있는 집들도 비탈진 땅에서 절묘하게 조화를 이루며 자기만의 진입로를 해결하고 있다. 매우 독특한 공간으로, 그야말로 환상적幻想的인 환상형環狀形 골목길이고 서울판 '건축가 없는 건축'의 완성형이다. 2010.3.

북아현동 답사의 백미는 역시 산동네 주변으로 보이는 다양한 주택과 골목길 그리고 계단이다. 북아현동을 금화산 능선에서 크게 남북으로 이어 주는 중심축이라 할 수 있는 북아현로14가길, 북아현로14나길(옛 금화장2길)을 따라가면, 좌우로 올라가고 내려가면서 서울에서 거의 마지막으로 볼 수 있는 압도적인 골목길 풍경이 펼쳐진다. 2007.6.

골짜기와 능선을 따라 주민 스스로 길을 내고 집을 지으면서 자생적으로 만들어진 골목길과 계단. 마을을 이어 주는 공간은 나름대로 질서가 있고 시간의 흔적과 각자의 사연이 담겨 있어 비록 달동네라 할지라도 뭔가 격이 있어 보이고 매력적이다. 2010.10.

30년만 지나면 멀쩡한 집을 부수고 또다시 유행을 좇아 새로 '살기 편한' 아파트를 짓고 있는 행위는 이제 멈추어야 한다. 좋은 동네를 만든다고 있던 동네를 없애 버리지 말고, 있는 동네를 잘 놔두고 느긋이 기다리면서 시간이 만들어 가는 아름다움을 즐겨야 하지 않을까?

2010.10.

그 골목을 떠올리면
음악과 친구가 생각난다

**강북 최고의
학군 지역이었던
사직동과 교남동**

골목길을 답사하다 보면 가끔 어디선가 아는 음악이 들릴 때가 있다. 그러면 나도 모르게 자연스럽게 발길을 멈추고 조용히 귀를 기울이게 된다. 이 음악을 듣는 사람은 어떤 사람일까? 어떤 추억과 사연이 있을까? 이런 생각이 들면 골목길의 독특한 냄새와 함께 아련한 추억에 빠져든다. 어릴 때 동네 골목길에서 놀던 옛 기억도 되살아나 갑자기 먹먹한 기분이 들기도 한다.

나에게 클래식은 평생 함께하고 있는 사연 많은 반려자다. 사직동 하면 음악을 좋아한다는 사실을 알고 절친이 된 친구가 먼저 떠올라 골목길 이야기를 하기 전에 나의 음악 이야기를 먼저 해 볼까 한다.

초등학교 시절, 당시 그리 흔하지 않았던 턴테이블이 있는 작은 휴대용 전축과 타자기가 집에 있었다. 아버지가 미국에서 가지고 온 전축은 음악을 듣고 있는 강아지 그림의 상표로 유명한 미국 RCA Victor 제품으로 앰프와 스피커도 내장되어 있었다. 아버지가 전축으로 음악을 듣는 모습을 자주 본 적이 없어서 어떤 이유로 전축을 가지고 오셨는지 생전에 여쭈어보지 못해서 몹시 아쉽다. 현재는 전축도 없어졌고, 1950년대 후반 미국에서 구입해 거의 매일 아버지가 사용하시던 올리베티Olivetti 휴대용 타자기도 1970년대 후반부터 전동타자기를 사용하게 된 이후 남아 있지 않다.

집에 당시 유행하던 이미자의 '동백아가씨'를 비롯해 몇 장의 가요 음반이 있었고, 베토벤 교향곡 제5번 '운명'과 슈베르트 교향곡 제8번 '미완성'이 있는 RCA 음반, 팻 분의 크리스마스캐럴 음반 등이 소위 '원판'으로 있었다. 그때 베토벤의 교향곡 '운명'을 처음 들어 보았다. 크리스마스가 되면 절절 끓는 온돌방 아랫목에서 이불을 뒤집어쓰고 팻 분의 징글벨을 몇 번이고 반복해서 듣던 기억이 아직도 생생하다. 베토벤 음반은 똑같은 판을 몇 년 전 우연히 중고 음반 가게에서 발견하고 구입해 소중하게 간직하고 있다. 음반 상태도 거의 사용하지 않은 '민트급'이라 좋은 기계로 들으니 그때와는 다른 소리에 또 다른 감동을 받았다.

중학교 1학년 담임이 지금은 하늘나라에 계신 유명한 음악평론가 한상우 선생님이었다. 매주 월요일 시청각실에서 선생님이 고등학생만 대상으로 캠퍼스 음악 감상회를 열었다. 참석하는 학생이 별로 없어 중학생이었지만 우리 반은 반강제적으로 참석했다. "빰빰빰빰, 하면서 너의 운명이 시작되는 거야." 첫 번째 시간에 선생님께서 이런 말을 하며 베토벤의 교향곡 '운명'을 들려주셨다. 집에서 처음 들었던 클래식 음반도 '운명'이라 해설과 함께하는 음악 감상은 너무 인상적이었다. 그 후 음악감상회는 언제나 이어지는 해설이 너무 재미있어 자발적으로 참석했다. 음악감상회는 동문 한 분이 시청각실에 오디오 기계와 당시에는 귀했던 상당량의 원판 음반을 기증하면서 시작되었다. 오디오 기계는 맥킨토시 앰프와 거의 내 키 높이의 탄노이 웨스터민스터 스피커, 그리고 방송국용 턴테이블로 구성된 최고의 조합이었다. 당시에는 잘 몰랐지만, 어디와도 비교할 수 없는 최고 음질의 음악을 학교에서 듣는 행운을 누렸던 것이다.

중학교 2학년 때 〈한국일보〉가 기획한 3B 음악가 연주회 시리즈 중 브람스 음악회에 가서 교향악단 연주를 처음 직접 들을 수 있었다. 광화문 서울시민회관(1972년 12월 2일 화재로 전소한 후에 1978년 4월 세종문화회관이라는 이름으로 새롭게 탄생했다)에서 소위 3B라 불리는 바흐, 베토벤, 브람스 세 사람의 독일 작곡가 연주회가 시리즈로 개최되었는데, 같은 반 친구가 당일 갑자기 가지 못하게 되자 나한테 싼값에 표를 되팔아 가게 되었다. 그때는 연주회가 시작되기 전 먼저 애국가를 연주했고, 사람들이 자리에서 모두 일어나야 했다. 생애 처음 실제 오케스트라 연주로 들은 음악이 애국가였다.

이제까지 내가 알던 애국가가 아니었다. 그렇게 멋질 수가 없고, 소름이 돋을 정도로 충격을 받았다.

연주회에서는 대학축전서곡과 피아니스트 윤기선이 협연한 협주곡, 그리고 교향곡이 연주되었다. 대학축전서곡은 캠퍼스 음악 감상회에서 들어본 적이 있어 확실하게 기억하지만, 협주곡과 교향곡은 몇 번인지 기억하지 못한다. 오케스트라 실황 연주로 음악을 듣는 내내 무언가에 홀린 듯 그저 황홀해서 입을 다물 수가 없었다. "세상에 이런 멋진 신세계가 있다니." 연주회가 끝나고 같은 교복을 입은 학생 여럿이 나의 중학교 1학년 담임을 마치고 퇴직한 한상우 선생님과 반갑게 로비에서 만났다.

이후 음악은 지금까지도 나의 삶의 일부가 되었다. 기회만 되면 연주를 듣기 위해 공연장에 가고 음악 관련 책을 보며 공부했다. 중학생이 교복을 입고 클래식 음악회 가는 일이 흔치 않았던 때라 연주회가 있는 날 음악을 좋아하는 친구들과 서울시민회관에 가면 학생이 연주회에 온다고 칭찬까지 들으면서 많이 할인된 가격에 표를 사 연주를 들을 수 있었다. 어떤 날은 입구에서 관리하는 분이 우리를 알아보시고 음악회 시작 직전에 학생들이 무슨 돈이 있겠냐며 빨리 들어가 조용히 빈자리에 앉으라면서 공짜로 들여보내 주기도 했다. 관련 책이 그리 많지 않아 잘 이해하지는 못했지만, 마침 집에 있었던 영어 《브리태니커 백과사전》까지 들추면서 악기 그림이나 작곡가 그림을 열심히 찾아보던 기억도 난다. 지금은 인터넷 검색만 몇 번 해도 다 알 수 있지만, 당시에는 하나를 알기 위해 며칠을 고생하며 공부해야 했다. 한상우 선생님은 MBC FM 개국 이후 오랜 기간 해설자이자 평론가로 '나의 음악실'이라는 클래식 프로그램을 진행했다. 방학 때는 물론 시간이 맞을 때마다 조그만 트랜지스터라디오의 안테나를 높이

올리고 주파수를 맞추면서 음악을 참 많이 들었다.

중학교 시절 음악을 좋아한다는 사실을 알게 되어 친해진 같은 반 친구 집에 놀러 가게 되었다. 친구 집에 좋은 오디오 시스템이 있어 제대로 음악을 들을 수 있었는데, 이 친구가 사직동에 살았다. 가요를 빼곤 팝이나 클래식은 거의 '빽판'이라 부르던 복사판으로만 들을 수 있던 시절이었다. 그즈음 우리나라에서 클래식 라이선스 음반이 처음 발매되기 시작했다. 친구네 집에는 역시 음악을 좋아하는 친구 누이가 구입한 라이선스 클래식 음반이 꽤 많았다. 특히 바이올리니스트 루지에로 리치Ruggiero Ricci가 연주하는 카르멘 환상곡 DECCA 음반과 정경화의 첫 번째 음반으로 유명한 차이코프스키와 시벨리우스의 바이올린 협주곡 음반을 많이 들었던 기억이 난다.

루지에로 리치 음반은 최근 180그램 LP로 재발매되어 새로 구해 듣고 있는데, 연주뿐만 아니라 소위 레퍼런스 음반이라 녹음도 좋아 지금 들어도 너무 좋다. 독일 바리톤 성악가 헤르만 프레이Hermann Prey가 부르는 독일 민요 'Nun will der Lenz uns grüßen'이 들어 있는 필립스 음반은 내가 최초로 구입한 라이선스 음반이다. 50년이 지났지만 아직도 소장하고 있으며, 가끔 듣고 있다. 라이선스 음반이 흔치도 않았고 고등학생 수준에서는 가격도 비쌌지만, 이 음반을 크리스마스 즈음에 마음먹고 사들였다. 사은품으로 라이선스 크리스마스 음반을 주었기 때문이다. CD가 나오면서 잡음 없는 신세계를 경험한 후에는 한동안 CD만 듣다가 결국 다시 LP 아날로그 음악으로 돌아왔다.

그 후 사직동 골목길을 답사하면서 앞서 언급한 옛 친구가 살았던 일본식 집적산가옥, 敵産家屋◉이 그대로 남아 있는 것을 발견하고 너무 반가웠다. 그

◉ '적의 재산', 적이 만들고 소유했던 집을 의미한다. 해방 후 일본이 패전하면서 남기고 간 주택들을 미군정이 정리하면서 생긴 개념이다. 그러나 일반적으로는 일제강점기에 지어진 일본식 건축물을 부를 때 흔히 사용한다. 건축을 전공하는 사람조차도 그런 뜻보다는 그냥 일본식 건축물 유형typology의 하나로 알고 사용하는 경우가 많다. 습관적으로 사용하는 적산가옥이라는 표현보다 그냥 일본식 집, 또는 일본식 가옥이라고 부르는 것이 맞지 않을까 한다.

마을 정상에서 좌우로 바라본 사직동 전경. 백악산이 건물 사이에서 모습을 드러내고 있다. 지금은 워낙 오랫동안 재개발 이야기가 나오면서 방치되고 낙후된 상태지만, 사직동은 능선과 골짜기를 따라 길이 만들어지고 집들이 자리 잡은 서울 대부분의 산동네처럼 달동네가 아니다. 1970년대까지는 학군도 좋고 한옥부터 일본식 가옥, 소위 문화주택이라는 양옥까지 모여 있는 서울의 부촌이었다. 2014.1.

오래된 동네는 풍경도 풍경이지만 누군가에게는 사연 있는, 말이 많아질 수밖에 없는 아련한 추억이 어린 공간이다. 사직동 골목길을 답사하면서 음악 때문에 인연이 된 옛 친구가 살았던 일본식 집이 그대로 남아 있는 모습을 발견하고 너무 반가웠다. 그때 생각이나 집에 돌아오자마자 같이 많이 들었던 음악을 몇 번이고 들으며 추억 여행을 했다. 2014.1.

때 생각이 나서 집에 돌아오자마자 친구와 같이 많이 들었던 루지에로 리치가 연주하는 카르멘 환상곡을 몇 번이고 들었다. 당시처럼 LP로 들었더니 마치 그 시절로 돌아가 친구와 함께 듣는 듯했다.

전에도 몇 번 사직동을 답사했지만, 친구 집을 떠올리지 못했다. 오래된 골목길과 그 시절 비밀의 성처럼 내부를 쉽게 볼 수 없었던 선교사 주택에만 관심이 있었다. 사직로와 경희궁 뒤편 사이의 사직동은 1967년 5월 서울 최초의 터널인 사직터널이 준공되기 전까지는 인왕산 기슭에 자리한 좋은 환경의 주거지였지만 도보로는 접근이 조금 불편한 지역이었다. 그때까지는 경복궁에서 사직단을 지나면 나오는 끝 동네였다.

지금은 워낙 오랫동안 재개발 이야기가 나오면서 방치되고 낙후된 상태지만, 사직동은 능선과 골짜기를 따라 길이 만들어지고 집들이 자리 잡은 서울 대부분의 산동네처럼 달동네가 아니다. 일부 무단 거주로 후에 양성화된 허름한 집도 있지만, 1970년대까지는 학군도 좋고 한옥부터 일본식 가옥, 소위 문화주택이라는 양옥까지 모여 있었던 서울의 부촌이었다. 당시 최고의 사립학교였던 경기초등학교는 물론 미동, 덕수 등 전통적으로 오래된 명문 초등학교도 도보 통학 거리에 있는 강북 최고의 학군 지역이었다. 지금의 대치동이라고 할까. 경기중·고, 경기여중·고, 이화여중·고, 경복중·고, 서울중·고 등 최고 명문 중·고등학교도 자가용은 물론 대중교통도 형편이 썩 좋지 않았던 1960~70년대에는 모두 도보 통학 거리였다(지금은 걷기에 좀 멀게 느껴지겠지만).

사직동 친구네 집에 가려면 서대문을 지나 지금은 모두 사라지고 돈의문 뉴타운 대단지 아파트가 들어선 독립문 부근 교남동에서 걸어 올라가기도 했다. 조선시대 중국으로 오가는 중요한 길목이었던 의주로에 있는지라 특히 복개된 길을 따라서 헐리기 전까지 번성했던 마을의 흔적을 만날 수 있었다. 인왕산에서 시작해 무악재, 영천시장을 거쳐 통일로를 가로질러 교남동, 적십자병원, 경찰청, 서소문아파트 밑을 지나 복개된 청파로와 서부역, 남영동을 흘러 원효대교 부근 한강으로 빠져나가는 만초천(무악천, 일제강점기에는 욱천으로 불렀다)의 흔적이 가로 형태로 그대로 남아 있다(물론 모두 복개되었지만).

옛날 교남동은 인왕산과 안산을 배경으로 동네를 가로질러 만초천이 휘돌아 흐르는 풍광 좋은 천변마을이었다. 1960년대 이 동네에 살던 사람들은 모두 만초천을 기억한다. 아파트가 들어서기 전에는 복개된 개천 변을 따라 동네의 중심지가 형성되어 한옥과 가게 들이 몰려 있었다. 곡선으로 휘어지는 길을 따라 지어진, 자전거포로 이용되던 한옥은 한 지붕 아래 두 개의 대문을 가진 매우 독특한 형태였다. 조선시대부터 존재하던 모양이나 도로 폭이 그대로 보이는 오래된 골목길부터 1930~40년대 한옥, 한국전쟁 후 지어진 기와집과 연립주택, 빌라, 아파트까지 주거 100년사의 흔적이 깨끗하게 사라져 안타깝다.

반면 윗동네 송월동과 사직동은 조선시대 토막민이 모여 살던 빈민 주거지였다. 도성을 빠져나오자마자 만나는 풍광 좋고 접근하기 좋은 곳으로 일제강점기에는 당시 정동을 중심으로 몰려 있던 외국인도 거주지로 선호했다. 선교사 주택과 함께 2017년 국가등록 문화재로 지정되어 정비를 마친 딜쿠샤Dilkusha 주택도 남아 있다. 독일대사관이 있어 독일인들이 집단으로 거주했다고 한다. 현재 음악가 홍난파가 말년을 보냈다는 서양식 붉은 벽돌 주택이 한 채 남아 '홍난파의 집'이라는 이름으로 개방되고 있다.

광화문이나 정동에서 돈의문 터를 거쳐 복원되거나 사라진 한양도성 흔적을 따라 송월동, 홍파동, 사직동을 지나 인왕산으로 오르는 길은 지금도 주변 직장인들이 이용하는 훌륭한 산책코스다. 점심시간 등을 이용해 인왕산 입구까지 가거나, 조금 시간 여유가 있다면 종로문화체육센터를 지나 사직단으로 내려올 수 있다. 지나다 보면 새로 지은 다세대주택 1층에 필로티(기둥과 천정이 있고 벽이 없는 공간) 구조로 만든 주차장 뒤로 성벽 흔적도 보인다.

이 길은 서울 도심에서 짧은 시간에 한양도성과 인왕산은 물론 서울 파노라마를 즐기면서 어렵지 않게 오르락내리락 걸을 수 있어 많은 사람이 찾고 있다. 지금은 24시간 편의점으로 바뀌었지만 사직동 끝 인왕산 암문 입구에 있던 구멍가게 '옥경이식품'은 알 만한 사람은 아는 유명한 만남의 장소였다. 부근에 비상계단으로 옥상에 올라갈 수 있는 건물이 있는데, 서울 마니아들에게는 비밀 아닌 비밀로 알려진 서울 최고 전망대 중 하나다. 골목길은 풍경도 풍경이지만 누군가에게는 사연 있는, 말이 많아질 수밖에 없는 아련한 추억이 어린 이야기 공간이다.

"내 친구 명근아! 본 지 꽤 오래되었네, 잘 지내고 있지?"

사직동 골목길에서 보이는 인왕산. 위 2014.1.
오래된 동네라 한옥이 많다. 과거와 현재 그리고 재개발로 바뀔 미래 모습이 함께 그려진다.

아래 2014.1.

딜쿠샤 주택은 미국의 광산업자이자 AP통신사 특파원으로 한국에서 활동한 언론인 앨버트 테일러 부부가 1923년 일제강점기에 지은 2층 붉은 벽돌집으로, 당시 서울에서 규모가 가장 큰 서양식 주택으로 알려져 있다. '딜쿠샤'는 페르시아어로 '기쁜 마음'을 뜻한다. 앨버트 테일러는 동생을 통해 3.1운동 독립선언서를 몰래 도쿄로 빼돌려 우리의 독립운동을 세계에 최초로 알린 사람이다. 제암리 학살 사건도 알리는 등 독립운동에 적극적으로 협조해 일제가 가택연금을 하기도 했다. 2006년 앨버트 테일러의 아들 부르스 테일러가 한국을 방문해 이런 사실을 밝혀 알려지게 되었다. 2017년 국가등록문화재 687호로 지정되어 복원 과정을 거쳐 2019년부터 일반에게 개방되기 시작했다. 원래 행주대첩에서 큰 승리를 거둔 권율 장군의 집터로 알려져 있으며, 400년 된 은행나무가 남아 있다. 사진은 문화재로 지정되기 전 거의 폐허로 방치된 모습. 2015.7.

광화문이나 정동에서 돈의문 터를 거쳐 한양도성 흔적을 따라 송월동, 홍파동, 사직동을 지나 인왕산으로 오르는 길은 지금도 주변 직장인들의 훌륭한 산책코스다. 지금은 24시간 편의점으로 바뀌면서 지붕에 폐기된 간판만 놓여 있지만 사직동 끝 인왕산 암문 입구에 있던 구멍가게 '옥경이식품'은 알 만한 사람은 다 아는 추억 어린 만남의 장소였다. 2014.1.

배화여고 설립자 조세핀 켐벨 선교사의 주택으로 알려진 서양식 가옥. 당시 서양식 가옥 대부분은 붉은벽돌 구조였으나 이 집은 특이하게 돌로 마감되어 있다. 얼마 전까지만 해도 헐리느냐 남기느냐 민감한 재개발 문제가 있어 출입을 제한해 비밀의 공간이었다. 다행히 서울시에서 매입해 보존되면서 최근 독립운동가 우당을 기리는 이회영기념관으로 만들어 일반인에게 개방되었다. 2014.1.

영천시장 쪽에서 바라본 교남동 전경. 윗동네 송월동과 사직동은 조선시대 토막민이 모여 살던 빈민 주거지였다. 도성을 빠져나오자마자 만나는 풍광 좋고 접근하기 좋은 곳으로, 일제강점기에는 당시 정동을 중심으로 몰려 있던 외국인도 거주지로 선호했다. 현재 음악가 홍난파가 말년을 보냈다는 서양식 붉은 벽돌 주택이 한 채 남아 '홍난파의 집'으로 개방되고 있다. 2007.10.

눈 내리는 날 교남동 한옥마을 풍경. 2012.12.

재개발로 경희궁자이2단지와 3단지 아파트가 들어서기 전 교남동 전경. 조선시대부터 존재하던 모양이나 도로 폭이 그대로 보이는 오래된 골목길부터 1930~40년대 한옥, 한국전쟁 후 지어진 기와집과 연립주택, 빌라, 아파트까지 주거 100년사의 흔적이 모두 사라져 안타깝다. 앞으로 멀리는 남산이, 왼편으로는 한양도성이 보인다. 교남동뿐만 아니라 길 건너 영천까지 규모가 제법 큰 한옥마을이었다. 2013.4.

교남동에서 보이는 인왕산. 고층아파트가 들어서면서 이제는 볼 수 없는 풍경이다. 2012.12.

'동'보다 '마을'이라는 이름이 더 어울리는
한양도성 밖 산동네

**시간이 멈춘 듯한
성북동 북정마을과
길상사**

성북동 하면 떠오르는 이미지는 주한 외국 대사관 관저가 몰려 있는 고급 주택가 부촌이다. 돼지 불고기를 연탄불에 구워 주는 유명한 기사식당이나 세숫대야만큼 큰 돈가스를 내주는 가게가 떠오를 수도 있다. 서울시는 10여 년 전 한양도성 주변 성곽마을 재생사업을 하면서 성북동을 역사와 문화가 살아 있는 마을로 변화시키겠다는 목표를 정했다. 그 중심에 북정마을이 있다. 성의 북쪽 동네 성북동城北洞은 성북구의 어원이기도 하다. 북정마을은 서울 한양도성 북쪽 동네로 쌍다리 삼거리 성북동 돼지불고기백반 집부터 만해 한용운이 살았던 심우장 뒤 백악산 아래까지 이어지는 도성 바로 바깥 마을이다. 한자 北井 또는 北亭은 북쪽에 우물이 있거나 정자가 있는 마을을 뜻하지만, 우물도 정자도 과거의 흔적은 없다. 현재는 마을 만들기를 하면서 유치한 장난감 같은 우물과 정자를 쉼터처럼 만들었는데, 없느니만 못한 느낌이다. 조선시대 영조 때 궁에서 사용할 메주를 쑤어 납품하는 일을 북정마을에서 하게 되면서 사람들이 북적거려 '북적골'이라고 불러서 북정마을이 되었다는 또 다른 설도 있다. 메주를 쑤면서 살던 마을의 흔적은 찾아볼 수 없다.

1920년대 일제는 통치 기반을 만들기 위해 전국적으로 토지조사사업을 시행했다. 그 과정에서 살 자리를 잃어버린 농촌 사람들이 서울로 올라와 도시빈민 토막민土幕民●으로 전락해 하천 변, 성곽 주변 등 기존 거주지가 아닌 빈 땅에 정착하기 시작했다. 해방과 한국전쟁을 거치면서 해외 이주민이나 피난민도 이런 장소로 몰려와 살면서 무허가 판자촌이 형성되었다. 1960~70년대에 무허가 건물 양성화 사업으로 주택 개량이 되면서 현재의 주거지 모습을 갖추게 된다. 서울 산동네 주거지 초기 정착과정이나 변화 과정은 어디나 비슷하다.

산자락 주변 한양도성 지역은 풍광 좋은 최고의 주거지이지만 문화재 지역

● 원래는 움집에서 사는 사람을 의미하지만, 1920년대 일제강점기에 등장한 도시빈민을 지칭하는 표현으로 많이 사용된다. 토막민은 다리 밑, 산기슭, 하천 변 등에 땅을 파서 흙 위에 멍석 등을 깔고 주변에 짚을 펴서 토막을 지어 거주했다. 1920년대까지 우리나라 전체 인구의 75퍼센트 정도를 차지했을 정도로 절대적인 대다수였던 소작농 농업노동자가 식민지 근대화와 생활고 때문에 도시로 몰리면서 급속도로 도시빈민이 늘어났다.

이라 제한이 많아 보통 생각하는 개발이 이루어지지 못하고 정체되면서 크게 변하지 않은 옛 모습이 유지되고 있다. 이곳에는 대부분 30~40년 이상 오래 거주한 사람이 많고, 대를 이어서 사는 사람도 많다. 이런 모습에 오히려 매력을 느껴 사람들이 유입되기도 한다. 여전히 개발이냐 보존이냐 답이 없는 논쟁이 끊임없이 이어지며 의견이 갈라지지만, 주민들이 화합을 위해서라도 모이려고 노력하고 있어 그나마 다행이다.

여러 번 마을을 답사하다 보니 마을 사람들의 행사에 우연히 들러 잔치국수나 떡을 얻어먹으면서 그들의 속내를 들을 기회가 있었다. 종종 어렵게 살아온 과거를 후회하는 사람도 있고 불만의 소리도 들을 수 있었지만, 대부분 한양도성과 함께하는 삶에 자부심을 가지고 있었다. 이들은 그저 "그냥 여기서 살게만 해 주면 더 바랄 것이 없다"고 말한다. 이곳을 떠나도 여기만 한 주거 환경을 찾기도 쉽지 않고, 재개발이 된다 한들 추가 부담금 때문에 여기서 계속 정착할 수 있는 사람도 별로 없다. 이들은 재개발 문제 때문에 제대로 수리도 못하는 열악한 주거환경을 법 테두리 안에서 조금 편하게 마음대로 고치면서 살 수 있기를 바란다. 북정마을을 전혀 떠나고 싶지 않은, 평생을 여기서 살아 온 노인들의 소박하지만 간절한 소망이다. 하지만 그 '법의 테두리'가 이들의 발목을 잡아 아무것도 할 수가 없다.

중앙에 있는 타원형의 마을을 도로가 에워싸고, 그 길을 따라 빙 둘러 또 다른 마을이 자리 잡고 있다. 워낙 경사가 심하고 좁아 교행이 힘든 도로라 자동차 통행이 잦아지면서 일방통행으로 돌아 내려오게 하고 있다. 타원형 도로는 1980년대에 개천을 따라 소방도로로 만들어졌다. 답사 전 마을지도를 보았더니 타원형 도로와 안쪽으로 실핏줄같이 연결된 골목길이 보였다. 꼭 두 눈으로 보지 않으면 후회할 것 같은 독특한 구조가 호기심

● 에코뮤지엄은 생태, 주거환경을 뜻하는 eco와 박물관을 의미하는 museum이 합쳐져 만들어진 단어다. 지역 고유의 문화와 건축, 생활방식, 자연환경 등을 보존하면서 주민들은 평소와 다름없이 그대로 생활하는 독특하고 새로운 형태의 박물관이다. 전시품을 진열하는 일반적인 박물관과는 달리 마을 전체가 전시물로, 방문객은 생동감 넘치는 지역 문화를 체험할 수 있다. 살아 있는 민속박물관, 지역공동체박물관으로도 부른다.

을 자극한다. 실제로 답사하다 보면 마치 1960~70년대 산동네를 재현한 세트장 같은 비현실적인 느낌의 작은 마을과 심한 경사에 놀라게 된다. 그래서 그런지 여기서 자주 영화 촬영이 이루어진다. 서울 한복판에 자리하고 있지만 영화에 시골 골목길로 등장하기도 해서 가끔 의아해지기도 한다. 습관적으로 뭔가 보여 주기 위해 강박적으로 만들어 내는 마을 만들기나 도시재생사업, 소위 '아름다운 골목길 가꾸기'는 비현실적인 세트장을 양산하고 있다. 주민 생활환경 개선에도 크게 도움이 되지 않고, 때로는 사업이 끝난 후 관리가 되지 않아 흉물스럽게 변하는 모습이 도시재생사업의 부정적인 결과처럼 보여 안타깝다.

오래전 난곡을 답사할 때 독립영화를 찍는 젊은 영화인 그룹을 만난 적이 있다. 영화 기획부터 촬영까지 보통 시간이 오래 걸리는데, 세트를 만들어 실내 촬영을 하면 편하지만 제작비 문제도 있고 현실감 넘치는 장면을 찍기 위해 대부분 현장 촬영을 원칙으로 한단다. 그런데 시간이 지나면서 달동네가 방치되거나 헐리면서 사라져 난감하다고 덧붙였다. 몇 백억씩 들여 달동네 세트를 만들어 촬영하지 말고 북정마을 같은 살아 있는 달동네를 마을 박물관 에코뮤지엄ecomuseum●으로 보존해 비현실적인 세트가 아닌 진짜 현장으로 활용하면 어떨까?

달동네뿐만 아니라 그리 오래되지 않은 연립주택, 다세대·다가구주택마저도 점점 도시에서 사라지고 있다. 1970~80년대를 배경으로 하는 시대물을 종종 보게 된다. 불과 40~50년 전 이야기도 마땅한 현장이 없어 대부분 세트를 만들어서 제작한다고 한다. 물론 실제 현장에서 영화를 촬영하는 일은 현실적으로 여러 가지 문제가 있을 수 있다. 앞으로 50년 뒤 새롭게 관심의 대상이 되며 유행할 수도 있는 현재의 풍경을 영상물에 담기 위해서라도 보존하면 나중에 큰돈이 되지 않을까? 그냥 놔두기만 하면 되는 쉬운 일 같은데 왜 그렇게들 못하는지 아쉽다.

북정마을은 그린벨트와 청와대 가까운 군사보호구역 덕분에 옛 모습을 유지하며 남아 있는 산동네 윗마을이다. 마을 정상에서 보면 길 하나를 두고 부촌인 아랫마을과 극명하게 다른 모습을 확인할 수 있다. 지금은 모구 복개되어 알 수 없지만 원래 성북천에 돌다리와 나무다리가 쌍으로 있어 '쌍다리'라고 부르는 삼거리에서 마을로 접어들어도 산동네라고는 생각할 수 없다. 한참을 올라가 윗마을에 이르러야 풍경이 바뀌면서 오래된 산동네가 모습을 드러낸다.

최근 들어 백악산 아래 좋은 환경과 도심에서 편리한 접근성 때문에 젊은 사람과 예술가 들이 관심을 가지고 정착하기 시작해 화랑이나 작업실이 들어오는 등 변화가 일어나고 있다. 몇 년 사이 집들이 깔끔하게 개조된 모습도 여기저기서 점점 많아지는 것을 볼 수 있다. 다행인지 불행인지 마을이 좀 알려지기 시작하면 카페부터 자리를 잡기 마련인데, 여기는 아랫마을에 이미 좋은 카페들이 자리를 잡은 탓인지 보이지 않는다. 식당도 동네 사람들이 오래전부터 이용하는, 대를 이어 영업하는 동네 밥집 '넙죽이 식당' 하나 말고는 없다. 길모퉁이마다 하나씩 보이는 그 흔한 24시간 편의점도 없으니 그야말로 시간이 멈춘 서울 속 시골 같은 동네다. 풍경뿐만 아니라 아직도 잔치 때나 김장철에 서로 모여 품앗이를 하며 살아가는 모습도 시골스럽다. 바로 앞에는 고급 주택이, 멀리는 고층 아파트가 버티고 서 있는 전형적인 도시의 모습이지만, 북정마을은 사람들이 흔히 생각하는 도시 부촌 성북동의 이미지와는 거리가 멀다. 동보다는 마을이라는 명칭이 어울리는 동네다.

북정마을 아랫동네에 길상사가 있다. 1970년대 독재정권 요정정치시대에 서울의 3대 고급요정 중 하나였던 대원각이 그대로 절집으로 변했다. 법정스님에게 당시 시세로 1000억이 넘는 요정 부지와 집 전체를 시주해 1997년 법정스님이 계셨던 송광사의 말사가 되었다. 술판이 벌어지던 욕망의 공간 한옥이 그대로 예불을 올리는 신성한 공간 극락전으로 변했다. 요정의 주인은 월북 시인 백석의 애인으로 알려진 길상화吉祥華 김영한이었다. 그녀는 이른 나이에 결혼에 실패하고 서울로 올라와 조선권번에 들어간 최고 기생이자 후에 영문학을 전공한 신여성이기도 했다. 운명적으로 백석과 만나 결혼하려 했지만, 집안의 반대로 백석이 만주로 떠나면서 짧고 진한 만남과 사랑은 남북이 갈라지면서 영원한 이별로 끝났다.

김영한은 대원각을 시주하고 법정스님으로부터 염주 하나와 길상화라는 법명을 받았다. 그리고 "내게 1000억 원은 백석의 시 한 줄만도 못하다"며 그를 향한 한결같은 존경과 사랑을 표현했다. 해방 후 백석은 고향 평안북도 정주에 정착하지만, 남북 분단과 한국전쟁을 겪으며 월북 작가로 낙인찍혔다. 1987년 월북 작가 해금 조치 후 그의 시가 새롭게 조명받으면서, 7개국 언어에 능통한 경성의 모던 보이 백석의 행적까지도 알려지기 시작했다. 길상사 개원 법회에 김수환 추기경이 참석하고, 이듬해 법정스님이 명동성당에서 법문을 설법해 당시 종교계는 물론 세간의 화제가 되기도 했다. 경내에 있는 관세음보살상은 가톨릭 신자 조각가의 작품이다. 얼핏 보면 국보 미륵반가사유상의 모습도 보이지만 감로수 병을 안고 있는 모습이 아기 예수를 품에 안고 있는 마리아상을 닮았다. 절집이 아니라 성당에 온 같아 잠시 혼란스러울 정도다.

대학시절 송광사를 답사하면서 불일암에 올라가 법정스님을 잠깐 뵌 적이 있다. 깔끔하고 지적인 스님의 첫인상은 차가워 보였고, 편안하면서도 복

한양도성과 함께 보이는 북정마을과 성북동 전경. 2009.3. 사진_김재경

한성대입구역 교차로와 홍익대학교 사범대학 부속 중고등학교 사이 성북동 산자락 경사지에 한옥부터 빌라까지 다양한 옛 건물과 오래된 동네가 골목길과 함께 남아 있다.   2012.3.

마을 안쪽으로 실핏줄같이 연결된 골목길과 계단은 이름 없는 동네 건축가들의 멋진 작품이다. 필요가 만들어 내는 북정마을만의 재미있고 독특한 풍경이다. 2010.5.

북정마을은 산자락 주변 한양도성과 어우러지는 풍광 좋은 최고의 주거지다. 문화재 지역이라 제한이 많아 개발이 이루어지지 못하고 정체되면서 크게 변하지 않은 옛 모습이 유지되고 있다. 이곳에 30~40년 이상 거주한 사람이 대부분이라 종종 불만도 나오고 어렵게 살아온 과거를 떠올리며 후회하는 소리도 들리지만, 한양도성과 함께하는 삶에는 자부심이 넘친다. 이들은 그저 "그냥 여기서 살게만 해 주면 더 바랄 것이 없다"고 말한다. 2016.5.

중앙에 자리한 타원형의 마을을 도로가 에워싸고, 그 길을 따라 빙 둘러 또 다른 마을이 자리 잡고 있다. 워낙 경사가 심해 교행이 힘든 도로라 자동차 통행이 잦아지면서 일방통행으로 돌아 내려오게 하고 있다. 타원형 도로는 개천을 따라 1980년대에 소방도로로 만들어졌다.

하늘 아래 첫 동네 풍경. 몇 백억씩 들여 달동네 세트를 만들어 촬영하지 말고 북정마을 같은 살아 있는 달동네를 마을 박물관 에코뮤지엄으로 보존해 활용하면 어떨까? 2010.4.

길모퉁이마다 하나씩 보이는 그 흔한 24시간 편의점도 없으니 그야말로 시간이 멈춘 동네다.
동보다는 마을이라는 명칭이 어울리는 시골스러운 풍경 때문에 영화에도 자주 등장한다.

위 2010.4. 아래 2016.5.

잡한 느낌은 어쩐지 도시적인 이미지가 강했다. 신자가 선물한 고급 오디오를 조금 부담스러워하면서도 그 오디오로 클래식을 즐기신다는 이야기를 언젠가 글에서 읽은 기억이 난다. 나는 성공회 신자지만 길상사의 묘하고 편한 분위기에 끌려 일요일 감사성찬례가 끝나고 자주 들렀다. 비빔밥 공양을 하고, 법정스님을 모신 진영각에 들러 인사도 드리고 경내를 산책하곤 했다.

언젠가 초파일 부근에 길상사를 찾았더니 이제까지 절에서 익숙하게 보던 연등 장식이 아니었다. 그때까지 길상사를 찾으면 정확하게 표현할 수는 없지만 늘 이 느낌은 무엇일까 하는 의문이 들곤 했는데, 그날 평소와는 다른 절집 분위기를 보고 비로소 확실하게 알 수 있었다. '빠다 냄새' 나는 절(버터가 아니고 빠다)! '무소유'라는 단어만으로는 이해하기 어려운 복잡한 법정스님, 모던 보이 시인 백석과 신여성 기생 길상화의 사랑 이야기, 성모 마리아를 닮은 관세음보살상, 여기에 대원각의 욕망과 극락전의 신성함이 결합된 공간이 자아내는, 바로 내가 느끼는 길상사 냄새의 실체였다.

"내 이야기는 여기서 마칠 테니 나머지는 저 찬란한 꽃들에게 들으라." 법정스님이 생전에 길상사에서 설법 후 하신 말씀이다. 매 순간 자연을 접하면서도 너무 당연한 것으로 여겨 아름다움은 물론 고마움도 느끼지 못하는, 그 앞에서 감동조차 없이 지나가는, 무심하다 못해 불쌍한 현대인을 위로하려는 스님 생각이 마음에 와닿는다. 스님 말씀이 거의 명령처럼 다가온다. 길상사는 흰 눈을 뚫고 올라오는 노란색 복수초꽃부터 사계절 내내 우리 토종 야생화를 즐길 수 있는 곳이다. 법정스님이 생전에 꽃밭 가꾸기에 공을 많이 들이셨다고 한다. 스님 말씀보다도 찬란한 꽃에서 부처님을 만나라는, 길상사의 '빠다 냄새'가 '찐'하게 느껴지는 법문이다.

언젠가 초파일 부근에 길상사를 찾았더니 이제까지 절에서 익숙하게 보던 연등 장식이 아니었다. 그때까지 길상사를 찾으면 정확하게 표현할 수는 없지만 늘 이 느낌은 무엇일까 하는 의문이 들곤 했는데, 그날 평소와는 다른 절집 분위기를 보고 비로소 확실하게 알 수 있었다. '무소유'라는 단어만으로는 이해하기 어려운 복잡한 법정스님, 모던 보이 시인 백석과 신여성 기생 길상화의 사랑 이야기, 성모 마리아를 닮은 관세음보살상, 여기에 대원각의 욕망과 극락전의 신성함이 결합된 공간이 자아내는, 바로 길상사의 '빠다 냄새'였다. 2014.5.

길상사에 가면 철마다 야생화를 만날 수 있다. "내 이야기는 여기서 마칠 테니 나머지는 저 찬란한 꽃들에게 들으라." 법정스님이 생전에 설법 후 하신 말씀이다. 매 순간 자연을 접하면서도 너무 당연한 것으로 여겨 아름다움은 물론 고마움도 느끼지 못하는, 그 앞에서 감동조차 없이 지나가는, 무심하다 못해 불쌍한 현대인을 위로하려는 스님 생각이 마음에 와닿는다. 위 좌부터 시계 방향으로 왜승마(2018.10.), 금낭화(2015.4.), 천남성(2015.4.), 앵초(2015.4.)

좁은 골목길에서 마주친
거인 같은 풍경

**잘 알려지지 않은
서울 한양도성 길,
광희문과 신당동**

좋은 선생님을 만나 가르침을 받는 것만큼 최고의 공부는 없다고 생각한다. 거인의 어깨에 앉아 세상을 본다는 말이 있지 않은가? 나도 최고의 선생님들로부터 제도권 학교에서는 쉽게 경험하기 힘든 가르침을 참 많이 받았다. 어느 해 연말, 오랜 수리 끝에 다시 문을 연 장충동 태극당에서 원로 사진가 주명덕 선생님, 몇 분의 사진가와 함께 추억의 '야채 사라다 빵'을 점심으로 먹으며 조촐한 송년회를 했다. 이후 번개로 이루어진 답사에서 인생의 선생님에게 숨겨진 서울 한양도성 흔적을 처음 소개받았다. "아직까지 이걸 몰랐어, 김선생!" 주선생님 특유의 약간 놀리는 듯한 말투였지만, 배우는 입장에서는 그저 호기심만 더 커졌다. 살아 있는 내비게이션이라 할 정도로 서울은 물론 전국의 옛길, 최근 만들어진 새로운 길까지 전부 머릿속에 꿰고 있는 분이니 충분히 이런 말을 할 만하다.

약수동 쪽으로 장충동 언덕길을 올라 왼편으로 접어들어 골목길로 들어섰다. 유명한 재벌 회장님 집부터 고급주택이 즐비한 큰길과는 달리 바로 뒷길로 가자, 전혀 예상할 수 없는 달동네 같은 풍경을 만날 수 있었다. 좁은 골목길을 돌아서니 어느 순간 숨어 있었던 서울 한양도성이 수줍은 듯 모습을 드러냈다. 좁은 골목길에서 마주친 예상치 못한 풍경은 거인의 모습이었다. 과거가 고스란히 머무르고 있는 골목길에서 뿜어 나오는 그 무엇이 강력하게 나를 붙들었다.

주변을 계속 살피니 다른 장소에도 축조 시기에 따라 여러 모습과 형태로 한양도성이 골목과 집 사이에 남아 있었다. 일부는 속절없이 망가진 채로 연결되어 있었고, 일부는 축대로 이용되어 바로 위에 그 옛날 망루처럼 집도 세워져 있었다. 한양도성은 건물이나 창고의 벽으로, 때로는 마당의 뒷배경처럼 다양한 모습으로 존재하고 있었다. 이 부분은 한양도성 안내 지도에 훼손도 아니고 멸실滅失된 부분으로 표시되어 있다. 멸실의 사전적 의미는 "멸망하여 사라짐 또는 물건이나 가옥 따위가 재난에 의하여 그 가치를 잃어버릴 정도로 심하게 파손되거나 그런 일"이다. 일부가 없어지기는 했지만 멸망하여 사라지기는커녕 심하게 파손되어 가치도 잃지 않았다.

1920년대 일제강점기에 서울의 심각한 주택난을 해결하기 위해 장충동과 신당동 일대가 주거지로 개발된다. 도성 흔적으로 추정해 보았을 때 끊어진 일부는 이 무렵 건물을 지을 때 건물 한가운데나 마당 자리에 도성이 이어지자 집짓기에 방해가 되는 성벽을 아무 생각 없이 일부 없애 버린 것 같다. 지금이라면 생각할 수도 벌어질 수도 없는 일이지만. 그렇게 사라진 한양도성은 동호로를 건너 장충체육관과 신라호텔 뒤로 다시 나타나 남산 쪽으로 이어진다. 복원되지 못하고 주택가에 가려진 채로 남아 있는 한양도성 흔적은 서울 여기저기 꽤 많이 남아 있다. 나를 흥분시켰던 그 풍경 때문에 그곳을 여러 번 다시 찾았다. 누구에게라도 발각되면 헐릴지도 모른다는 두려움 때문에 숨죽이고 지난 험한 세월을 견뎌 낸 모습이 여전히 나를 놓아 주지 않는다. 이곳이 나만의 비밀스러운 장소로 남아 있기를 은근히 바란다면 욕심일까?

《조선왕조실록》에 의하면 태조 이성계가 서울을 도읍으로 정하기로 마음먹고 무학대사에게 조언을 구했다고 한다. 돌아온 답은 "성을 쌓으면"이라는 한마디였다. 태조는 이 말을 듣자 확신을 가지고 즉시 정도전에게 새로운 수도 건설이라는 임무를 맡겨 한양으로 보낸다. 그렇게 도성이 축조되었고, 고려의 작은 마을 남경은 조선의 수도 한양이 되었다. 여기서 도성이 있고 없음이 수도의 위상을 결정하는 중요한 요소라는 사실을 알 수 있다. 한양도성이 존재하는 서울은 역사적으로는 물론 공간적으로도 매우 품격이 있는 도시다. 그럼에도 불구하고 개인적으로 600여 년 전 서울 한양도

과거가 고스란히 머무르고 있는 좁은 골목길에서 마주친 예상치 못한 풍경은 거인의 모습이었다. 한양도성이 축조 시기에 따라 다른 모습과 형태로 골목과 집 사이에 그대로 남아 있다. 2020.8.

일부는 축대로 이용되어 바로 위에 그 옛날 망루처럼 집이 지어졌고, 일부는 속절없이 망가진 채로, 또는 건물이나 창고의 벽, 마당의 뒷배경 등 다양한 모습으로 존재하고 있다. 2020.8.

한양도성과 수구문이 보이는 풍경. 건물들 사이로 멀리 조금 모습을 드러낸 남산, 인왕산, 북한산의 모습에서 그 옛날 한양 풍경을 상상해 볼 수 있다. 2011.4.

수구문 주변 한양도성과 주거지 풍경. 2020.8.

성을 일제가 의도적으로 훼철했든, 도시 확장이나 개발로 그리되었든, 꼭 완벽하게 옛 모습으로 연결해 복원할 당위성은 없다고 생각한다. 복원은 잘못하면 그냥 멋지게 복제된 영화 세트장 같은 공간을 만들 뿐이다. 그렇게 한들 지금은 그 어느 누구도 본 적도 없고 정확하게 알 수도 없는 옛 도시 모습이 살아서 돌아올까? 변화를 거듭하며 사라지기도 하고 남아 있기도 하는 도시의 흔적이 오히려 살아 움직이는 다이내믹한 도시의 모습일 것이다. 많은 시간과 노력, 거금을 들여서 복원할 생각만 하지 말고 지금 남아 있는 흔적이라도 제발 쉽게 때려 부수지 말았으면 좋겠다.

신당동 지도를 보니 유명한 떡볶이 골목 부근에 잘 정리되어 존재하는 10여 개의 골목길이 유난히 인상적이었다. 실제로 가 보니 한 사람 겨우 지나갈 정도의 좁은 골목길에 기와집부터 2층집까지 다양한 주거 형태가 섞여 있었다. 특히 다중이용시설도 아닌 주거지역 골목 끝에 자리한 공중화장실이 인상적이었다. 궁금해서 골목길에 관련해 여기저기 물어 보니 아는 사람이 없었고, 주민센터와 구청에도 문의해 보았으나 역시 아무것도 알 수 없었다. 현재 거주하는 사람들이 대부분 중국 교포 세입자라 더욱 이 공간의 역사를 모르고 있었다. 지나간 역사를 살펴보려 건축물대장을 확인하니 대부분 자료가 없는 무허가 건물이고, 일부는 1970년대 중반에 등기가 되어 있었다.

여기 사람들은 이곳을 신당동 '구제민촌'이라 부른다. 한국전쟁 후 동네 어떤 분이 갈 데 없이 몰려드는 피난민들을 위해 땅을 8평에서 10평 정도씩 나누어 주어 집을 짓고 살게 했다고 한다. 집이 작다 보니 화장실은 공동으로 사용할 수 있도록 별도로 지었다. 현재도 구청에서 새로 지어 준 공중화장실을 주민들이 이용하고 있다. 땅을 제공한 분은 자녀가 없던 동네의 부자로 알려져 있을 뿐이다. 현재의 다산로길이라는 이름 전에는 대추나무길이었다. 가을마다 열매를 맺는 큰 대추나무는 얼마 전까지 살아계셨던 할머니가 90여 년 전에 심은 나무다. 최근에 글을 쓰기 위해 다시 방문해 수소문하다 이곳에 오래 산 다른 동네 분을 만나 이야기를 들을 수 있었다.

이야기를 들어보니 마을 역사는 조선시대까지 거슬러 올라간다. 이 주변은 수구문 밖 공동묘지 자리였다. 성안에 거주할 수 없었던 나병 등 전염병 환자들은 묘지 옆에 움막을 짓고 모여 살다가 죽으면 그냥 그 자리에 묻혔다고 한다. 앞서 언급한 할머니는 모여 살던 환자들이 약재로 쓰려고 대추나무를 주변에 많이 심었다고 전해 내려오는 이야기를 듣고 대추나무를 심었다고 한다. 자생적인 꾸불꾸불한 골목길이 아니고 계획된 골목길이라 반듯하게 구획이 잘된 느낌이다. 아마도 서울에서 이렇게 잘 정리되고 계획적인 좁은 골목길 단지는 여기 말고는 찾아볼 수 없는 것 같다. 좁은 면적에 여러 사람을 살게 하려다 보니 길은 좁아질 수밖에 없었다. 재미있는 사실은 주민들이 조금이라도 거주 면적을 확보하기 위해 안 그래도 좁은 골목길을 어떻게든 조금씩 땅따먹기하듯 절묘하게 차지하고 있다는 것이다.

1960년대 주택난을 해결하기 위해 바둑판 모양으로 택지를 만들어 지은 집장사집 동네도 바로 신당동 광희문 밖에 있다. 현재는 그 당시 집은 몇 채 보이지 않고 대부분 다세대·다가구주택으로 변했다. 부근에는 지형에 따라 자생적으로 만들어진 달동네와 미로 같은 전형적인 골목길이 1960~70년대 모습 그대로 남아 있다. 도성 주변이 문화재보호구역이라 복잡한 규제가 많아 개발해도 별 이득이 없어 누구도 적극적으로 개발을 위해 나서지 못하고 있기 때문이리라 생각된다.

성 밖 동네지만 이제는 도심이 되어 버린 쉽게 사라지지 않을 서울 달동네다. 불편한 환경에서 살아가는 주민들에게는 좀 미안한 마음도 들지만 불행 중 다행이랄까? 복잡한 풍경 너머 신당역 사거리 뒤로는 새로 지은 고층아파트가 병풍처럼 서 있어 무학대사나 정도전이 지나면서 보았을, 멀리 보이는 서울의 산 풍경을 가리고 있다. 그나마 광희문에서 남산 쪽으로 도성을 따라 올라가면서 걷다 보면 좀 높은 곳에서는 건물들 사이로 조금씩 드러나는 낙산과 멀리 보이는 북한산 모습을 눈에 담으며 그 옛날 풍경을 상상해 볼 수 있다. 아쉬운 점이 많지만 21세기 한양도성 답사의 즐거움은 내사산 외사산이 한눈에 들어오는 조선의 수도 한양漢陽 풍경이 아니라, 고층 건물 사이사이로 600년 전에도 있었던 그 산을 숨바꼭질하듯 찾으면서 즐기는 메가시티 서울SEOUL의 모습 아닐까?

광희문은 서소문과 함께 조선시대 도성 내에서 죽은 사람들의 시신을 운구할 때 이용하던 문이라 시구문屍軀門, 屍口門이라는 이름으로 많이 알려져 있다. 청계천의 물이 흘러나간다 해서 수구문水口門으로도 부르며, 서울 한양도성 사소문四小門 하나라 남소문이라는 이름도 가지고 있다. 시구문이라 부르는 이유에 관한 또 다른 설은 성문 밖이 시궁창같이 항상 지저분해 그렇게 불렀다는 말도 있고, 전형적인 서울 토박이 사투리로 '수'를 '시'로 발음하는 데서 유래를 찾기도 한다. 현재 광희문은 1974년부터 1976년까지 원래의 위치에서 남쪽으로 15미터 옮겨 홍예석문과 문루, 여장 30여 미터를 복원했다. 신당동新堂洞은 원래 '神堂洞'이었다. 옛날에는 도성에서 시신이 나가는 광희문 바로 밖이라 부근에 죽은 사람들을 위한 굿을 하는 신당이 많았다는 사실에서 유래한 이름이다. 천주교 박해 시기에 수많은 순교자 시신이 광희문을 통해 버려지고 묻힌 곳이기도 해 이곳을 순교성지로

지형에 따라 자생적으로 만들어진 달동네와 미로 같은 전형적인 골목길이 1960~70년대 모습 그대로 남아 있다. 2011.4.

1920년대 일제강점기에 서울의 심각한 주택난을 해결하기 위해 장충동과 신당동 일대가 주거지로 개발된다. 그래서 아직도 일본식 가옥이 곳곳에 남아 있다. 위 2020.8. 아래 2012.4

한옥 골목. 위 2013.5.
구제민촌에서 바라본 신당역 사거리. 뒤로는 새로 지은 건물이 병풍처럼 버티고 있어 무학대사나 정도전이 지나면서 보았을, 멀리 보이는 서울의 산 풍경을 가리고 있다. 아래 2022.11.

주민들이 흔히 '구제민촌'이라 부르는 공간은 자생적인 꾸불꾸불한 골목길이 아니고 계획된 골목길이라 반듯하게 구획이 잘된 느낌이다. 아마도 서울에서 이렇게 잘 정리되고 계획적인 좁은 골목길 단지는 여기 말고는 찾아볼 수 없을 것이다. 2024.3.

다산로길이라는 이름이 붙기 전에는 대추나무길로 불렀다. 지금도 열매를 맺는 큰 대추나무는 얼마 전까지 살아계셨던 할머니가 90여 년 전에 심은 나무다. 이 주변은 수구문 밖 공동묘지 자리다. 성안에 거주할 수 없었던 전염병 환자들은 묘지 옆에 움막을 짓고 모여 살다가 죽으면 그냥 그 자리에 묻혔다고 한다. 모여 살던 환자들이 약재로 쓰려고 주변에 대추나무를 많이 심었다고 전해 내려오는 이야기를 듣고 할머니가 대추나무를 심었다고 한다. 2024.3.

기리고 있다.

동네를 다니다 보니 몇 년 전 마을 만들기 사업을 하면서 세워 놓은 '600년 전 조선시대 골목길'이라는 안내판도 보이고, 좁고 후미진 골목길에서 발길을 멈추게 하는 유난히 짙은 커피향도 맡을 수 있었다. 훔쳐보듯 들여다보다 커피를 내리고 있는 분과 눈이 마주쳤다. 그는 조금 머쓱해진 나를 보고 들어오라고 손짓을 했다. 마침 춥기도 하고 향 좋은 커피도 한잔 얻어 마시고 싶어 체면 불고하고 들어갔다. 앉아서 이야기를 나누다 보니 할아버지 때부터 3대를 바로 이 자리에서 살아 온 신당동 토박이였다. 이 자리에 그의 할아버지가 강원도에서 직접 가지고 온 우리나라 최고의 소나무를 사용해 제대로 지은 좋은 한옥이 있었다고 한다. 여러 번 필요에 따라 고치면서 모양도 변했고, 계속 돈이 들어가는 유지 보수도 힘들 뿐만 아니라 겨울에 너무 추워 서울올림픽 직전에 헐고 빌라를 지었다고 한다. 그는 마을 만들기 사업을 할 때 동네 역사를 많이 알게 되면서 이 골목길은 지켜야겠다는 생각으로 동네 사랑방을 만들었다. 너무 춥고 불편해 새 집을 짓는 것이 그냥 좋기만 했는데, 한옥도 잘 지키면 좋을 텐데, 하는 아쉬움이 크다고 했다. 이제는 자기처럼 같은 장소에서 3대째 살아가는 진짜 서울 토박이는 찾아보기 힘들다고 강조하는 모습을 보니 동네에 대한 자부심이 느껴졌다. 가만 보니 연배가 비슷할 것 같아 근처 성동고등학교 앞에 살다 도로 확장으로 집이 헐려 이사 간, 역시 3대째 토박이인 내 친구를 아는지 물어보았더니 "아 O씨네!"라는 답이 돌아왔다. 개인적으로는 모르지만 아버지 대까지는 토박이들끼리 교류가 있었다고 한다.

맛있는 커피로 몸도 녹이고 옛이야기를 하다 보니 불현듯 어린 시절 생각이 났다.

어린 시절 겨울은 왜 그리도 추웠는지. 두꺼운 내복에 어머니가 털실로 짜 준 내복을 하나 더 입고 바지를 입었던 기억이 생생하다. 움직이기가 둔할 정도로 껴입어야 겨우 추위를 면할 수 있었다. 지금처럼 기능성 섬유나 겨울 국민 유니폼인 오리털 패딩 점퍼는 당연히 없었고, 내복은 주로 면제품이라 땀이 나면 잘 마르지 않고 축축해져서 더 추웠다. 언젠가 한겨울에 동네 친구들과 얼어붙은 쇠에 손을 대면 달라붙는다는 말을 듣고 진짜 그런지 내기를 해서 지는 사람이 직접 쇠를 만지기로 했다. 내가 져 장갑을 벗고 손을 대는 순간 정말 달라붙었다. 급하게 손을 뗐지만 손바닥 살점이 떨어져 나가면서 피가 났다. 금방 장갑을 벗은 손은 사람마다 정도의 차이는 있지만 습기를 머금고 있어 영하의 온도로 내려간 쇠에 피부가 달라붙기 때문이다.

주택 난방은 연탄을 사용하는 온돌식이었다. 여름철에는 문까지 떼어 놓고 발을 치고 살던 마루라 부르는 거실 한가운데 연탄난로가 들어와야 겨울을 날 수 있었다. 보통 온돌이나 마루 난로에는 구멍이 19개 있는 19공탄을 사용했는데, 사무실이나 식당 등 큰 공간에 들여놓는 난로는 19공탄 세 개짜리나 큰 49공탄을 사용했다. 늦가을에 하는 김장, 창문에 새 창호지 바르기와 함께 연탄난로 놓기는 월동 준비의 필수 코스였다. 난로 위에는 보통 커다란 보리차 주전자를 올려놓았다. 물이 끓으면서 올라오는 김으로 마루방의 습기도 조절했고, 밖에서 들어오면 추운 속을 따스하게 데워 주기 위한 음료수가 되어 주기도 했다.

겨울방학이 되면 아침에 부모님이 마실 커피가 난로 위에서 끓으면서 좋은 냄새로 유혹하곤 했다. 미군부대 PX에서 흘러나온 원두커피를 역시 미군이 야전에서 사용하던 알루미늄 커피포트에 끓여 먹던 시절이다. 보글보글 원두커피 끓는 냄새에 취해 이미 초등학교 시절부터 커피를 마시기 시작했다. 사실은 커피가 아니라 설탕을 잔뜩 넣어 토할 만큼 달게 만든 설탕물에 가까웠지만. 당시에는 단 군것질거리가 별로 없었고, 설탕은 명절 선물로 주고받을 정도로 귀한 음식이었다. 커피를 마셨다는 사실을 들킬까 봐 먹은 만큼 물을 다시 채워 놓곤 했는데, 어머니가 자꾸 '커피가 왜 이렇게 연하지' 하면서도 내가 먹었을 것이라고는 상상하지 못하셨다. 그러던 어느 날 동생이 어머니께 사실을 고해바쳐 엄청 혼이 난 적이 있다. 그때는 고등학교 졸업식 날부터 담배와 술이 공식적으로 허락되었는데, 아마 고등학교 졸업이 어른이 되는 기준점이었던 것 같다. 이유는 정확히 알 수 없지만 어머니는 아이들이 커피를 마시면 키도 안 크고 머리가 나빠진다고 믿고 있었다. 내 키가 크지 않은 것을 보니 어른이 되기 훨씬 전부터 마신 커피 때문인지도 모르겠다.

지금도 답사하다 한 귀퉁이에 쌓여 있는 연탄이나 연탄재, 건물 밖으로 나온 난로용 양철 연통을 보면 오래전 하늘나라로 가신 부모님이 문득 떠오르며 그리워진다. 추운 겨울 어린 시절의 연탄난로와 몰래 마시던 설탕물 커피의 추억 때문일까? 나의 한결같은 커피 사랑은 지금까지도 변하지 않고 이어져 아침에 약 반 리터의 커피를 마셔야 (농담으로 흔히들 말하는) '부팅이 되어' 하루가 시작된다. 커피의 맛을 알게 된 이후로는 설탕물이 아닌 블랙커피를 마신다는 것이 변한 점이다.

사족 한마디. 귀촌한 지 3년이 되었다. 미리 반죽해 냉장고에서 저온 발효시킨 빵을 오븐에 굽기 시작하고, 원두를 갈아 커피를 내리면서 아침을 준비하는 시간은 시골 생활에서 누리는 가장 큰 즐거움 중 하나다. 나이 들면서 일어나는 시간이 빨라져 아침마다 논 저편에서 동트는 광경을 본다. 커피 향과 빵 냄새를 맡으며 맞이하는 이른 아침은 진짜 선물 같은 시간이다. 골목길 커피 향에 취했던 순간을 떠올리다 보니 말이 길어졌다.

3.

지형이나 풍경과
연결되는

골목길의
가치

골목길은 30년 전에도 이미
문화유산이었다

**풍경이 매력적인 장소
삼선동 장수마을**

보통 다른 나라를 다루는 기행문이나 TV 프로그램을 보면 오래된 도시의 골목길 이야기가 빠지지 않고 등장한다. 소개할 때 부럽다거나 멋진 문화유산이라는 말도 꼭 따라온다. 우리에게는 너무나 익숙한 풍경이기도 하고 누군가에게는 몽땅 때려 부수고 새로 짓고 싶은 낙후된 주거지이지만, 다른 나라 사람이 우리나라를 여행하면서 산동네 골목길을 볼 때면 똑같은 반응을 보인다.

30여 년 전 1990년대 중반 서울 답사를 하면서 실제로 이런 일을 경험한 적이 있다. 5월 어느 날, 낙산 서울 한양도성 바깥쪽 가파른 산기슭의 미로 같은 골목길을 힘들게 올라 정상 성곽에서 장수마을 풍광을 즐기고 있었다. 현재는 많은 부분이 공원으로 변했지만 지금도 삼선동 장수마을은 골목길 박물관이라 할 수 있을 정도로 서울의 대표적인 산동네다.

아직 초여름이었지만 언덕을 오르느라 온몸이 땀에 젖어 한참을 쉬고 있는데, 밑에서 방금 내가 올라온 가파른 골목길로 세 사람이 힘겹게 올라오는 모습이 보였다. 내가 있는 곳에 도착해 한 사람이 거친 숨을 몰아쉬면서 조금은 짜증 섞인 말투로 말을 걸었다. 서울에 어디 구경할 곳이 없어서 이런 데까지 오는지 모르겠다며 혹시 여기가 어딘지 아느냐고 물었다. 그가 일본 관광잡지를 내게 보여 주었는데, 서울의 골목길을 특집으로 다루면서 장수마을을 소개하고 있었다. 질문한 사람은 가이드고, 나와 비슷한 또래의 두 사람은 일본 여성 관광객이었다.

그때 나는 손에는 지도를 들고 목에는 카메라를 걸고 있었다. 관광객 중 한 사람이 지도까지 들고 있는 모습을 보니 혹시 골목길을 답사하는 건축가냐고 물어보아서 그렇다고 하니까 반가워하면서 가방에서 책 하나를 꺼내 보여 주었다. 세계의 골목길이 소개된 단행본으로 우리나라의 골목길도 소개되어 있었다. 일본에서는 꽤 오래전부터 세계의 골목길 답사가 평범한 사람들의 여행 목적이었다고 한다. 생각해 보니 건축 공부를 시작할 때 일본에서 오신 교수님 연구실에서 유럽의 도시별 간판을 모은 일본 책을 본 적이 있다. 그때 교수님께서 유럽 골목길을 다룬 시리즈 책도 있는데 건축가들이 꼭 한번 보면 좋겠다고 말씀하시던 기억이 난다.

두 관광객이 보고 싶어 하는 잡지에 소개된 장소를 알고 있어 같이 가서 보여 주었더니 너무 좋아하면서 서로 사진을 찍었다. 두 사람이 보고 싶어 찾아온 곳은 재미있게도 작은 재래식 화장실이었다. 고개를 숙이고 문을 열고 들어가면 한 사람이 겨우 앉아 볼일을 봐야 하는, 냄새나고 불편하기 그지없는 '푸세식' 화장실이 골목길 답사의 주요 목표 중 하나였던 것이다. 산동네 야경이 아름답다고 책에 소개되어 있어 야경을 보고 싶은데 밤에는 가이드를 동행할 수 없어 호텔에서부터 지하철을 타고 똑같은 코스를 답사한 후 저녁때 다시 올 예정이라는 말을 덧붙였다. 30여 년 전 서울 어디서나 만날 수 있는 골목길은 이미 외국인 관광객이 즐겨 찾는 세계적인(?) 관광지였다.

장수마을은 낙산 줄기 동쪽 한양도성 바로 아래에 자리한 동네다. 멀리 북한산과 도봉산이 보여 풍광도 좋고 도심과 인접해 있으면서도 한가해 살기 좋은 조건을 갖추고 있다. 조선시대부터 움막을 치고 모여 살기 시작했다는 기록도 있고, 일제강점기에는 토막민이 모여 살았다는 기록도 전해진다. 해방과 한국전쟁을 거치면서 피난민은 물론 1960~70년대 일자리를 찾아 무작정 서울로 온 사람들이 동대문을 중심으로 몰려들었다. 전차와 기동차 종점이 있어 교통이 편리했고, 동대문시장 등에서 일자리를 찾기 쉽다는 장소적 장점 때문에 하나둘 판자촌이 들어서면서 본격적으로 마을이 형성되었을 것이다. 서울 시내 산동네가 자리 잡는 과정은 대부분 비슷하다.

장수마을은 낙산 서울 한양도성 바깥쪽 가파른 산기슭에 자리한, 미로 같은 골목길과 계단이 곳곳에 숨어 있는 동화 같은 동네다. 2012.8.

장수마을 한양도성길에서 보이는 북한산 풍경은 장엄하다. 오른쪽에 요새처럼 서 있는 돈암동 한신한진아파트 뒤로 멀리 도봉산 선인봉이 수줍은 듯 모습을 드러내고 있다. 이곳에서는 동서남북 모든 방향의 서울의 산 풍경을 볼 수 있을 뿐 아니라, 일출과 석양도 즐길 수 있다. 2011.10.

장수마을 집은 향을 고려하기보다 계곡을 따라 자리 잡았다는 점이 특징이다. 자연 지형이 우선 고려 사항이었기 때문일 것이다. 경사를 오르며 길을 따라 양쪽으로 자리 잡은 집도 볼 수 있고, 갈라진 작은 골목길로 가다 막다른 골목에 이르면 마치 포도송이처럼 여러 가구가 모여 사는 모습도 볼 수 있다. 위 2012.8. 아래 2015.3.

장수마을은 여러 곳에서 진입할 수 있어 입지가 매우 좋다. 나는 동대문역에서 마을버스를 타고 창신동을 지나 낙산공원으로 가는 방법을 좋아한다. 돌아올 때는 성곽 안 길을 따라 낙산 능선을 걸으며 서울 도성 안 풍경을 즐기다, 영단주택 암문暗門으로 나와 창신동 골목길을 따라 내려오면서 마지막으로 창신시장을 구경하고 마치는 코스를 택한다. 혜화문에서 시작해 도성을 따라 걷다가 낙산공원에 이르러 장수마을에 도착할 수도 있고, 삼선동에서 시작해 한성대학교와 삼선공원 삼군부 총무당을 지나 높은 계단 길을 올라 마을에 이를 수도 있다. 어느 길을 택하든 낙산공원에 도착하면 서울의 산 풍경을 어디서나 즐길 수 있다. 장수마을 입구 낙산공원과 서울성곽길에서 보이는 서울 산 풍경은 장엄하다. 여기서는 시간에 따라 일출과 석양을 즐길 수 있을 뿐만 아니라, 위치에 따라서는 동서남북 모든 방향의 서울의 산 풍경을 볼 수 있다.

장수마을의 집은 향을 고려하기보다 계곡의 골목길을 따라 자리 잡았다는 점이 특징이다. 지형이 우선 고려 사항이었기 때문일 것이다. 경사를 오르며 길을 따라 양쪽으로 자리 잡은 집도 볼 수 있고, 갈라진 작은 골목길로 가다 막다른 골목에 이르면 마치 포도송이처럼 여러 가구가 모여 사는 모습도 볼 수 있다. 가구마다 담도 없을 뿐만 아니라 대문도 여러 가구가 함께 사용하는 경우가 많아 사실 몇 가구가 사는지 알 수도 없다. 아마 처음에는 한 가구가 들어왔지만, 세월이 흐르면서 확장되었거나 세를 놓으려고 가구 수를 늘리면서 나타난 현상일 것이다. 처음에는 무허가 주택이었지만 1960년대에 양성화되면서 지금과 같은 모습이 되었다. 경사가 급해 유난히도 높은 축대를 세워야 건축이 가능한 경우가 많아 어떤 방향으로 자리 잡든 윗집은 아랫집 지붕 위로 지어져 전망이 좋을 수밖에 없다.

서울의 오래되고 낙후된 동네들이 그렇듯이 장수마을도 2004년 '삼선4구역'이라는 이름의 재개발예정구역으로 지정되었다. 그러나 차도 들어갈 수 없는 심한 경사지인데다가 한양도성과 삼군부 총무당 등 주변에 있는 문화재 때문에 개발에 걸림돌이 많아 진행이 지지부진했다. 도시가스도 불과 몇 년 전에 들어오는 등 계속 낙후된 상태로 남아 있었다. 하지만 1990년대 말부터 다행히 눈썰미 좋은 사람들이 동네의 가치를 알고 하나둘 마을에 자리 잡으면서, 도시재생이라는 용어가 생소한 시절부터 자발적으로 마을을 바꾸기 시작했다.

2013년 재개발지구가 해제되면서 좀 더 본격적으로 마을이 바뀌고 있다. 투자가치를 고려하지 않는다면, 제한 많은 개발 조건 때문에 비교적 저렴한 부동산 가격도 하나의 장점이 될 수 있다. 현재도 소리소문 없이 지속해서 마을의 모습이 바뀌고 있다. 서울 제 모습 찾기 운동의 결과로 산동네 마을 일부가 철거되고 낙산의 모습도 살아나 주거지역으로는 서울에서 이 정도로 쾌적한 동네가 있을까 싶다. 장수마을을 비롯한 서울의 산동네 대부분은 급경사라는 지형적인 악조건이 자연스럽게 앞이 확 트인 풍광을 가능하게 해 오히려 좋은 소위 '테라스 형태' 주거지가 되었다. 물론 주차 문제나 경사가 심한 계단, 골목길 등 몇 가지 불편을 감수해야 하지만, 그런 악조건을 상쇄시킬 만큼 도심 접근성은 물론 풍경이나 환경 등 주거지역으로서 좋은 조건을 갖추고 있다.

요즈음 '골목길 인문학'이나 '인문학적 답사기' 등 공간의 가치를 인문학적으로 표현하는 사례를 많이 볼 수 있다. 인문학은 객관적인 자연현상을 다루는 자연과학의 상대적 개념으로, 일반적으로 인간과 관련된 근원적인 문제나 사상, 문화 등 인간을 주제로 연구하는 학문을 의미한다. 사람이 사는 공간인 골목길은 당연히 인문학의 대상이다. 그러나 골목길의 공급경사 골짜기에 자리하고 있어 주거 공간 확보가 우선이었기 때문에 마당을 보기 힘들다. 하지만 지붕도 훌륭한 녹지공간이 될 수 있다. 몇 개의 화분과 호박넝쿨, 토란 등이 우아한 녹색 풍경을 만들어 주고 있다. 2012.8.

경사가 급해 유난히 높은 축대를 세워야 했지만, 이런 악조건이 오히려 앞이 확 트인 풍광 좋은 테라스 형태 주거지를 가능하게 했다. 어떤 방향으로 자리 잡든, 윗집은 아랫집 지붕 위로 지어지기 때문에 전망이 좋을 수밖에 없다. 2012.8.

간적인 구성이나 형태 등에 관해 언급하다 보면 인문학의 범위를 뛰어넘어 다양한 영역과 연결된다. 골목길을 역사적인 인물에 얽힌 이야기나 역사의 현장 등의 인문학의 범주에서만 살피게 되면, 자칫 감상적으로 흐르거나 매우 역사적이거나 상업적인 '매력 공간'으로만 이해하기 쉽다. 장소place로서의 공간space 가치만 드러나게 되는 것이다. 골목길은 장소 이전에 먼저 '공간'으로 이해되어야 한다. 높은 계단, 구부러진 좁은 길, 걷기에 불편한 길 등은 굳이 관광객이 일부러 찾아올 만한 매력적인 장소는 아니다. 그러나 이런 곳이 지형이나 풍경과 연결될 때 불편을 감수하고라도 찾아갈 만한 가치가 있는 물리적인 공간을 뛰어넘는 '장소'가 된다.

이미 오래전부터 (우리가 가치를 잘 모르고 있을 때부터) 오래된 서울 골목길은 외국 사람들이 즐겨 찾는 문화유산처럼 알려진 장소였다. 이제는 많이 달라져 골목길의 가치를 인정하는 분위기가 되었지만, 여전히 익선동이나 경리단길(이태원), 송리단길(송파구), 황리단길(경주) 등 카페나 음식점이 모여 있는 거리, 복고풍 유행과 함께 떠오르는 상업지역으로만 이해되는 경우가 많아 조금은 아쉬운 마음이다. 골목길은 단순하게 떠오르는 관광지로 생각해서는 안 된다. 골목길은 그 땅이 가지고 있는 터의 무늬와 자연 지형이 살아 있는 공간이다. 특히 산동네 골목길은 공간 자체의 아름다움과 함께 보이는 풍경이 매력적인 장소다. 그 속에 밴 삶의 냄새까지도 몸과 마음으로 느껴야 진정한 골목길 공간 체험이 완성될 수 있다. 무더운 여름 습기 가득한 어딘가에서 나오는 코를 자극하는 곰팡이 냄새, 한겨울 굴뚝 환풍기에서 나오는 연탄가스 냄새, 누군가의 집에서 뭔가 지지고 볶는 기름 냄새, 숨어서 피느라 높은 창문 밖으로 몰래 빠져나오는 어쩐지 구수한 담배 냄새, 그리고 땀에 전 사람 냄새까지도 공간과 어우러지면서 느껴지는 곳이 바로 골목길이다. 산동네 골목길을 감성적으로 미화하고 싶은 생각은 전혀 없다. 달동네 골목길은 누구에게는 매우 곤궁한 생활 현장일 수 있지만, 어디에나 있는 일상적인 삶의 공간이다. 오랫동안 누군가의 일상생활이 유지되는 곳이니 당연히 인문학적 공간이다. 일보일경一步一景. 골목길에서는 한 걸음 걸을 때마다 새로운 경치가 펼쳐진다.

유명한 관광지의 가치는 무엇일까? 가끔 외국을 여행하면서 돈과 귀중한 시간을 쓰면서, 불편한 언어와 환경, 익숙하지 않은 먹을거리까지도 감수하면서까지 왜 여기를 찾아왔는지 나에게 스스로 되묻곤 한다. 아마 미지의 세상을 향한 본능적인 기대와 호기심이 그 시작이 아닐까 한다. 우리가 세계적인 문화유산도시 그리스 산토리니나 이탈리아 토스카나 지방의 골목길, 모로코 페즈의 미로를 찾아가듯이, 장수마을도 이방인들이 기대와 호기심으로 찾아오는, 아니 찾아와서 꼭 봐야만 되는 세계 문화유산 산동네가 분명하다.

밤이 되면 산동네 골목길은 더 빛을 내며 모습을 드러낸다. 앞서 언급한 장수마을을 찾은 일본인들이 꼭 보고 싶어 했던 바로 그 야경이다. 가로등 불빛을 받아 평지에서는 느낄 수 없는 음영이 지는 골목길과 계단 야경을 마을 안에서 보는 것도 좋지만 멀리서 보는 파노라마는 더 좋다. 언젠가 눈 내린 장수마을 야경을 보려고 건너편 한성대학교에서 사진 찍을 만한 장소를 찾고 있었다. 그때 어떤 건물 계단에서 누군가가 사진 찍으러 오셨냐고 하면서 여기가 최고라고 그리로 올라오라고 했다. 비상 야외 계단을 따라 올라갔더니 좁은 계단참에서 소박한 술판이 벌어지고 있었다. 장수마을 파노라마를 볼 수 있는 최고 명당을 찾아오신 것을 환영한다면서 내게도 와인을 권했다. 앞치마에 물감이 묻어 있는 것을 보니 미술을 전공하는 학생들이었다. 평소에는 소주지만 오늘 같은 눈 내린 멋진 풍경을 볼 때는 와인이 제격이라 좀 무리했다고 하면서. 과연 최고의 풍경이었다. 아무것도 아닌 평범한 콘크리트 계단참을 최고의 분위기 있는 스카이라운지로 만들어 풍경을 즐길 줄 아는 멋쟁이들이었다. 야경은 화장과 같다. 보여 주고 싶은 부분만 꼭 집어 강조해 보여 준다. 눈 내린 그 추운 날 손을 호호 불면서 야외 계단참에서 야경을 안주 삼아 마시던 와인 맛을 잊을 수가 없다. 눈 내린 장수마을 야경에 대한 기대와 호기심이 완벽하게 채워진 밤이었다.

골목길은 그 땅이 가지고 있는 터의 무늬와 자연 지형이 살아 있는 공간이다. 특히 산동네 골목길은 공간 자체의 아름다움과 함께 보이는 풍경이 매력적인 장소다. 2004.6.

높은 계단, 구부러진 좁은 길, 걷기에 불편한 길. 골목길은 굳이 사람이 일부러 찾아올 만한 매력적인 장소는 아니다. 골목길은 단순하게 떠오르는 관광지로 생각해서는 안 된다. 골목길은 지형이나 풍경과 연결이 될 때만이 불편을 감수하고라도 찾아갈 만한 가치가 있는, 물리적인 공간을 뛰어넘는 '장소'가 된다. 위 2007.6. 아래 2007.4.

산동네 골목길과 계단은 누구에게는 매우 곤궁한 생활 현장일 수도 있지만, 오랫동안 사람의 삶이 유지되고 어디에나 있는 일상의 공간이다. 일보일경一步一景. 골목길에서는 한 걸음 걸을 때마다 새로운 경치가 펼쳐진다. 2012.8.

눈 내린 장수마을 야경. 야경은 화장과 같아 보여 주고 싶은 부분만 강조해 보여 준다. 눈 내리는 추운 날 손을 호호 불면서 야외 계단참에서 야경을 안주 삼아 마시던 와인 맛을 잊을 수가 없다.   2012.12.

공작소 골목길에서
지속 가능한 도시를 꿈꾸다

장사동
기계공구상가
아트리움

헌책방은 읽고 싶은 꼭 필요한 책을 찾을 수 있는 곳이 아니다. 주인을 기다리고 있던 책과 우연한 만남이 이루어지는 곳이다. 부자가 각자 특색을 살려 운영하던 헌책방을 오래 다녔는데, 두 곳 모두 몇 년 전 문을 닫았다. 집에 들어오는 길목에 있어 오다가다 들르던 헌책방도 최근 주인 어르신이 갑자기 돌아가시면서 문을 닫아 나의 단골 헌책방이 모두 사라져 매우 아쉽고 안타깝다. 가끔 들르는 헌책방에서 눈에 딱 들어오는 마음에 드는 책을 발견할 때마다, 주인에게 이미 오래전부터 그 자리에 있었는데 오늘에야 임자를 만난 것 같다는 말을 자주 들을 수 있었다. 골목길도 그렇다. 가끔 다니는 길이지만 평소와는 다르게 전혀 새로운 모습으로 눈에 들어올 때가 종종 있다. 주인을 기다리고 있는 헌책방의 책처럼 말이다.

보통 도심지 안에 있는 화려한 고급 쇼핑몰에서나 볼 수 있는 아트리움을 장사동 공구상가에서 발견했다. 아니 어느 날 내 앞에 불쑥 나타났다. 청계천 큰길가에 자리 잡고 있고, '장사 기계공구상가'라는 간판까지 내걸었기에, 큰 단위의 공구상가로 생각해 여러 번 지나다니기는 했지만 관심을 가지고 골목으로 들어가 볼 생각은 하지 않았다. 다른 이유도 있었다. 전에 우연히 지나다 밖에서 골목을 들여다보면서 사진을 찍고 있는데, 갑자기 한 사람이 가게에서 튀어나와 험악한 말투와 표정으로 왜 사진을 찍냐면서 무조건 나가라고 해서 그 후로 굳이 다시 들어가 볼 생각을 하지 않았다.

답사하다 보면 여러 가지 일을 겪게 된다. 대부분 주인이든 경비원이든 관계자에게 양해를 얻어 구경하고 사진을 찍는다. 그러나 그냥 길을 가다 우연히 답사할 때는 누군가에게 꼭 허락을 받아 구경해야 하는 것은 아니라 인물은 사진에 담지 않고 기록한다. 어떤 때는 뭐하시냐며 관심을 가지고 설명도 해 주면서 꼭 봐야 하고 기록해야 할 장소를 매우 친절하게 알려 주는 분을 만나기도 하지만, 때에 따라서는 거의 폭력에 가까울 정도로 험악한 모습으로 다가오는 사람이 있어 급히 그곳을 도망치다시피 빠져나오기도 한다.

나는 사라지기 전에 꼭 기록으로라도 남겨야겠다는 나름의 사명감으로 골목길 답사를 하지만 누군가에게는 보여 주고 싶지 않은 모습이고, 기억하고 싶지 않은 흔적일 수도 있다. 나에게는 장사동 기계공구상가가 보존하고 싶은 멋진 아트리움으로 다가왔지만, 어쩌면 그 누군가에게는 빨리 헐어 버리고 고층빌딩을 올려야 할 재개발지역일지도 모른다. 물론 엄청난 규모에 화려하고 장엄하기까지 한 이탈리아 밀라노 두오모 옆에 있는 갈레리아 비토리오 에마누엘레 Galleria di Vittorio Emanuele II와는 비교도 할 수 없을 만큼 작고 초라하지만, 상업지역이 아닌 공업지역에 아트리움이 존재한다는 것만으로도 충분한 가치가 있다고 생각한다. 아트리움이나 아케이드❶는 우리에게는 익숙하지 않은 서양의 건축물이지만, 최근에는 대형 쇼핑몰 등 주변에서 흔하게 볼 수 있게 되었다. 1970년대에 소공동 반도조선아케이드나 종로2가 탑골공원(1991년 이전에는 파고다공원) 파고다아케이드가 개발과 부의 상징으로 들어서기도 했지만, 불이 나거나 사적지 정비를 이유로 철거되면서 오래가지 못하고 사라졌다. 그때까지는 종로1가에 존재하던 신신상가백화점이 아트리움이 있는 아케이드 형태였다고 할 수 있다. 1970년대 여의도 시범아파트 상가 이름이 시범아케이드였던 것을 보면 아케이드는 개발시대 우리에게 막연하지만 욕망의 상징이었던 것 같다.

장사동長沙洞은 1914년 동명이 제정될 때 부근 청계천에서 파낸 흙이 뱀처럼 길게 구불구불 늘어진 장사형長蛇形을 이루었다 해서 생긴 이름이다. 청

❶ 아트리움atrium, 아케이드arcade, 파사주passage, 갤러리gallery 등은 이름만 다를 뿐 서로 비슷한 개념으로 사용되기도 한다. 아트리움은 원래 로마시대에 주변 건물이나 회랑으로 둘러싸여 있는 가운데 마당, 중정中庭을 의미했다. 지금은 흔히 햇빛이 투과되는 유리지붕을 씌운 실내에 만들어진 공간을 말한다. 아케이드는 큰길에 면해 안쪽으로는 상가가 있고 길가로는 기둥이 열 지어 서 있는, 보통 아치형 지붕이 있는 복도 같은 공간을 뜻한다.

계천 주변을 이야기할 때 장사동은 빼놓을 수 없는 매우 중요한 동네인데, 동명도 청계천 주변 풍경에서 유래했다는 사실이 재미있다.

장사동 골목길을 요리조리 구경하다 길을 잃고 조금은 움츠러들게 하는 깜깜한 미로를 헤매다 어느 순간 지붕에서 빛이 쏟아지는 밝은 마당에 들어섰다. 이렇게 만난 아트리움은 화려한 대리석도 없고, 견고하고 멋진 철골구조도 아닌, 조금은 조악해 보이는 목재 트러스구조였다. 하지만 그 아래 펼쳐지는 풍경은 청계천에서 만날 수 있는 가장 진기하면서도 멋진 골목길의 완성판이라고 감히 말할 수 있다.

세운상가 주변 골목길은 많이 헐려 사라졌고 계속 고층빌딩이 들어서고 있지만, 산림동과 세운상가, 종로3가 사이에 위치한 장사동에서는 아직도 서울의 오랜 역사를 담고 있는 골목길과 한옥의 흔적들을 구석구석에서 만날 수 있다. 밖에서 무심코 보면 한옥 지붕은 거의 찾아볼 수 없다. 언제 헐리고 재개발될지 알 수 없어 비가 새는 오래된 한옥 지붕 위에 값싸고 편리한 방법으로 양철 슬레이트나 비닐 천막을 이중으로 덧씌우기 때문이다. 그러나 골목길을 다니다 보면 사이사이로 기와지붕, 서까래와 추녀, 목재 기둥이나 보를 흔히 볼 수 있다.

장사동 기계공구상가도 한옥 사이사이의 골목과 마당이 서로 연결되어 만들어진 공간이다. 날씨에 영향을 받지 않고 효율적으로 외부공간을 내부공간처럼 확장해서 사용하기 위해 지붕을 만들고, 채광을 위해 투명 플라스틱 재료를 사용하면서 멋진 아트리움이 만들어졌다. 특히 지붕을 가운데는 높게, 양옆으로는 조금 낮게 이중으로 만들어 비가 내려도 빗물은 들이치지 않지만, 그 사이로 공기를 통하게 해 자연스럽게 용접할 때 발생하는 나쁜 냄새 등은 빠져나가도록 만들었다. 전체 상가는 크게 ㅁ자 통로로 연결되어 뱅글뱅글 돌아가며 공구상과 철공소가 자리 잡고 있고, 사이로 몇 개의 골목길이 외부와 연결해 주고 있다. 공간 사이사이에는 작은 식당, 공동으로 사용하는 화장실과 수돗가 등의 편의시설도 볼 수 있다. 사용 여부는 알 수 없지만 자그만 경비초소도 있다. 철공소 작업도 서로 다른 공정을 바로 옆 가게로 이동하면서 아트리움 내에서 진행할 수 있고, 필요한 도구도 이웃한 공구상에서 구입하고, 몇 걸음만 움직이면 식사도 가능하다. 이곳은 굳이 밖으로 나가지 않아도 모든 생활이 가능한 도시 속의 작은 도시라 할 수 있다.

여기를 답사하면서 모로코의 카스바Kasbah가 떠올랐다. 페즈와 마라케시Marrakech에서 카스바를 만났다. 보통 북아프리카 이슬람 도시의 구시가지에 있는 옛 성곽도시를 메디나Medina 또는 카스바라 부른다. 현지인 설명에 의하면 메디나 안에 있는 또 다른 작은 성곽을 보통 카스바로 부른다고 한다. 카스바는 한 가문이나 부족이 사는 동네다. 밖으로 나가지 않아도 우물은 물론 빵집, 병원, 학교, 작은 모스크 등 생활에 필요한 공간이 카스바 안에 다 있다. 메디나 속 작은 성곽도시라고 할 수 있는 카스바는 재미난 공간이다. 이미 중세에 만들어진 근대 도시계획에서 이야기하는 근린주구近隣主區● 개념이라고 할 수 있다. 생존을 위해 필요한 최소한의 공공시설이 모여 기본적인 도시 단위를 만들고, 이것들이 모여 전체를 만든다. 이 도시에서는 한 단위가 슬며시 사라지거나 느닷없이 덧붙여져도 큰 변화 없이 도시가 유지된다. 바로 요즘 흔히 말하는 지속 가능한 도시가 바로 이런 모습 아닐까?

18세기 후반에 만들어진 페즈나 마라케시는 도시 공간의 큰 변화 없이 현재도 지속되고 있다. 아니 앞으로도 1000년 이상 계속 유지될 것이다. 도심 한가운데 자리한 아트리움까지 있는 장사동의 이 공업지역은 마치 카스바

● 행정구역과는 무관하게 일상생활을 영위하기 위해 활동하는 범위.

골목길을 요리조리 구경하다 길을 잃고 조금은 움츠러들게 하는 깜깜한 미로를 헤매다 어느 순간 지붕에서 빛이 쏟아지는 밝은 마당에 들어섰다. 이렇게 만난 아트리움은 화려한 대리석도 없고, 견고하고 멋진 철골구조도 아닌, 조금은 조악해 보이는 목재 트러스구조였다. 하지만 그 아래 펼쳐지는 풍경은 청계천에서 만날 수 있는 가장 진기하면서도 멋진 골목길의 완성판이라고 감히 말할 수 있다. 2011.6.

지붕을 가운데는 높게, 양옆으로는 조금 낮게 이중으로 만들어 비가 내려도 빗물은 들이치지 않지만, 그 사이로 공기를 통하게 해 자연스럽게 용접할 때 발생하는 나쁜 냄새 등은 빠져나가도록 만들었다. 2010.3.

날씨에 영향을 받지 않고 효율적으로 외부공간을 내부공간처럼 확장해서 사용하기 위해 지붕을 만들고, 채광을 위해 투명 플라스틱 재료를 사용하면서 멋진 아트리움이 만들어졌다. 2010.3.

청계고가도로는 2003년 6월 30일 폐쇄한 뒤 청계천 복원과 함께 철거되었다. 전체 길이 5.6킬로미터의 청계고가도로는 1971년 8월 15일 완공되어 서울의 동서를 신호등 없이 통과하는 주요 도로로 사용되었다. 오른쪽으로 퇴계로와 남산터널로 연결되던 지상 최고 높이 17.7미터 삼일고가도로도 보인다. 2003.5.

남산과 함께 보이는 장사동 기계공구상가 지붕 세부 모습에서 아트리움 공간의 ㄷ자 형태를 상상할 수 있다. 2011.6.

모로코 페즈의 메디나. 북아프리카 이슬람 도시의 구시가지에 있는 옛 성곽도시를 메디나 또는 카스바로 부른다. 한 가문이나 부족이 사는 동네 카스바 안에는 우물은 물론 빵집, 병원, 학교, 작은 모스크 등 생활에 필요한 공간이 다 있어 밖으로 나가지 않아도 살아갈 수 있다. 메디나 속 작은 성곽도시라 할 수 있는 카스바는 재미난 공간이다. 2008.5.

같다. 장사동 공구상가 같은 곳이 있어 서울은 적어도 내게는 계속 걸어 다니며 구경할 수밖에 없는 만물상 같은 매력 만점 공간이다. 서울도 말로만 지속 가능한 도시를 외칠 것이 아니라 카스바를 연상시키는 장사동 공구상사 같은 곳만이라도 지속될 수 있게 해 주었으면 좋겠다.

조선시대 경복궁이나 창덕궁 인근 북촌, 남산 기슭 남촌이 선비나 중인들의 주거지였다면 장사동을 비롯한 청계천 주변 동네는 전형적인 서민 주거지역이었다. 종로1가부터 종묘까지 운종가雲從街 큰길을 따라 시전행랑市廛行廊이 설치되어 있었다. 나라에서 세금을 받고 상인들에게 임대해 운영하던 시장인 시전은 주민들의 생필품 공급은 물론 관아에 필요한 물품을 공급하는 상설 가로형 상가로, 조선시대의 중요한 도시상업구역이었다. 이곳에는 육의전六矣廛에 종사하는 거상들도 살았지만, 대부분 시전행랑과 관계된 서민들이 살고 있었다. 도시 중심 지역이지만 저지대라 뒷골목 안으로 한 걸음만 들어가면 배수가 잘되지 않아 비가 오면 진흙탕으로 변하고, 여름에는 청계천의 악취가 뒤덮는, 주거환경이 좋은 곳은 아니었다. 아마도 이런 이유로 이곳의 한옥이나 주택이 후에 주거 기능보다는 기계공구상가, 기계제조공장, 전자상가 등 상업지역이나 경공업지역으로 변하지 않았나 추측한다.

일제강점기 1920년대부터 청계천을 따라 움집이나 초가 등을 짓고 사는 땅꾼, 넝마주이, 토막민들이 살았다고 전해진다. 이곳이 언제부터 기계공구상가로 자리 잡기 시작했는지는 정확하게 알려지지 않았다. 해방과 한국전쟁 후 미군이 주둔하면서 용산이나 동두천 미군부대에서 버려지는 군수물자 부속이나 공구들이 청계천으로 흘러들면서 이를 다루는 노점상들이 등장해 시작된 것으로 보인다. 처음에는 노점상을 하다가 경제적 여유가 생기자 주변 한옥 주택가에 점포를 얻어 장사하기 시작하며 자연스

● 조선시대 한양 운종가(현재 종로) 시전에서 비단(선전), 명주(면주전), 무명(면포전), 모시(저포전), 종이(지전), 생선(내외어물전)을 파는 여섯 개의 상점을 일반 시전과 구별하여 육의전이라 불렀다. 육의전 상인들은 특정 상품의 독점권을 가지고 시장에 큰 영향을 미치는 사람들이었다.

럽게 공구상가가 자리 잡았다. 그 후 산업화와 함께 경공업이나 제조업이 발달하면서 공구는 물론 관련 재료상의 중요한 중심지가 되었다.

대학 시절부터 오래 단골로 다니던 장사동 노점상이 있다. 오디오 스피커용 케이블을 찾으러 다니다 우연히 알게 된 리어카 노점상이다. 당시는 대부분 일반 전선을 스피커용 전선으로 이용할 때라 지금처럼 오디오 전용선을 찾기가 쉽지 않았다. 음악을 좋아하던 선배가 어디선가 미군부대에서 구한 전선으로 음악을 들려주었는데, 보통 전기선을 연결했을 때와는 소리가 달랐다. 그 후 순동·순은으로 된 통신용 미제 군용 전선을 찾으려고 세운상가 부근을 뒤져 이 노점을 발견했다. 하지만 항상 원하는 물건이 있지는 않았다. 지금처럼 전화나 인터넷으로 확인할 수도 없는 때라 가끔 들러 확인해야만 원하는 물건을 어렵게 구할 수 있었다.

오랜 유학 생활을 마치고 귀국해 다시 그 노점을 찾았더니 그 자리에 그대로 있었다. 그 사이에 상가 내에 전선을 주로 취급하는 전기용품 가게를 마련했지만, 주인은 가게와 리어카 노점을 왔다 갔다 하면서 여전히 같은 자리에서 미군부대에서 흘러나오는 군용 전선을 취급하고 있었다. 나를 잊지 않고 반갑게 맞아 주면서 아직도 이곳을 찾는 사람들이 있어 그 자리를 지키고 있다고 했다. 이야기를 나누다 보니 그분을 계속 찾아오는 오디오 마니아 대부분이 60~70대로 저명인사도 많다는 사실을 알 수 있었다. 자기만의 좋은 음악을 듣기 위해 이곳을 찾기도 하겠지만, 있는 것보다 없는 것이 더 많았고, 슈퍼마켓이나 마트보다는 구멍가게에 익숙했던 옛 시절을 향한 그리움 때문에 굳이 장사동 구석 노점까지 찾아간 것은 아닐까? 나도 이 글을 쓰면서 그분이 구해 준 케이블로 연결한 앰프와 스피커에서 나오는 음악을 들으며 나만의 작은 행복을 누리고 있다.

장사동에서 바라본 세운상가. 서울의 오랜 역사를 담고 있는 골목길과 한옥이 구석구석에 남아 있다. 언제 헐리고 재개발될지 알 수 없어 비가 새는 오래된 한옥 지붕 위에 값싸고 편리한 방법으로 양철 슬레이트나 비닐 천막을 이중으로 덧씌운 곳이 많다. 하지만 골목길을 다니다 보면 사이사이로 기와지붕, 서까래와 추녀, 목재 기둥이나 보를 흔히 볼 수 있다.
2010.3.

세운상가에서 서쪽으로 바라본 장사동 전경. 오른쪽 뒤로 고층 건물에 가려진 채 모습을 드러낸 인왕산을 찾을 수 있다. 2021.3.

세운상가에서 동쪽으로 바라본 예지동 전경. 현재 모두 사라지고 재개발이 이루어지고 있다. 멀리 용마산이 보인다. 2021.3.

기억과 흔적을 좇을 수 있는
장소로 남기를

**내사산과
외사산이 보이는
세운상가 주변
산림동**

후지모토 다쿠미藤本巧는 2020년에 〈마이니치신문〉이 주최하는 일본 최고 권위의 도몬켄土門拳 사진상을 수상한 사진가다. 우리나라를 40여 년간 방문하며 일제강점기 소록도병원의 2대 원장이었던 하나이 젠키치花井善吉 원장의 흔적을 기록한 작업으로 상을 받았다. 우연한 기회에 그가 오랜 시간 수십 차례 우리나라를 방문해 남아 있는 일제강점기 일본식 가옥을 기록해 남긴 작품집도 보게 되었다. 열 권만 손으로 제작한 한정판 사진집 자체가 예술품이었다. 운 좋게도 인천 관동갤러리에서 그 작품집을 볼 수 있었는데 감동적이었다.

미술용품상을 하던 그의 부친 후지모토 히토시는 조선의 민예에 관심이 많았다. 후지모토 히토시는 10대 시절 헌책방에서 발견한 야나기 무네요시柳宗悅의 《나의 염원》을 보고 아사카와 다쿠미淺川巧를 알게 되었다. 일제강점기 서울에서 임업시험장 기사로 일하며 조선 공예품에 매료되어 일본에 소개했던 조선 민예연구가 아사카와 다쿠미의 인생관을 접한 후, 아들이 아사카와 다쿠미 같은 삶을 살았으면 하는 마음을 담아 아들 이름을 '다쿠미'로 지었다고 한다. 당시 한국 사람들로부터 존경받았던 아사카와 다쿠미의 묘는 서울 망우리 묘지공원에 있고, 아직도 매년 기일이 되면 산림과학원에서 성묘하러 와 그를 선배로서 추모하고 있다.

후지모토 다쿠미는 1970년 8월 아버지와 함께 처음 한국을 방문한 이후 계속 한국을 기록하기 시작했다. 2011년 4만6000여 점의 사진과 필름, 책자 등을 국립민속박물관에 기증했고, 그 이후의 기록물도 2017년 서울역사박물관에 기증했다. 조금 장황하게 후지모토 다쿠미에 관해 이야기하는 이유는 한국 사람보다도 우리나라 곳곳을 더 잘 알고 있기 때문이다. 청계천과 을지로 사이 후미진 산림동 골목에서 찍은 우리도 잘 모르는 골목길의 모습을 그의 2017년 사진집 《기억 속 바람과 사람記憶の中の風と人》에

서 보았을 때 놀라지 않을 수 없었다. 나도 같은 장소를 수십 번 지나다녔지만 오랜 시간이 지난 후에야 우연히 발견하고 기록했기 때문에 그가 얼마나 우리 골목길을 살살이 다니며 기록했는지를 알 수 있었다.

개인적으로 세운상가는 외할아버지와의 추억이 남아 있는 곳이다. 외할아버지는 중학교 2학년 여름방학 때 나를 데리고 세운상가 주변을 구경시켜 주셨다. 여기에 오면 못 구하는 물건이 없고, 특히 남자라면 무엇이든 손수 만들거나 고칠 수 있어야 한다고 말해 주시며 나에게 당시에는 사치품이라 비쌌던 일본산 니퍼전선이나 철사 절단에 사용하는 공구를 사 주셨다. 그날 이후 어려워서 조금은 서먹서먹했던 외할아버지와 친해지기 시작했다. 내가 매우 흥미 있게 구경하는 모습이 마음에 드셨는지 다음에는 주변 다른 곳을 구경시켜 주겠다고 하셨지만 얼마 후 갑자기 돌아가셔서 한동안 늘 세운상가에 가면 외할아버지 생각이 나곤 했다.

종로3가와 종묘 앞에 사진 필름이나 현상액, 인화지 등을 취급하는 용품점이 몰려 있어 중학교부터 대학교 다닐 때까지 단골 가게를 자주 드나들었다. 중학교 시절부터 용돈이 생기면 라디오를 듣다가 점찍어 두었던 음반, 복사를 거듭해 만든 소위 '빽판'을 구하러 다닐 곳도 세운상가 주변이다. 중간고사나 기말고사가 끝나면 친구들과 어울려 몰려다니면서 (혼자는 감히 용기가 없어 할 수 없었지만) '무리'의 힘을 믿고 '빨간 책'을 구하던 곳도 세운상가 주변이었다.

세운상가 주변 산림동, 입정동, 예지동, 인현동, 장사동 등을 돌아다니다 보면 너무 재미있어 시간 가는 줄 모르고 빠져들어 간다. 지금은 많이 헐리고 사라진 골목에는 구역별로 전기, 전자, 기계, 시계, 공구, 카메라, 오디오, 조명, 인쇄 골목 등이 자리 잡고 있었다. 목형 주물부터 시작해 완제품

일본 최고 권위의 도몬켄 사진상을 수상한 사진가 후지모토 다쿠미는 우리나라를 40여 년간 방문하며 일제강점기 소록도병원의 2대 원장이었던 하나이 젠키치 원장의 흔적을 기록한 작업으로 상을 받았다. 청계천과 을지로 사이 후미진 산림동 골목에서 찍은, 우리도 잘 모르는 골목길의 모습을 그의 2017년 사진집에서 보고 매우 놀랐다. 그의 사진집에도 실린 산림동 일본식 가옥과 골목길. 위 2021.3.

"한국의 산과 민예를 사랑하고 한국인의 마음속에 살다간 일본인 여기 한국의 흙이 되다."
망우리 공원묘지에 있는 아사카와 다쿠미 묘비에 이렇게 적혀 있다. 아래 2015.6.

의도하지는 않았겠지만 산림동 골목에서 만나는 풍경은 모두 시민 예술가의 작품처럼 보인다.
2013. 9.

생산까지, 기획부터 디자인까지, 종이부터 최종 인쇄물까지, 이런 과정이 이루어지는 공업지역이 사대문 안 도심지역에 존재한다는 사실 자체로도 경이롭다. '세운상가에서는 탱크부터 우주선까지 못 만드는 것이 없다'는 말도 있었다. 과거에는 유명 전자회사에서 기획된 시제품이 모두 이곳에서 만들어졌다고 한다. 실제로 '통돌이 세탁기'가 처음 만들어질 때 여기에서 시제품이 제작되었다는 이야기를 관계자에게 직접 들은 적도 있다.

내가 서울을 좋아하고 재미있어 하는 이유 중 하나가 바로 시내 중심가 한가운데 산림동 같은 골목길이 있기 때문이다. 산림동에서는 주물공장은 물론이고 쇠를 자르고 구부리고 용접하는 등 여러 가지 가공을 해 갖가지 것을 만들어 내는 '맥가이버'들을 어디에서나 만날 수 있다. 서울 사대문 안 도심에 철물공구상과 재료상, 철공작소가 집단으로 남아 있는 풍경은 세계 어느 도시에서도 보기 힘든, 살아서 움직이는 매우 독특하고 역동적인 모습이다. 그뿐만이 아니다. 한옥부터 일본식 가옥까지 시대를 아우르는 건물들을 만날 수 있고, 조선시대부터 이어져 오는 다양한 모습의 골목길도 아직 걸어볼 수 있다.

보통 종묘부터 남산 기슭까지 폭 50미터, 길이 약 900미터 규모로 남북으로 길게 이어진 건물군을 보통 '세운상가'라 부른다. 하지만 정확하게는 종로부터 청계천로까지는 세운상가, 청계천로부터 을지로까지는 청계상가와 대림상가, 을지로부터 마른내로까지는 삼풍상가, 마른내로부터 퇴계로까지는 신성상가와 진양상가가 자리 잡고 있다. 상가의 이름은 건물이 준공되던 1968년 당시 시공사의 이름으로 정해졌지만, 현대건설이 시공한 상가는 '세계에 운을 떨치라'라는 의미로 현대상가가 아닌 세운상가로 상가 이름이 정해졌다고 한다. 세운상가는 당시 30대 후반의 건축가 김수근이 설계한 우리나라 최초의 대규모 주상복합건물이자, 종로부터 퇴계로까지 공중보행로로 연결된 매우 선진적인 개념의 건물이었다.

세운상가에서는 고층 건물 사이사이로 동서남북 서울의 내사산인 낙산, 인왕산, 남산, 백악산을 모두 볼 수 있다. 오래전에는 세운상가 주변 모든 골목길 어디에서나 서울의 내사산과 멀리 북한산, 도봉산 등을 볼 수 있었 겠지만, 지금은 주변이 고층 건물군으로 가려져 높이 올라가야만 볼 수 있다. 몇 년 전 세운상가 옥상에 전망대가 생기면서 고층 건물 사이로 서울 내사산의 아름다운 모습을 볼 수 있게 되었다. 다행스럽게도 종묘와 창덕궁, 창경궁 방향으로는 문화재 보호 지역이라 고도 제한이 있어 전망대에서 보면 시야를 가리는 건물 없이 장관인 주변 풍광이 한눈에 들어온다. 특히 북쪽 종묘 쪽으로 바라보면 백악산, 멀리는 북한산과 도봉산이 한눈에 들어와 고층빌딩으로 들어찬 서울의 모습과는 전혀 다른 풍경을 경험할 수 있다. 언젠가 이곳에서 찍은 사진을 본 지인이 합성사진이라고 우길 정도로 아름다운 모습이다.

거의 1킬로미터에 이르는 세운상가 건물군이 짧은 기간에 건설될 수 있었던 이유는 2차 세계대전 말기에 이 지역이 소개공지대疏開空地帶로 지정되었기 때문이다. 도시에서 불이 났을 때 불이 주변으로 번지는 것을 막기 위해 만든 비어 있는 대규모 선형 공간이 소개공지대다. 1945년 이 일대가 소개공지대로 지정되고 1차 철거를 하고 난 후 일제가 패망하면서 공터로 남겨진 공간에 무허가 건물들이 난립하게 된다. 해방 후 외국에서 이주하는 사람들, 한국전쟁 중에는 북에서 내려온 피난민들, 일자리를 찾아 지방에서 서울로 올라오는 사람들이 모여들어 대규모 판자촌이 형성되었다. 서울시에서 한국전쟁 후 도시계획도로를 건설하는 복구·정비계획을 세웠지만,

산림동에서는 주물공장은 물론이고 쇠를 자르고 구부리고 용접하는 등 여러 가지 가공을 해 갖가지 것을 만들어 내는 '맥가이버'들을 어디에서나 만날 수 있다. 서울 사대문 안 도심에 철물공구상과 재료상, 철공작소가 집단으로 남아 있는 풍경은 세계 어느 도시에서도 보기 힘든, 살아서 움직이는 매우 독특하고 역동적인 모습이다. 위 좌 2015.1. 위 가운데 2013.3. 위 우 2015.11. 아래 좌 2013.2. 아래 가운데 우 2014.10.

1967년 우리나라 최초의 대규모 주상복합 단지로 조성된 세운상가에서 바라본 도심 일대의 모습으로, 멀리 인왕산과 백악산이 보인다. 저층부는 상가, 고층부는 아파트로 계획되었다. 오른쪽의 아파트는 공원이 조성되면서 헐렸다. 현대건설에서 지었기 때문에 원래 이름은 '현대상가'였지만, 당시 김현옥 시장이 '세계의 운을 떨치라'는 의미의 '세운상가'로 바꾸었다. 2008.11.

당시 30대 중반이었던 건축가 김수근의 설계로 1967년 준공된 세운상가 중정. 2015.1.

세운대림상가 모자이크. 건축가 김수근은 단조로운 노출콘크리트 외벽에 항아리 등과 함께 테라코타를 이용한 모자이크 장식을 즐겨 했다. 2013.1.

세운상가에서 종묘 쪽을 바라보면 백악산, 멀리는 북한산과 도봉산이 한눈에 들어와 고층빌딩으로 가득한 서울의 모습과는 전혀 다른 풍경을 만날 수 있다. 언젠가 이곳에서 찍은 사진을 본 지인이 합성사진이라고 우길 정도로 아름다운 모습이다. 2018.10.

행정력 부재와 예산 부족 문제로 실현되지 못했다. 무허가 건축물은 계속 늘어나고 주변에 대규모 사창가도 형성되면서 지역 전체가 슬럼화되었다. 1961년 5·16쿠데타로 정권을 잡은 박정희 전 대통령이 이 지역 재개발 계획을 세웠고, 김현옥 전 서울시장을 앞세워 신속하고도 과감하게 이 지역을 개발했다. 어느 날 김현옥 전 시장이 '종삼'으로 부르는 이 지역을 답사하며 지나가는데 사창가에서 일하는 여성이 갑자기 나타나 쉬고 가라면서 손목을 잡아끄는 일이 벌어졌다. 이에 시장이 매우 화를 냈기 때문에 더욱 신속하게 유곽이 철거되고 재개발이 이루어졌다는 이야기도 전해진다. '나비작전'으로 불렸던 이 작업이 이루어지자 판잣집 같은 무허가 건물이 주를 이루던 사창가는 순식간에 철거되었고 거주민도 쫓겨났다. 이때 내몰린 사람들이 여러 곳으로 흩어졌는데, 일부는 '청량리588'로 갔지만 대부분 미아리고개를 넘어 길음동에 다시 모여 미아리 텍사스 집창촌을 형성하게 된다.

1966년 43세의 나이에 최연소로 서울시장이 된 김현옥은 모든 일을 과격하다 싶을 정도로 밀어붙여 일명 '불도저' 시장으로 불렸다. 서울의 도시공간을 설명하기 위해 반드시 첫 번째로 거론되어야 할 인물이다. 1960~70년대 청계천 삼일고가, 시민아파트, 수많은 육교와 고가도로를 만든 주인공도 바로 김현옥 시장이다. 현재 그가 개발시대에 거칠기 그지없이 밀어붙여 만든 거의 모든 시설은 헐리고 사라졌다.

월남전 참전 후 귀국하는 군인들이 PX에 들어오는 면세 외국 전자제품들을 가져와 세운상가 상인들에게 팔고, 다시 수요자에게 이 제품을 재판매하면서 세운상가는 최고의 호황기를 누렸다. 당시는 지금처럼 외국제품 수입이 자유롭지 못하고 통제되던 시기라 국내에서 생산하지 못하던 카메라나 음향기기 등 외국산 전자제품은 세운상가 말고는 구할 곳이 없었다. 강남이 개발되고 명동에 백화점이 들어서면서 상권이 그곳으로 움직이고, 용산 청과물 시장 부지에 대규모 전자상가를 조성하면서 세운상가는 쇠락의 길로 들어섰다.

2005년 삼일고가도로가 철거되고 청계천 복원공사가 시작되면서 (공식적으로는 복원이지만 새로 만들었다는 표현이 더 정확하다) 도심 공간이 재편되자 세운상가는 새로운 운명을 맞이했다. 세운상가가 들어서면서 비슷한 시기에 청계천 복개가 완료되어 동반 효과로 주변이 호황을 누렸다면, 반대로 세운상가가 헐리고 청계천이 복원되자 오히려 불황기에 접어들었다는 사실이 아이러니하다. 이때 종로부터 퇴계로까지 이어지던 공중보행로의 연결도 끊어졌고, 녹지축을 만들기 위해 종로 세운상가 아파트도 헐렸다.
그러나 아직까지도 여러 가지 사정으로 녹지축은 이어지지 못하고 주변이 헐리면서 재개발이 계속되고 있다. 청계천 복원 당시 끊어진 보행로는 박원순 전 서울시장이 5년에 걸쳐 다시 연결했지만, 오세훈 시장으로 바뀌면서 2년여 만에 이용도가 너무 낮다고 다시 철거를 논의하고 있다. 시장이 바뀔 때마다 정책과 개발 방향이 바뀌면서 애꿎은 세금만 낭비되고 시민이나 주변 상인에게는 불편 이상의 피해를 주고 있다.
2021년 서울특별시 의회에서 오세훈 시장은 이렇게 말했다. "세운상가 위에 올라가서 종로2가부터 동대문까지, 종로-청계천-을지로의 모습을 보면서 분노의 눈물을 흘렸습니다. 정말 참혹합니다." 수년간 새로운 모습으로 개발되기만을 기다린 사람의 눈으로 보면 많은 활동이 정지된 것 같은 도시생태계의 모습이 그렇게 보일 수도 있다. 누구에게는 꼭 보존하고 싶은 '취향 저격'의 현장이지만, 또 다른 누군가에게는 분노의 눈물까지 흘려야 할 만큼 참혹해 부수고 없애 버리고 싶은 모습일 수 있다.

하지만 그 안에서 이루어지는 삶의 현장을 들여다보면 꼭 그렇다고는 할 수 없다. 누구에게나 화려해 보이는 모습 뒤에는 추한 모습도 있다. 반대로 추하게 보이지만 행복하고 편안한 삶이 가려져 있을 수도 있다. 재개발·재건축의 가장 큰 딜레마는 추하게 보일 수 있는 외형은 바꿀 수 있을지는 몰라도, 안에 사는 사람 대부분의 삶을 편안하고 행복하게 바꾸어 주기는커녕 유지해 주지도 못한다는 데 있다. 새로 지어진 집은 단열이 잘되어 따스하고 화장실도 깨끗하다. 하지만 재개발·재건축으로 좋아진 물리적 조건이 평생 터 잡고 살아온 삶터에 새겨진 기억과 흔적까지 지켜 주지는 않는다.

오래된 건물을 유지하면서 아주 조금 흉내만 내고 어마어마한 생색을 내는 경우도 많다. 서울 북촌 한옥마을이나 전주 한옥마을은 점점 사라져 가는 전통이 살아 있는 멋진 주거단지를 생각하며 시작되었다. 하지만 유명 관광지로 변해 버린 한옥마을은 이제는 더 이상 주거지가 아니다. 서울이나 몇몇 지자체에서 꾸준히 한옥마을을 기획하고 추진하고 있다. 그러나 품위 있고 고즈넉한 주거지보다는 지역 활성화를 명분으로 사람들이 많이 찾을 수 있는 관광지 동네를 만들어 가고 있다.

한편 이런 생각도 든다. 왜 한옥은 유명 관광지가 되어 가는데 청계천 골목길은 없어져야 하는가? 한옥이든 골목길이든 오랜 기간 도시에 존재하는 공간은 나름대로 이유가 있다. 삶의 흔적은 단순하게 지운다고 없어지지 않는다. 관광지만 남게 되는 도시는 어찌 보면 '장소의 영혼genius loci'이 없는 죽은 도시다. 다양한 욕구와 이해관계가 얽힌 역사적인 경관이 오래되었다는 이유 하나만으로 모두 보존되어야 할 필요는 없다. 하지만 역사적으로 가치가 있는 오래된 흔적을 보존하고 지키려는 노력은 여러 가지 타당한 이유와 당위성이 분명히 있다. 사라져 가는 한옥의 보존뿐만 아니라 철거되는 골목길도 더는 없어지기 전에 남겨야 한다. 관광지가 아닌 삶의 기억과 흔적을 좇을 수 있는 장소로.

'을지로체'로 유명해진 한글 간판 글씨. 자전거에 재료를 싣고 세운상가 주변 을지로 일대를 다니면서 즉석에서 작업한 한 분의 솜씨로 알려져 있다. 2016.5.

예지동 전자상가 골목에 가면 화려한 조명 때문인지 계절에 상관없이 언제나 크리스마스 기분을 느낄 수 있었다. 2021.4.

세운상가 주변은 철 제작 관련 시설 밀집 지역이라는 선입관 때문에 거칠고 황량한 풍경일 것 같지만, 좁은 골목길을 돌아다니다 보면 곳곳에서 작은 화분 하나부터 포도나무 터널까지 다양한 식물이 있는 풍경을 발견할 수 있다. 2016.9.

인현동에서 바라본 세운상가 전경. 보통 종묘부터 남산 기슭까지 폭 50미터, 길이 약 900미터 규모로 남북으로 길게 이어진 건물군을 보통 세운상가라 부른다. 하지만 정확하게는 종로부터 청계천로까지는 세운상가, 청계천로부터 을지로까지는 청계상가와 대림상가, 을지로부터 마른내로까지는 삼풍상가, 마른내로부터 퇴계로까지는 신성상가와 진양상가가 자리 잡고 있다. 세운상가에서는 고층 건물 사이사이로 서울의 산 풍경을 두루 볼 수 있다. 2013.10.

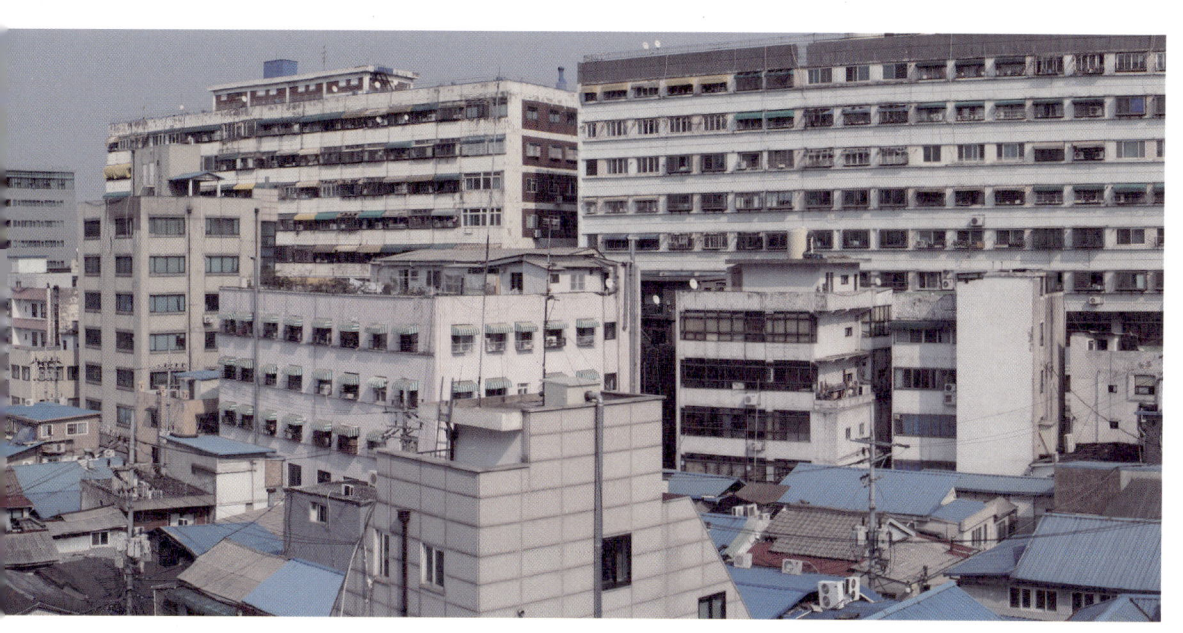

21세기 골목길
'그랜드 투어'의 성지

**이방인 마을
용산구 해방촌**

● 보통 유럽 가톨릭 교회에서 돔을 중심으로 하는 한 교구의 모든 건축 관련 일을 책임지는 장인 건축가를 의미하며, 도제식 건축교육으로 유명하다. 중세부터 유럽의 도시는 교회를 중심으로 공간이 형성되고, 그에 따라 도시의 모든 구조가 결정되었기 때문에 매우 책임 있는 자리였고 중요한 역할이었다. 한 교구의 중심이 되는 주교가 속해 있는 주교좌성당이나 대성당을 '돔'으로 구별해 부른다.

1980년대 중반에 우연히 강의를 듣고 반해 가장 존경하는 건축가가 된 분이 있다. 바로 하인츠 비네펠트Heinz Binefeld라는 그리 잘 알려지지 않은 독일 건축가다. 사족이지만 보통 드센 느낌을 주는 큰 골격의 거구인 게르만족 독일 사람과는 다르게 작고 온화하며 부드러운 인상을 주는 할아버지 같은 모습에도 끌렸다. 1926년에 태어나 1995년에 돌아가셨으니 내가 처음 만났을 때 이미 예순이 된 할아버지였다(지금 예순은 전혀 할아버지가 아니지만). 강의를 듣고 매료되어 당시 우리나라 건축 잡지에 이분을 소개하기도 했다. 강의를 들은 지 얼마 되지 않아 독일 프랑크푸르트 건축박물관Deutsches Architektur Museum에서 회고전이 열려 이 건축가를 더 자세히 알게 되었고, 나의 '최애' 건축가가 되었다.

하인츠 비네펠트는 아헨대성당의 마지막 돔바우 마이스터Dombau Meister●인 도미니쿠스 뵘Dominikus Böhm의 마지막 수제자 세 명 중 한 사람이다. 그는 정규 대학의 건축교육이 아니라 독일의 유명한 도제식 교육을 받고 건축가가 되었다. 한 사람은 아헨과 쾰른을 중심으로 활동한, 1986년 독일 최초로 건축계의 노벨상이라 불리는 프리츠커상을 받은 도미니쿠스 뵘의 아들 고트프리트 뵘Gottfried Böhm이고, 또 다른 제자는 평생 독일 남부 아이히슈태트Eichstätt 교구의 건축책임자로 활동한 카를요제프 샤트너Karljosef Schattner다. 이분은 직위는 없어졌지만 실제로는 그 역할을 수행한 독일 마지막 돔바우 마이스터다. 특강을 할 때 강의실 벽면에 그가 직접 연필, 목탄, 색연필 등으로 그린 1:1 실물 크기의 단면 상세도면이 몇 장 걸려 있었다. 얼마나 꼼꼼하게 작은 디테일까지 완벽하게 챙겼는지 놀라움 그 자체였다.

더욱 놀라운 것은 그의 작업 대부분이 새로 짓는 건물이 아니고 재생 건축이라는 점이었다. 재료도 대부분 독일 북부지방 건축에서 흔하게 사용하는 붉은 벽돌이었다. 새로 짓는 건물이라도 주변과 같은 재료를 사용하니 유난히 '새것'처럼 보이지 않았고, 이미 오래전부터 그 자리에 자리 잡은 듯 편안한 건물들이었다. 그 당시 유럽에서도 재생건축은 그리 흔하지 않았던 터라 나에게는 충격적인 새로운 경험이었다. 강의 중 접하게 된 그의 작업 중 하나가 2차 세계대전 때 공습으로 파괴되고 겨우 제단 부분만 남아 있던 폐허의 성당 Die Pfarrkirche St. Willibrord을 새로 짓는 일이었다. 원래 돌로 지은 로마네스크양식 교회를 붉은 벽돌로 새로 짓는 프로젝트였는데, 남아 있는 제단 부분을 가능하면 원래 모습으로 되살리기 위해 똑같은 재료를 찾느라 오랜 시간이 걸렸다고 한다. 새로 지은 건물인데도 전혀 새로운 느낌이 아니었다. 시간과 정성이 만들어 낸 역작이었다.

가장 인상적이었던 작업은 옛 건물을 주택으로 개조하는 공사였다. 강의 때 벽에 걸린 상세도면이 바로 그 작업이었다. 이 건물에도 옛날에 사용했던 재료를 찾아 같은 공법을 적용했다. 공산품이 아닌 대장간에서 만든 문고리와 열쇠를 찾기 위해 엄청난 노력과 시간이 필요했다고 한다. 건물 모서리에 들어가는 특별한 모양의 붉은 벽돌은 찾을 수가 없어 새로 만들어야 했는데, 성형한 벽돌이 건조되고 가마에서 구워질 때 수축률 차이 때문에 벽돌 크기가 제각각 달라져 사용할 양보다 몇 배를 더 만들어야만 했다. 가성비 측면에서 보면 전혀 경제적이지 않을 뿐만 아니라 합리적이지도 못한 방법 같지만, 굳이 옛것을 새로 살려 다시 그만큼 오래 사용하려면 당연히 그 정도의 노력과 수고, 그보다 더 많은 정성은 당연히 필요하다는 데 공감했다. 설계는 물론 가장 기본적인 재료나 도구의 사용법까지도 익혀야 하는 시공기술에 대한 철저한 이해와 도제식 실습 교육이 바로 이러한 작업을 가능하게 했다. 특히 오래된 건물을 부수지 않고 개조할 때는 이런 기초가 튼튼한 교육일수록 더욱 빛을 발한다. 오래된 시간과 거기

깃든 정성은 물론, 벽돌 한 장이라는 흔한 재료도 귀히 여기는 이분 덕분에 이후 재생에 누구보다도 큰 관심을 가지게 되었다. 빈번하게 일어나는 재생 붐을 지켜볼 때마다 이 건축가 생각이 많이 난다.

해방촌은 단어 그대로 1945년 8·15해방 후 해외 동포, 이북에서 내려온 월남민, 지방에서 일을 찾아 올라온 사람들이 집단 거주하면서 만들어진 마을이다. 디아스포라 이방인의 마을인 셈이다. 한국전쟁 당시 피난민도 내려와 정착하면서 처음에는 해방 후 생긴 동네라고 해방동이라 했으나 일반적으로는 해방촌으로 부르고 있다. 마을의 중심인 해방촌 오거리에 있는 신흥시장은 지금은 말끔하게 재생되어 많은 사람이 즐겨 찾는 해방촌 최고의 '핫플'이 되었다.

10여 년 전 처음 방문했을 때는 이제는 살 수도 없고 보기도 힘든 '알전구'(노란색 백열등) 한두 개 말고는 조명도 없어 어두컴컴했고, 빈 가게도 많아 썰렁한 정도가 아니라 정말 귀신이 나올 것 같은 분위기였다. 나름 유명한 동네 사람들이 즐겨 찾는 식당과 오래된 몇몇 가게가 문을 열고 영업하고 있었지만, 불마저 꺼져 있으니 누구도 오고 싶지 않은 분위기였다. 당연히 찾는 사람도 보이지 않았다. 비어 있는 커다란 좌판이 그나마 여기가 시장이었음을 알려 주고 있었다. 마을버스도 힘들게 오르내리는 급경사 길 양편으로 3~4층 규모의 붉은 벽돌 건물이 줄지어 서 있고, 처음 가는 사람은 입구도 찾기 어려운 길가에서 작은 골목길을 통해 안으로 들어가야 시장을 만날 수 있다. 큰길은 남산에서 내려오는 물길이었다고 한다.

해방 후 사람들이 모이면서 마을이 형성되고 판자촌 노천 시장도 생겼다. 1960년대 토지정리사업으로 판자촌이 헐리고 그 자리에 하나둘 건물이 들어서면서 지금의 모습을 갖추었다. 1980년대 말까지는 건물에 있는 점마을의 중심 해방촌 오거리에 있는 신흥시장은 지금은 말끔하게 재생되어 많은 사람이 즐겨 찾는 해방촌 최고의 '핫플'이 되었다. 10여 년 전 처음 방문했을 때는 지금은 보기 힘든 노란색 백열등 한두 개 말고는 조명도 없어 어두컴컴했고, 빈 가게도 많아 썰렁한 분위기였다. 1980년대 말까지는 건물에 있는 점포뿐만 아니라 좌판 노점상으로 가득해 사람이 몰리는 시간에는 발 들여 놓을 틈도 없을 만큼 번성했다고 한다. 2016.5.

● 글자 그대로 복과 덕이 있는 방이라는 재미있는 뜻을 가진, 흔히 부동산이라 부르는 공인중개사사무소의 옛 이름이다. 부동산 관련 일뿐만 아니라 동네 사랑방 역할을 맡아 했던 곳으로, 주민간 소통이 이루어지던 곳이다. 강남이 개발되면서 투기 바람이 일어나 말썽도 많이 생기고 부정적으로 인식되어 1983년 공인중개사제도가 도입되면서 사라진 낭만적인 명칭이다.

포뿐만 아니라 좌판 노점상으로 가득해 사람이 몰리는 시간에는 발 들여놓을 틈도 없을 만큼 번성했다고 한다. 주변에 많았던 노동집약적인 공장, 특히 편물 등 봉제 공장이 자동화되면서 자연스럽게 사람도 빠져나가 몰락하기 시작했다.

재래시장은 가로를 따라 형성되면서 선형으로 나타나는 것이 일반적인데, 신흥시장의 공간구조는 특이하다. 전형적인 가로시장과 골목시장이 같이 어우러져 있다. 가로시장은 전파사, 철물점, 세탁소, 이발소, 미용실, 복덕방福德房● 등 근린생활시설이, 좌판 등 전형적인 재래시장은 골목시장에 있다. 원래 땅따먹기 식으로 먼저 온 사람이 대충 큰 길가에 자리 잡고, 남은 땅에 새로 들어오는 사람이 자리 잡으면서 자연스럽게 골목길도 만들어지고 동네도 만들어지는 판자촌 흔적이 시장에도 그대로 남아 있는 재미난 모습이다.

1968년 시장 현대화 사업을 할 때 기본적인 공간의 골격은 유지하면서 길가에 1층은 상가, 2~3층은 주거용 공간으로 구성된 주상복합 건물이 들어섰다. 그리고 계속해서 증축·확장되며 선형이 아닌 환상형 공간의 골목시장이 만들어졌다. 가운데 건물을 중심으로 주변 길을 따라 마치 섬을 에워싸듯이 건물이 자리 잡고 있다. 그 사이로 작은 골목도 있고 막힌 데 없이 빙 둘러 돌아다닐 수 있어 장 보는 동선도 기능적이고 편하다. 처음 오는 사람은 밖에서 시장이 보이지 않아 입구를 찾기가 쉽지 않지만, 익숙한 사람은 사방 곳곳에서 들어오고 나가는 미로 같은 출입구를 바로 찾는다. 옛 사진을 보면 건물들이 길을 따라 가지런하지 않고 들쑥날쑥 들어선 모습이 보인다. 무허가 판잣집에서 자기 소유의 땅에 제대로 새 집을 지으면서 조금이라도 더 많은 공간 확보를 위해 심한 눈치싸움을 한 흔적이라 할 수 있다.

후암동 버스 종점 삼거리에서 해방촌 오거리로 오르는 경사가 심한 꾸불꾸불한 길 양편으로 붉은 벽돌 건물이 성채처럼 들어서 있다. 이 길은 원래 남산에서 내려오던 물길이다. 2016.5.

몇 년 후 다시 부근을 답사하다 궁금증이 일어 다시 시장을 방문했다. 들어서는 순간 뭔가 다른 분위기가 느껴졌다. 골목을 돌다 보니 유난히 밝은 불빛이 발길을 끌었다. 새로 생긴 카페였다. 카페에 들어서니 옛 건물의 거친 골조 모습이 그대로 장식처럼 드러나 있고, 벽에는 나무에 매달린 큰 오랑우탄 장식이 있었다. 음료를 주문하고 기다리려는데 위에 올라가 자리를 잡으면 가져다준다고 했다. 난간도 없는 계단이 가파르고 좁기까지 해 올라가기가 만만치 않았다. 음료를 들고 가다 조금만 부주의하면 그대로 쏟을 것만 같았다. 음료를 가져다주는 이유가 있었던 것이다. 재주 부리는 오랑우탄이나 재미있게 오를 만한 험한 계단 때문에 주인이 익살스럽게 큰 오랑우탄 네온사인 장식을 건 것이 아닐까 생각했다. 시간의 흔적이 주는 편안함도 좋지만, 이렇게 불편함과 위험까지도 즐길 수 있다는 것이 재생공간의 또 다른 묘미인 것 같다. 이 카페가 들어선 이후 시장이 계속 조금씩 변해 갔고, 갈 때마다 찾는 사람이 계속 많아지고 있었다.

신흥시장 리노베이션은 필요성과 마침 유행하는 레트로 열풍이 적절한 시기에 맞아떨어지기도 했고, 해방촌에 관심을 가지고 아끼는 사람들이 자발적으로 나서면서 만들어 낸 결과다. 그래도 카페가 변화의 출발점이 되었다고 말할 수 있다. 소유주와 어떤 문제가 있는지 속사정은 잘 모르지만 한꺼번에 달라지지 않고 신흥시장 환경개선사업에 따라 비교적 긴 시간을 두고 변해 가는 모습을 볼 수 있었다. 나는 재생공간은 시간이 완성해 가는 과정을 볼 수 있어야 한다고 생각하는 사람이라 그런 측면에서는 보기 좋았다.

거의 폐허 같은 상태에서 독특한 구름 형태 아트리움까지 갖추면서 유행이나 시간의 변화에 따라 바뀐 공간의 형태나 모습은 보는 사람의 취향에 따라 호불호가 갈릴 수 있다. 현재는 원래 건물의 용도와 상관없이 모두 음식점이나 카페로 너무 완벽하게 변해 옛 재래시장의 독특한 분위기나 느낌이 사라져 아쉽다. 변하는 모습을 보면서 옛 재래시장의 공간을 조금 더 살렸으면 하는 아쉬움이 생겨 내가 가장 사랑하는 건축가 하인츠 비네펠트가 계속 머리에 맴돌았다. 클라우드라는 이름으로 리노베이션된 신흥시장은 2024년 서울시 건축상 대상을 수상했다. 시장 내부의 큰 변화와는 달리 큰 길가를 따라 보이는 터줏대감 같은 30~40년 오래된 가게들은 여전히 단골 가게 옛 모습 그대로라 신흥시장 번성기의 모습을 보는 듯하다.

용산2가동이라고 하면 '거기가 어디지?' 하는 사람도 해방촌이라고 하면 '아, 거기!' 하면서 고개를 끄덕일 사람이 꽤 많을 것이다. 법정동도 아니고 행정동도 아니지만 매우 익숙한 동네 이름이다. 현재 해방촌은 남산 기슭 서쪽 후암동 일부분과 용산2가동을 아울러서 부르는 큰 동네다. 후암동 202번 버스 종점에서 용산 마을버스 02번이 다니는 해방촌 오거리를 지나 녹사평대로 경리단 입구 주변까지 모두 포함된다고 할 수 있다. 그러나 후암동과 해방촌은 역사적으로는 전혀 다른 맥락에서 만들어진 동네다. 후암동은 조선시대부터 존재하며 일제강점기에 번성했던 마을이고, 해방촌은 1945년 해방 이후 만들어진 마을이다. 남쪽은 용산 미군기지, 동쪽은 남산으로 막혀 있고 군 주둔지라는 특수한 사정 때문에 도심과 가까운 좋은 환경에도 불구하고 정체된 지역이었다. 미군기지가 평택으로 이전하고 공원 예정지가 되면서 조금씩 변화의 바람이 불고 있지만, 남산 조망권 확보 등 여러 가지 개발 규제가 많은 지역이라 여전히 옛 모습이 많이 남아 있다.

이곳은 처음부터 계획적으로 길이 만들어지고 택지 개발이 되면서 주민이 정착한 마을이 아니라 무작정 몰려든 피난민이나 이주민 때문에 자생적으로 만들어진 마을이다. 예측할 수 없는 다양한 골목길과 서울에서는 '큰 산'인 남산 자락에 있어 가파른 계단이 복잡하면서도 나름 질서를 가지고 있는 모습을 만날 수 있다. 산동네 골목길과 계단은 평지와는 전혀 다른 구조라 항공사진이나 수치지도를 보면서 입체적으로 공간을 파악하기가 쉽지 않다. 왜 이렇게 휘어지는 길이 많은지, 끊어질 듯하면서도 이어지고, 갑자기 막다른 골목으로 끝나는지, 그 이유를 알 수가 없다. 현장을 보지 않고는 동네 공간구조를 설명하기도 어렵고, 온전히 이해할 수도 없다.

2006년 아현동 재개발 직전 이루어진 '아현도큐먼트' 기록 작업 이후 언론에서도 관심을 많이 갖게 되어, 전시회 직후 한 방송사에서 프로그램을 기획하면서 아현동 말고 다른 비슷한 동네를 소개해 달라는 연락이 왔다. 해방촌을 소개하기로 하고 같이 걸으며 설명도 하고 인터뷰도 했다. 개인적으로 후암동에서 가장 드라마틱한 계단과 골목길이라고 생각하는 두텁바위로40길로 갔다. 후암동은 '후암厚岩'이라는 한자 뜻 그대로 마을에 있었던 두텁바위라 불리는 둥글고 큰 바위에서 이름이 유래한다.
'진짜' 골목길을 보여 주고 소개하고 싶은 마음에 편안한 골목길보다 좁고 가파른 골목길을 골라 함께 걸으며 목적지에 도달했다. 다행히 다들 힘들어하면서도 재미있어 했다. 산동네라고 다 같은 산동네가 아니다, 서울 최고의 산이라 할 만한 남산 자락에 있어 역시 격이 다르다는 농담까지 하면서. 골목길과 계단을 오르며 드러난 큰 바위를 볼 때마다 혹시 그 두텁바위가 아닐까 하는 상상을 가끔 해 보곤 한다. 오를 수 있는 데까지 올라 만난 골목길 정상이라 거침없이 확 트인 풍경이 서울 파노라마를 즐길 수 있는 최고 전망대 중 하나라고 소개할 만한 장소였다. 서울역 부근 동자동이 개발되면서 고층 건물이 많이 들어섰기 때문에 스카이라인이 바뀌어서 건물 사이사이로 보이는 산 풍경밖에 볼 수 없어 아쉽기는 했지만. 주민 인터뷰도 하고, 집 내부도 구경하면서 대충 촬영을 끝내고 홀가분한 마음으로 옥상에 올라 전망을 즐기면서 잠시 쉬고 있었다. 일행 중 한 분이 "여기는 손댈 것 없이 그냥 스카이라운지네요" 하면서 힘들게 카페를 할 필요도 없고 입장료 받고 구경만 하게 해도 돈이 되겠다고 했다. 그분이 당장 사표 쓰고 여기로 이사 와야겠다고 농담 아닌 농담을 했을 정도로 전망이 좋은 곳이다. 아니나 다를까, 몇 년 지나자 진짜 골목길의 건물 대부분이 전망 좋은 카페로 변했다.

그랜드투어는 18세기 말부터 영국을 중심으로 유럽에서 유행하던 일종의 수학여행으로 평균 2년, 길게는 3~4년씩 계속되는 당시 상류층 자제들이 엘리트가 되기 위한 필수 과정이었다. 여행의 주 목적지는 프랑스와 독일, 그리고 이탈리아였다. 한 도시에 몇 달씩 머무르며 언어나 귀족들의 세련된 매너를 배우기도 했고, 오페라나 미술작품 감상 등 각종 체험을 하며 귀족이나 문화예술인, 학자 등과 교류하는 등 새로운 세계를 경험하고 지식과 교양을 넓혀 나갔다. 여행을 마치고 돌아온 그들이 최고의 지식인이나 예술가로 자리 잡고 활동하면서 근대 유럽이 시작되었다고 할 수 있다. 애덤 스미스는 동행 교사로 그랜드투어에 참여한 후에 《국부론》을 썼고, 괴테는 그랜드투어를 한 후 유명한 《이탈리아 기행》을 남겼다. 철도가 설치되고 증기선이 나오면서 부유층과 특수층의 여행이 일반화되면서 그랜드투어는 일반 대중에게도 확장되었다. 코로나19로 해외여행이 중지되기 전까지 젊은이들에게 마치 통과의례처럼 유행하던 배낭여행도 현대판 그랜드투어라 할 수 있다. 배낭여행지로 선호하고 찾아가던 도시도 그랜드투어로 방문하던 도시나 유적지와 전혀 다르지 않다. 많은 수업료를 지불해

오를 수 있는 곳까지 올라가서 만날 수 있는 남산 자락 골목길 정상은 거침없이 확 트인 서울 파노라마를 즐길 수 있는 최고 전망대 중 하나다. 서울역 부근 동자동이 개발되면서 들어선 고층 건물들 때문에 스카이라인이 바뀌어 뒤로 보이던 서울의 산 풍경이 점점 사라지고 있다.

동네 사람들이 흔히 '세말교'라고 부르는 골짜기 부근에는 지금은 많이 사라졌지만 얼마 전까지도 일본식 주택 등 거의 100여 년 전 풍경이 남아 있었다. 후암동 일대가 일제강점기 주택지였던 흔적은 골목길 여기저기서 나타난다. 2017.7.

개인적으로 두텁바위로40길은 후암동에서 가장 드라마틱한 계단·골목길이라 생각한다. '산동네라고 다 같은 산동네가 아니다, 서울 최고의 산이라 할 만한 남산 자락에 있어 역시 격이 다르다'는 농담이 나올 정도다. 2007.4.

땅따먹기 식으로 먼저 온 사람이 대충 큰 길가에 자리 잡고, 남은 땅에 새로 들어오는 사람이 자리 잡으면서 자연스럽게 동네가 만들어진 흔적이 그대로 살아 있는 재미있는 골목길이다.
2015.11.

몇 년 전 방송에 후암동 골목길을 소개할 기회가 있었다. 촬영팀 중 한 분이 "여기는 손댈 것 없이 그냥 스카이라운지네요" 하면서 힘들게 카페를 할 필요도 없고 그냥 입장료 받고 구경하게만 해도 돈이 되겠다며 웃었다. 아니나 다를까, 몇 년이 지나자 골목길의 건물 대부분이 전망 좋은 카페로 변했다. 변하기 전후 풍경. 위 2021.3. 아래 2008.9.

야만 했던 동행 교사 대신 손쉽고 편하게 찾아볼 수 있는 각종 온라인 자료가 훌륭한 안내자가 되었다는 점이 다를까.

그 옛날 유럽 사람들이 그랜드투어를 하며 새로운 세계를 경험했다면 골목길 답사는 21세기의 그랜드투어가 될 수 있다고 생각한다. 골목길에는 남아 있는 공간의 과거만 볼 수 있는 것이 아니고, 새로운 공간 활용을 상상하며 지역의 미래까지 볼 수 있다. 현재 도시와 지방을 불문하고 모든 유행과 지역의 활성화는 대로가 아닌 골목길에서 시작되고 있다. 그것도 누구도 관심을 보이지 않아 쇠락하다 못해 버려졌던 후미진 도시의 변두리 골목길에서. 그중 하나가 해방촌 골목길이다. 해방촌은 서울 사람은 물론 우리나라를 방문하는 거의 모든 외국인 관광객이 방문하는 이태원과 연결되어 새로운 문화적 명소로 떠오른 장소다. 해방촌은 지금 모든 고정관념과 상식에서 벗어난 다양한 공간과 새로운 개념의 카페, 음식점, 게스트하우스, 공방, 서점 등이 자리하고 있어 성별과 나이 구별 없이 누릴 수 있는 21세기 골목길 그랜드투어의 성지가 되고 있다.

해방촌을 이야기할 때면 선천군민회와 108계단이 빠지지 않고 등장한다. 많은 피난민 중에서도 평안북도 선천군에서 내려온 사람이 유난히 많았는지, 선천군민 집단주거지가 현재도 폐허 상태로 일부 남아 있다. 선천군민 집단주거지와 관련해서는 피난 내려온 선천군수가 이승만 대통령과 특별한 사이라 특혜를 주었다는 확인되지 않는 소문도 있다. 현재 108계단은 없어졌고 주민들의 이동 편의를 위해 경사형 엘리베이터가 설치되었다.

어떤 이유로 108계단으로 부르는지, 정말 계단이 108개인지는 나도 세어보지 않아 알 수는 없다. 108계단은 일제 말기 전몰군인을 추모하기 위해 지은 경성호국신사에 오르기 위한 진입로였다. 서울에 비슷한 풍경이 남아 있는데, 남산 서울 과학전시관 남산 분관(옛 어린이회관)으로 올라가기 위한 계단도 당시 조선신궁(남산신사)으로 올라가던 길이었다. 아마도 뭔가 엄숙한 분위기를 억지로라도 만들어야 했기 때문에 입구에서부터 이런 엄청난 계단길을 만들어 방문객을 압도했으리라 추측된다. 신사에는 만주전쟁과 태평양전쟁에서 사망한 일본군뿐만 아니라, 강제로 전쟁에 끌려가 사망한 우리나라 군인도 합장할 예정이었다. 1943년 신사가 완성되었지만 2년 후 일본이 패망하면서 죽은 자들은 모셔 보지도 못했다. 현재는 신사의 일부로 추정되는 옹벽만 일부 남아 있고 신사도 계단도 사라졌다.

해방촌과 담 하나를 경계로 자리한 용산 미군기지에는 해방 전까지 일본군 사령부가 주둔하고 있었기 때문에, 후암동은 일본군 관련 주거지가 형성되어 있었다. 현재도 구석구석에 당시 일본식 건물이 남아 있다. 그중 비교적 규모가 큰 일본식 주택이 한때 안중근에게 저격당해 사망한 이토 히로부미 애첩의 별장이라고 알려지기도 했으나, 사실이 아니라고 밝혀졌다. 오랜 기간 일본군, 미군, 그리고 임오군란 때는 중국군까지 주둔한 군사지역이라는 선입견 때문인지 용산 하면 서울 속의 이방인 지역으로 느껴진다. 일본식 주택, 개량 한옥, 빌라, 아파트까지 남산을 배경으로 100여 년의 흔적이 고스란히 남아 있는 모습도 다른 데서는 익숙한 서울의 풍경일 텐데 여기서는 왠지 매우 생소하다. 디아스포라 풍경이라고나 할까? 나라 잃고 방황하는 슬픈 디아스포라는 아니지만, 침략 때문에 강제로 땅을 빼앗고 주둔한 디아스포라, 자유와 희망을 스스로 찾아온 자발적인 디아스포라는 용산이라는 땅이 가지고 있는 운명 같다.

현재 108계단은 없어졌고 주민들의 이동 편의를 위해 경사형 엘리베이터가 설치되었다.
이름의 유래를 알 수 없는 108계단은 일제 말기 전쟁에서 죽은 군인을 추모하기 위해 지은
경성호국신사에 오르기 위한 진입로 계단이었다.　위 2013.7.
선천군민회 집단주거지는 거의 없어지고 일부가 폐허 상태로 남아 있다.　아래 2018.6.

최근 골목길에 관심이 높아지면서 골목길이 인문학적 공간 또는 생태적 공간, 문화적 공간 등으로 조금 거창하게 언급되곤 한다. 골목길은 그냥 일상생활 공간이다. 절박한 필요 때문에 이름 없는 동네 건축가들이 만들어 낸 공간의 소박하고 거칠지만 뛰어난 조형미에 더 많은 관심이 필요하다. 2007.4.

해방촌은 말 그대로 1945년 8.15해방 후 고국에 돌아온 해외 동포, 이북에서 내려온 월남민, 지방에서 일을 찾아온 사람들이 집단으로 거주하면서 만들어진 마을이다. 빈 땅을 찾다 보니 평지가 아닌 경사지에 정착하면서 어디나 골목길과 계단이 많다. 위 좌우 2013.7. 아래 좌 2013.7. 아래 우 2008.9.

공원이 될 용산 미군기지 뒤로 남산 자락에 해방촌이 보이고 멀리 북한산도 한눈에 들어온다. 서울역 부근 동자동이 고층으로 개발된 모습을 보면 미군기지가 자리 잡아 그나마 이곳이 개발되지 않고 공원으로 남게 되어 다행이라는 생각이 든다. 말로만 역사문화도시를 외치지 말고 어렵게 600여 년 지켜 온 내사산 외사산의 서울 풍경을 보존했으면 한다. 2013.9.

도시재생사업의 그림자가 드리운
서울의 골목길 박물관

**낙산 서울 한양도성
바깥 마을 창신동**

서울의 첫 번째 도시재생 선도사업지구로 선정되어 거의 1000억 원이 투입된 지역이 바로 창신동이다. 도시재생의 의도나 기대효과가 잘 드러나지 않고 주민의 삶과 주변 환경이 별로 달라지지 않은 것 같다고 생각해 불만이 쌓인 주민들이 도시재생이 아닌 재개발을 끊임없이 요구하고 있는 동네다. 하지만 최근 공공개발로 바뀌면서 주민들의 또 다른 불만이 터져 나오고 있다.

유럽의 경우 2차 세계대전 후 파괴된 도시를 재건하는 일이 시급한 과제라 1960년대까지는 앞뒤 잴 겨를 없이 건설이 이루어졌다. 그러다 사회와 경제가 안정되면서 급조된 새로운 도시에 문제를 느끼고 도시재생 개념이 도입되면서 독일의 경우는 신중한 도시재개발Behutsame Stadterneuerung이라는 개념이 도시개발의 목표로 자리 잡게 되었다. 1967년 독일 뮌헨올림픽 경기장과 선수촌은 전후 건설 폐기물을 묻었던 장소를 새롭게 재활용한 사례이고, 뮌헨의 베스트파크 역시 전후 폐기물 처리 장소였던 곳을 1983년 독일의 전통적인 국제정원박람회IGA 83 장소로 만들며 대규모 도시공원으로 재생한 사례다.

도시재생이든 재개발이든 신중하게 시간을 가지고 진행해야 하지만 우리의 경우 정치인들이 뭔가 빨리 보여 주기 위해 속도전을 펼쳐서 늘 문제가 된다. 뮌헨의 경우 오랜 기간 생각을 거듭하면서 도시재생이 이루어져 성공사례로 남을 수 있었다. 1983년 뮌헨 국제정원박람회를 계기로 도시 녹지공간 확보에서 도시재생 개념으로 정원박람회의 목표가 바뀌었다. 아울러 도시공간에서 소규모 녹지공간을 확보하는 일과 녹지체계 개선이 도시재생의 중요한 개념으로 자리 잡았다.

도시재생사업은 재개발일까? 재개발정비사업도 도시재생사업 방법 중 하나다. 도시재생은 벽화를 그리는 사업도 아니고 원형 보존만을 위한 사업도 아니다. 일반적으로 생각하는 '도시재생은 보존'이라는 개념은 도시재생사업의 일부분만 확대 재해석해서 생긴 오류다. 도시재생과 재개발은 반대 개념이 아니다.● 도시재생사업은 보존부터 재개발, 재건축, 뉴타운과 신도시 건설까지 도시문제를 해결하고 도시를 새로운 모습으로 바꾸는 여러 가지 방법 중 하나다.

도시재생사업에 꼭 등장하는 상징적인 벽화 그리기도 사실 정치인의 불확실하고 즉흥적인 한 마디가 확대, 왜곡 전달되어 지자체가 생각 없이 따라 하면서 나온 결과물이다.■ 투입 예산 대비 일시적으로나마 시각적인 정비 효과를 뚜렷하게 볼 수 있는, 가성비 좋은 사업이기 때문일 것이다. 2000년대 초반 통영 동피랑마을 벽화가 알려지기 시작하면서 전국이 벽화로 뒤덮인 적이 있다. 후에 여러 문제가 나타나면서 벽화 열풍은 잠시 주춤했지만, 도시재생사업이 본격화되면서 다시 나타났다. 최근 특히 서울을 비롯한 대도시에서는 이런 도시재생사업이 거의 사라지고 있다. 본래 취지에서 벗어나 문제점이 나타나고는 있지만, 개발 위주의 정책이 계속 수립되어 그나마 보통 사람들의 삶의 흔적을 조금이라도 후대에 문화유산으로 남길 수 있는 최소한의 장치마저 사라지는 것은 아닐까 걱정되기도 한다.

용산 미군기지가 평택으로 이전하면서 부지를 공원으로 만들고 있다. 급하게 한꺼번에 하지 않고 단계적으로 실행되고 있어서 다행이라고 생각한다. 불과 계획부터 완성까지 4년 안에 끝내는 것을 목표로 했던 창신동 사업은 결국 주민들이 만족하고 이해하는 도시재생이라기보다 정치인이나 행정가의 치적을 쌓은 것으로 만족해야만 하는, 많은 아쉬움을 남긴 사례가 되었다. 행여 좋은 취지로 시작되어 진행 중인 도시재생이 이런 사례 때문에 중지되어서는 안 된다.

● '도시재생 활성화 및 지원에 관한 특별법' 제2조(정의)에 따르면 도시재생 방법의 하나로 재개발, 재건축 정비사업을 명확하게 규정하고 있다.

■ 2019년 7월 당시 서울시장이 콜롬비아 도시 메데진의 벽화를 보고 "삼양동이나 수유리 같은 서울 산동네에도 마을 주민들의 주도로 벽화가 그려진다면 관광마을이 될 수 있다. 도시재생의 새로운 또 하나의 모델을 우리가 배운 것 같다"는 보도가 나왔다.

서울의 도시재생은 역사·문화적인 차원에서는 물론 장기적인 비전에서 인구문제나 주택정책을 고려할 때도 실보다 득이 많은 사업이다. 속도전이나 치적사업에서 벗어나 이념이나 당파와 관계없이 도시재생이 진행되어야 내사산과 외사산이 매우 특별한 서울의 독특하고 역사적인 문화경관이 보존되고, 세계 어디에서도 찾아볼 수 없는 매력적인 멋진 도시로 자리 잡을 수 있다. 급하게 재개발을 진행하면 도시 주거 문제는 잠시 해결될 수 있겠지만 결국 어디에서나 볼 수 있는 복제도시 아파트공화국만 만들어질 것이다.

창신동은 한양도성의 동쪽에 자리한 흥인지문을 지나야 나오는 '성 밖' 동네지만 이미 15세기 중반부터 도시화가 서서히 이루어졌다. 성 밖에 있었기 때문에 궁을 떠난 궁녀나 궁에서 잡다한 일을 보는 사람들이 모여 살기도 했다. 청룡사 옆에는 단종이 유배된 후 단종비였던 정순왕후와 궁녀들이 머물렀던 정업원 자리도 있다. 안양암에서 창신시장 쪽으로 이어지는 길에는 마을 굿이 벌어지던 도당이 있었고, 낙산 줄기 큰 바위산에 신령이 모셔져 있다고 생각해 점술가들이 많이 모여 살았다고 한다. 일제강점기 낙산을 채석장으로 이용해 그 돌들을 가져다 총독부 등을 지으면서 낙산의 산신령이 떠나 점차 그들도 미아리 쪽으로 이동했다는 설도 있다.

18세기 옛 지도를 보면 현재 창신동 주변의 낙산은 기암괴석이 들어서 있고 골짜기마다 맑은 물이 흐르는 곳이었다. 또 청계천으로 흘러드는 복지천이 창신시장과 연결되며 창신동의 주요 중심도로인 현재의 창신길로 흘렀다고 한다. 매운 족발로 유명한 창신시장은 복개된 개천 위에 조성되었다. 답사하다 보면 서울의 많은 재래시장이 선형으로, 복개된 개천 위에 들어서 있다. 개천 변을 따라 사람들의 왕래가 잦으니 조금씩 좌판이 펼쳐지다 시장으로 발전된 것이 아닐까 짐작한다.

낙산 정상 능선으로 서울 한양도성이 지나가는데, 서편으로는 '성 안' 마을 충신동과 이화동이, 동편으로는 '성 밖' 마을 창신동이 있다. 낙산 능선 성곽길을 걷다 보면 장소에 따라 동서남북으로 펼쳐지는 서울의 내사산 외사산 풍경이 장관을 이룬다. 창신동은 서울 한양도성 바깥 동네지만 종로구에 속하는 서울 도심 지역이다. 다양하고 특징적인 골목길이 여전히 남아 있어 서울의 골목길 박물관이라고 할 수 있는 보물과 같은 동네다. 1990년대 중반 본격적으로 서울 답사를 시작할 때 처음 찾았던 동네이기도 하고, 후에 사람들과 함께 골목길 답사를 진행하면 가장 먼저, 그리고 많이 찾는 곳이기도 하다. 지금까지 진행된 많은 도시재생사업이 주민 모두가 만족할 만큼의 결과를 만들지는 못했다. 하지만 누군가 몇 사람이라도 다른 시선으로 골목길을 바라보면서 그 숨겨진 가치를 생각할 수 있게 되었다면, 그래도 작지만 기대했던 효과를 본 것이 아닐까? 창신동 골목길은 1000억을 써도 후회되지 않을 만큼 미래의 투자가치가 있는, 보존해야 할 서울의 근대사 유물이다.

마을을 남서에서 동북으로 가로지르며 주위에 여러 갈래 골목길까지 포함하는 창신5길은 아직도 창신동 토박이들은 당고개길이라 부른다. 옛날부터 당집이 많아 부르던 이름으로 당고개길에는 안양암이라는 절이 있다. 창신동은 낙산 동쪽 자락이지만 절 앞 표지석에 '삼각산 안양암 三角山 安養庵'이라 쓰여 있는 것을 보면 아마도 삼각산부터 낙산 줄기로 이어지는 영험한 기운을 받기 원한 것 같다. 당고개길 주변으로는 큰 규모의 바위산이 자리하고 있다. 큰 바위에 낙산 신령이 모셔져 있다고 생각해 조선 후기 순조 때부터 점집이 모여 있었다고 한다. 안양암에는 대한제국 시기인

당고개길 안양암. 절 앞 표지석에 '삼각산 안양암'이라 쓰여 있는 것을 보면 아마 삼각산부터 낙산 줄기로 이어지는 영험한 기운을 받기 원한 것 같다. 당고개길 주변으로는 큰 규모의 바위산이 자리 잡고 있다. 큰 바위에 낙산 신령이 모셔져 있다고 생각해 조선 후기 순조 때부터 점집이 모여 있었다고 한다. 2010.3.

창신동은 서울 한양도성 바깥 동네지만 종로구에 속하는 서울 도심 지역이다. 다양하고 특색 있는 골목길이 여전히 남아 있어 서울의 골목길 박물관이라고 할 수 있는 보물 같은 동네다. 1990년대 중반 본격적으로 서울 답사를 시작할 때 처음 찾았던 동네이기도 하고 후에 사람들과 함께 골목길 답사를 진행하면 가장 먼저, 그리고 많이 찾는 곳이기도 하다.

좌, 가운데 2010.4. 우 2010.6.

많은 도시재생사업이 주민 모두가 만족할 만큼의 결과를 만들지는 못했다. 하지만 누군가 몇 사람이라도 다른 시선으로 골목길을 바라보면서 그 숨겨진 가치를 생각할 수 있게 되었다면, 그래도 작지만 기대했던 효과를 본 것이 아닐까? 위 좌우 2014.6. 위 가운데 2012.2. 아래 좌 2014.6. 아래 가운데 2012.1. 아래 우 2019.9.

1909년에 만들어져 서울시 유형문화재 제122호로 지정된 마애관음보살좌상磨崖觀音菩薩坐像도 있고, 바위굴 안에 부처님을 모신 기도처도 있다. 커다란 바위산의 기가 모이는 곳이 아닐까 추측해 본다. 그 기운을 받으려고 도성 밖 가까운 곳에 사찰이 위치하고, 주변에 민간신앙의 대상인 당집도 많이 몰렸을 것이다. 1960년대 이후 미아리 주거지가 개발되기 시작하면서 전차 종점이던 돈암동을 지나 미아리고개 너머로도 사람들이 몰리기 시작했다. 창신동보다 집세가 저렴한 미아리고개 밑으로 점쟁이들이 이주해 유명한 돈암동 점집촌을 만들게 된다.

창신5길 주변에서는 다양한 골목길 풍경만큼이나 다양한 주거 형태도 볼 수 있다. 한옥부터 빌라, 연립주택, 아파트, 다세대주택, 일본식 집까지, 서울의 주거 변천사를 한눈에 볼 수 있다. 창신동은 유난히 오토바이가 많은 동네다. 가보면 누구나 느낄 수 있다. 동대문 패션 상가와 가까운 이곳에 집중적으로 몰려 있는 의류 관련 공장이 주요 운송 수단으로 오토바이를 이용하기 때문이다. 골목길이 많으니 기동성 있는 오토바이가 매우 합리적인 선택인 셈이다. 정확하게 알 수 없지만, 공식적인 통계에 잡히지 않는 간이 가정 공장까지 합치면 봉제 관련 공장이 이 지역에만 적어도 1400여 개가 있다고 한다.

바위산 동네 창신동에서는 채석장의 흔적이 남아 있는 독특하고 압도적인 풍경을 볼 수 있다. 이곳에 있었던 채석장에서 조선시대에는 한양도성, 일제강점기에는 경성부청사(현 서울도서관), 조선은행(현 한국은행화폐박물관), 경성역(현 문화역서울284) 그리고 조선총독부(구 중앙청) 등에 사용할 석재를 공급했다고 한다. 1924년에 경성부 직영 채석장으로 바뀌면서 본격적인 석재 채취를 했다는데, 해방 후에도 채석장으로 계속 이용되었다.

창신동은 동대문 패션 상가와 가까운 곳이라 의류 관련 공장이 집중적으로 몰려 있다. 그래서 빠르고 편리하며, 골목길이 많아 이용할 수밖에 없는 오토바이를 유난히 많이 볼 수 있다.
2019.9.

● 불하拂下의 사전적 정의는 "국가나 공공 단체의 재산을 개인에게 팔아넘기는 행위"를 말한다. 무허가주택 양성화사업이 본격적으로 시작되면서 이미 마을로 자리 잡은 서울 달동네의 불법 건축물이 민간에게 불하되었다. 이 과정에서 거주자가 우선 불하를 받을 수 있었으나, 경제적 여건이 되지 않는 사람들은 소유권을 팔아넘기기도 했다. 재개발 지역에서 볼 수 있는 이른바 '딱지'의 시작이라 할 수 있다.

서울에서 최근까지도 찾아볼 수 있는 채석장 흔적은 이웃 숭인동이나 돈암동, 녹번동, 면목동 등에 있다. 창신동 사람들이 '돌산 밑'이라 부르는 돌산 아래 채석장 마을은 약 60여 년 전부터 사람들이 들어와서 자리 잡았다고 알려져 있다. 부근에서 오래 거주한 분들의 기억에 의하면 1960년대 중반 밤이 되면 사람들이 몰려와 비어 있는 채석장 땅에 자기 땅이라고 주장하며 선을 긋고 판잣집이나 천막집을 세우기 시작했다고 한다. 1970년대에 들어 무허가주택 양성화사업이 시작되면서 사람들이 불법 건축물을 짓고 건물과 땅의 소유권 권리를 불하받아 현재의 동네 모습이 만들어졌다.●

'창신동 절개지'로도 알려진 마을은 창신동 창신6길 일대를 말한다. 길이 약 100미터, 높이 약 40미터의 화강암 절벽이 남서쪽으로 반원을 만들어 동네를 감싸고 있다. 돌산 아래뿐만 아니라 절벽 위에도 병풍처럼 집들이 들어서 있다. 어떤 방법으로 집을 지었는지 몹시 궁금할 정도로 절벽과 붙어 있어 솔직히 볼 때마다 불안한 마음이다. 거대한 절개지는 겨울에 빙벽이 되어 매우 스산한 느낌을 주지만, 한여름에는 바위틈 사이로 풀들이 비집고 나와 마치 일부러 벽면 녹화를 한 것 같은 분위기를 만들어 낸다. 돌산 밑 마을에서 깎아지른 듯 아찔한 절벽에 기대어 만든 높은 계단을 조심스럽게 오르면 돌산 위 능선에 이른다.

또 다른 채석장은 반대편 창신아파트 뒤에 있다. 여기서 생산된 석재는 일제강점기부터 전국에서 최고로 쳤다고 한다. 해방 이후에도 미군정과 서울시에서 계속 채석장을 운영했다. 하지만 잦은 채석장 발파사고와 1955년부터 함께 운영한 아스팔트 포장용 역청을 생산하는 공장의 악취 때문에 문을 닫았고, 시영 채석장은 1961년 지금의 면목동 용마폭포공원으로 이전했다. 돌산 밑에는 1961년 시립 동대문 근로자 합숙소가, 1962년 세 동의 창신 시영아파트가 들어섰다. 현재는 1980년 합숙소와 아파트 한 동이 철거된 이후 지어진 경찰 기동대와 창신아파트 두 동이 자리 잡고 있다. 이 동네에서 어린 시절을 보낸 사람들은 학교 수업이 끝나면 모두 아파트에 모여서 놀았던 기억이 있을 것이다. 변변한 놀이기구나 놀이터가 없던 시절, 아파트 마당과 긴 복도는 골목길이자 최고 놀이터였다. 돌산 위에는 서울 시내에서 거의 사라져 보기 힘든 판자촌 마을이 있다.

아직 골목길이 남아 있는 지역은 대부분 오래된 동네로, 대를 이어서 사는 분들도 어렵지 않게 만날 수 있는 서울토박이촌이다. 물론 서울이 출생지나 고향이 아닌 분도 많다. 멀리는 해방 후나 한국전쟁 후, 가까이는 1960~70년대 산업화 시기에 타지에서 들어와 정착한 사람들이 지금까지 사는 경우도 흔하다. 이분들도 최소 50여 년 이상 한 곳에 거주했으니, 서울 토박이라 불러도 그리 어색하지는 않다. 창신동은 이런 형태로 이루어져 현재까지도 그 모습을 유지하고 있는 서울의 얼마 남지 않은 화석 같은 지역이다.

주거 형태는 판잣집에서 양성화주택으로, 양성화주택에서 다세대·다가구주택으로, 그리고 빌라나 연립주택으로 변화되었지만 생활 형태는 완전히 변하지 않았다. 바로 단골집이다. 쌀집, (슈퍼가 아닌) 구멍가게, 세탁소, 이발소, 미용실, 담배가게, 중국집, 정육점, 채소가게, 과일가게, 방앗간, 얼음가게, 기름집, 철물점, 문방구, 복덕방, 약국, 이제는 사라진 연탄가게 등. 우리 가까운 곳에 꼭 있어야 하는 가게들이다. 오전에 주문하면 오후에 필요한 물건이 배달되고, 모든 정보를 손가락 한번 움직이면 알 수 있는 인터넷 시대에 무슨 귀신 씻나락 까먹는 소리인가 할지도 모르겠다. 하지만 오래된 동네에서 이런 가게들은 단지 물건을 사고파는 곳이 아니다. 동네 사랑방

바위산 동네 창신동에서는 채석장의 흔적이 남아 있는 독특하고 압도적인 풍경을 볼 수 있다. 이곳에 있었던 채석장에서 조선시대에는 한양도성, 일제강점기에는 경성부청사(현 서울도서관), 조선은행(현 한국은행화폐박물관), 경성역(현 문화역서울284) 그리고 조선총독부(구 중앙청) 등에 사용할 석재를 공급했다고 한다. 길이 약 100미터, 높이 약 40미터의 화강암 절벽이 남서쪽으로 반원을 만들어 동네를 감싸고 있다. 돌산 아래뿐만 아니라 절벽 위에도 병풍처럼 집들이 들어서 있다. 2012.7.

동묘앞역 사거리에서 바라본 창신동 전경. 안산, 인왕산, 백악산이 서울을 둘러싸고 있다. 낙산에서 동대문으로 이어지는 한양도성과 도심 고층 건물, 도성 밖 주거지 모습이 마치 그 옛날 성 안팎의 풍경처럼 묘한 대조를 이룬다. 2013.5.

이자 우체국이자 파출소이자 약국이자 병원이다. 가끔 급하게 돈이 필요할 때 은행이 되기도 한다. 아이 한 사람을 키우려면 마을 전체가 필요하다는 아프리카 속담이 있다. 바로 동네 단골집이 이 역할을 하던 사랑방이다. 동네 단골집에서는 마을에서 사는 데 필요한 모든 정보를 얻을 수 있다. 골목길이 사라지면서 오가는 사람을 환대하던 단골집도 점차 사라지고 있다. 보통 사람들은 단골집이 많으면 많을수록 편리하고 행복해진다. 단골집이 사라지면서 사람에서 사람으로 이어지는 삶도 사라지고 있다. 우리 아이든 이웃집 아이든 전혀 상관없이 짬 나는 어른들이 같이 돌보며 먹여 주고 재워 주고 함께 키워 주던 마을도.

경사가 급한 좁은 골목길 사이로 남산이 보인다. 2013.6.

창신아파트 뒤편 돌산 위에는 서울 시내에서 거의 사라져 보기 힘든 판자촌 마을이 아직도 남아 있다. 나무판자, 비닐장판, 부직포 등 건식 자재를 이용해 집을 지었다. 여름 한철은 텃밭도 있고 녹색의 한가로운 풍경이지만 겨울나기는 보통 힘든 것이 아니다. 위 2013.6. 아래 2012.8.

처음 창신동을 답사할 때 인상적이었던 가스 검침기. 다세대·다가구주택이 많아 유난히 가스 검침기가 많이 설치된 모습을 볼 수 있었다. 위 2012.11. 아래 2018.5.

낙산 길 한양도성에서 동편으로 창신동을 바라보면 축대길이라 부르는 경사 주택지가 한눈에 들어온다. 경사를 따라 비교적 큰 규모의 주택이 질서 있게 가지런히 들어서 있다. 2016.1.

급경사로 유명한 창신동의 명물 회오리길. 2011.3.

오래된 동네에 자리한 구멍가게, 이발소, 미용실, 문방구 등의 단골집은 단지 물건을 사고파는 가게가 아니라 동네 사랑방, 우체국, 파출소, 약국, 병원, 때로는 은행이다. 아이 한 사람을 키우려면 마을 전체가 필요하다는 아프리카 속담이 있다. 바로 동네 단골집이 이 역할을 하던 사랑방이다. 동네 단골집에서는 마을에서 사는 데 필요한 모든 정보를 얻을 수 있다. 골목길이 사라지면서 오가는 사람을 환대하던 단골집도 점차 사라지고 있다. 단골집이 사라지면서 사람에게서 사람으로 이어지는 삶도 사라지고 있다. 위 좌 2011.2. 위 우 2015.3. 아래 좌우 2013.4.

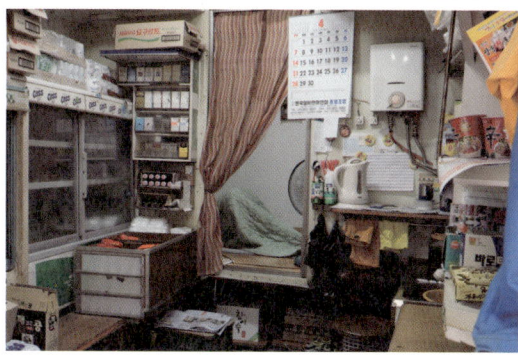

서울의 골목길에서는
산이 보인다

한양도성 성 안 마을
충신동과 이화동

충신동 하면 많은 사람이 '아, 창신동!' 할 정도로 사람들이 잘 모르는 동네 중 하나다. 그래서 다시 설명하면 '아, 거기!' 하지만 동 이름만으로는 존재감이 없다. 이렇게 잘 알려지지 않은 충신동은 한양도성 내에서는 물론 도심에 마지막으로 남아 있는 전형적인 산동네다. 골목 하나만 지나면 유명한 이화동 벽화마을이 나오는데도, 검문소가 있는 것도 아니고 마술 장벽이라도 있는 것처럼 이상할 정도로 주민 말고는 방문객의 발길이 닿지 않는 동네다. 많이 돌아다니는 나 역시도 창신동과 이화동을 찾다 나중에야 이곳을 알게 되었을 정도다.

마을을 남북으로 가로지르는 충신길과 성곽 서편 낙산성곽서길 사이 동네는 대부분 자동차 통행이 불가능한 전형적인 골목길과 계단으로 이루어져, 두 발로만 이동할 수 있다. 지도만 봐도 실제로 어떻게 생겼는지 알고 싶어 호기심이 동한다. 마치 땅따먹기 놀이를 하면서 조금씩 내 땅을 확보하면서 만들어진 모습이라고 할까. 아니면 키스 해링Keith Haring이 색칠하기 전 스케치를 한 밑그림 같다고나 할까? 가서 보면 지도만 봐서는 도저히 상상할 수 없는 풍경이 나타나 다시 한번 놀라게 되는 동네다. 차가 다니지 못하니 흔한 내비게이션 거리 풍경도 볼 수 없다. 한편으로는 이렇게라도 비밀스러운 동네로 남아 있으니 다행이라는 생각도 든다.

현재 서울 지도를 살펴보면 강북의 오래된 동네는 거의 전 지역이 재개발, 재건축, 도시환경정비구역 등으로 지정된 것을 볼 수 있고, 강남의 오래된 주거지도 모두 개발 대상이라 언젠가는 헐리고 초고층 아파트로 변하게 될 것이라는 사실을 알 수 있다. 결국 옛 동네가 모두 헐리고 사라진다는 이야기다. 이러한 과정을 통해 단순히 낡은 건물이 헐리고 새로운 환경의 살기 좋은 건물들이 세워지는 것이 아니다. 기존의 산을 포함한 지형이나 도시공간구조가 파괴되면서 새롭게 변해, 서울의 역사문화공간을 더 이상 찾아보기 힘들어진다는 의미다. 조선시대는 물론 근대사, 현대사의 공간마저도 차례차례 없어지고 있다.

서울은 세계 어떤 도시에서도 찾아볼 수 없는 산으로 둘러싸인 도시다. 서울의 정체성은 바로 이 내사산(낙산, 인왕산, 남산, 백악산)과 외사산(용마산, 덕양산, 관악산, 북한산)에서 찾아볼 수 있다. 서울시민이 사는 동네에는 거의 뒷산이 있으며, 대부분 주민 휴게·운동공간으로 이용된다. 하지만 재개발이 이루어지면서 서울의 산은 이미 무수히 파괴되었고, 앞으로 더욱 파괴될 것이다. 최근에는 남산이나 북한산 부근 개발을 위해 지금까지 그나마 서울 산 풍경을 지킬 수 있게 해 주었던 고도 제한마저 느슨하게 풀리는 움직임까지 있다.

서울을 1000년 역사문화도시로 바로 세우려면 어떻게 해야 할까. 지정학적으로나 역사적으로 중요한 산 풍경을 회복하고 지키는 일이 무엇보다 우선되어야 한다고 생각한다. 일상생활이 살아 있는 골목길 등 서울의 기존 도시구조를 유지하면서, 원래 가지고 있던 서울의 자연환경이 더 이상 파괴되지 않도록 지켜 내야 한다. 서울의 자연환경 원형 회복을 위한 계획적이고 장기적인 서울 도시재생작업도 필요하다.

마을공동체를 회복하려면 골목길을 살리고 주변의 자연환경을 정비하고 회복시키면서 주민의 자발적 참여를 이끌어 내야 한다. 쓰레기가 버려지고 지저분하게 공터로 남아 있는 곳을 정리하고, 마을 텃밭이나 꽃밭을 조성해 주민들이 함께 가꾸어 나가면, 커뮤니티 형성과 함께 단절된 이웃 관계를 다시 만들어 나갈 수 있을 것이다. 이제는 재개발을 앞둔 지역의 주민들이 그에 따른 이익보다는 기존의 골목길과 계단 등 그 동네만이 가지고 있는 전통적이고 역사적인 도시경관이나 공간구조에 자부심을 가지고,

이화동과 충신동 전경. 해 질 녘 낙산 서쪽 기슭 전체가 지는 해의 붉은빛으로 물들어 장관을 이룬다.   2009.9.

충신동은 한양도성 내에서는 물론 도심에 마지막으로 남아 있는 전형적인 산동네 마을이다. 직접 걸어 보지 않으면 내부의 계단과 골목길이 어우러지는 환상적인 모습은 상상조차 할 수 없다. 2011.3.

마을공동체 회복에 관심을 가지는 모습을 많이 볼 수 있다. 앞으로 서울의 미래를 준비하는 일은 부수기보다 보존하고, 망가뜨린 원래의 지형을 회복하면서 자연환경과 문화환경을 잘 유지하는 일에서 시작되어야 한다. 그래야 1000년 역사문화도시를 지향할 수 있다. 이 모든 일은 몇몇 소수 위정자 개인의 취향이나 욕심에서 비롯된 전시 행정이 되어서는 안 되고, 성과 위주의 사업으로 단기간에 끝나도 안 된다. 지속적인 계획과 모두의 관심을 불러일으킨다는 목표로 장기간에 걸쳐 세심하게 진행해야 한다. 그래야 낙산의 아파트를 헐고 새로 공원을 만든다거나 옥인동의 아파트를 헐고 수성동계곡을 복원하면서 쓸데없이 예산을 낭비하는 일이 반복되지 않을 것이다.

흥인지문에서 율곡로를 따라 이화사거리 방향으로 가면 오른편에 충신동이 보인다. 큰길에서 보면 별 특징 없는 서울의 여느 평범한 오래된 거리의 모습이다. 경사가 심한 낙산 자락이라 안 동네 모습은 길가 건물에 가려 보이지도 않고, 멀리서 보아도 그저 어디서나 흔히 보는 평범한 건물들이라 아마 그냥 지나치는 사람이 많을 것이다. 하지만 골목 안으로 들어갈수록 드러나는 풍경은 그런 첫인상을 여지없이 바꾸어 버린다. 밖에서 보이는 모습과는 달리 많이 낡았고, 서울 사대문 안에서 아직도 이런 동네를 볼 수 있다는 것이 신기할 정도다.

여느 산동네에서 볼 수 있는 벽화나 조잡한 마을 만들기의 흔적이 거의 보이지 않아 그 오래된 모습이 더 마음에 다가온다. 유난히 경사가 심한 계단과 막다른 골목길이 많아 답사할 때마다 마음을 비우고 즐겁게 길을 헤매는 동네다. 산동네 막다른 골목길에서 길을 잃어버리면 괜히 우왕좌왕하지 말고 한 방향으로 올라가거나 내려가는 것이 내가 터득한 길 찾기 방법이다. 골목길 사이사이로 남산, 인왕산, 백악산, 안산, 멀리 북한산의 모습이 보인다. 이 책의 제목처럼 서울의 골목길에서는 산이 보인다. 충신동 골목길은 최근에야 음식점이나 디자인 스튜디오 등이 들어오기 시작했다. 아직 골목길마다 흔한 카페는 보이지 않지만, 비밀의 골목길 충신동도 카페거리로 변할 날이 그리 멀지 않아 보인다.

낙산 서편 충신동과 이화동 전경을 보기 위해 마땅한 장소를 찾다 적당한 위치에 거의 공사가 끝나 입주 중인 10층 건물을 발견했다. 공사를 마무리하느라 분주히 움직이는 사람들에게 옥상에 올라가 보고 싶은데 누구에게 허락을 구해야 할지 물어보니 모두 잘 모른다고 했다. 무작정 엘리베이터를 타고 옥상으로 올라갔다. 10층에서 내려 한 층을 더 올라가니 마침 옥상 문이 열려 있어 조심스레 들어갔다. 부엽토와 인공토양을 담은 포대가 여기저기 쌓여 있고, 장미를 비롯해 몇 가지 식물들이 보였다. 한창 작은 옥상정원을 조성하느라 어수선한 모습이었지만 사람은 보이지 않았다. 좌우 사방으로 막힘없이 파노라마가 시원하게 펼쳐지는 모습에 잠시 넋을 잃고 반사적으로 카메라를 꺼내 사진을 찍기 시작했다. 마침 해 질 녘이라 낙산 서쪽 기슭 충신동 전체가 지는 해의 붉은빛으로 물들어 장관이었다. 정신없이 사진을 찍다 보니 나도 모르게 엘리베이터 기계실 옥탑층 위까지 경사가 급한 철제 계단을 오르게 되었다. 올라가 보니 안전을 위한 보호 난간도 없이 그냥 뻥 뚫린 겨우 한 평 조금 넘는 공간이었다. 그제야 갑자기 평소 없었던 고소공포증이 생기며 진땀이 흐르고 다리까지 후들거려 도저히 서 있을 수가 없었다. 그냥 우선 주저앉아 긴장과 공포로 내 귀에까지도 들리는 무섭게 뛰는 심장을 가라앉히고 보니 불과 한 층 아래와는 다른 풍경이 눈에 들어왔다.

도저히 사진을 찍을 수 없는 상황인데도 두 눈에만 담아 두기가 너무 아쉬워 파노라마 사진기를 꺼내 엎드리다시피 하며 겨우 사진을 찍고 내려오려 하는데, "당신 거기서 뭐해!" 하는 거친 소리가 들렸다. 뒤로 내려오려 사다리에 한 발 디딘 채로 다시 몸이 굳었다. 거기가 어딘 줄 알고 올라갔냐고 하면서 제정신이냐고 호통을 치는데 온몸이 후들거리고 난간을 붙들 힘조차 없었다. 체면 불고하고 나를 좀 붙들어 달라고 하고 나서야 도움을 받아 겨우 내려올 수 있었다. 우선 허락도 없이 옥상까지 올라와 미안하다는 말과 함께 자초지종을 이야기하니 그분의 화가 좀 가라앉는 것 같았다. 내가 조경가라는 사실을 알고 옥상 조경에 관해 자문하기에 조금 설명해 주고 날이 어두워 옥상에서 10층 조그만 방으로 내려왔다. 앞으로 여기 와서 말하면 자기가 있을 때는 사진을 찍을 수 있게 옥상 문을 열어 주겠다고 했다. 감사 인사를 하고 돌아서는데 '잠깐' 하더니 열쇠를 보관하는 비밀장소를 알려 주면서 오고 싶을 때 아무 때나 와도 된다며 뜻밖의 호의를 베풀어 주었다. 단, 절대 다시는 아까 그곳에 올라가지 않는다고 자기와 약속한다는 조건으로.

미안하기도 하고 고맙기도 해 그날 찍은 사진을 인화해서 다시 들러 전해 주었다. 여기 풍경이 이렇게까지 멋진 줄 몰랐는데 역시 작가는 보는 눈이 다르다며, 목숨 내놓고 거기까지 올라가 사진을 찍은 이유를 알겠다고 좋아했다. 꽤 좋은 액자에 사진을 넣어 방에 걸어 놓은 것을 나중에 보았다. 덕분에 여러 사람에게 멋진 충신동 파노라마를 보여 줄 수 있었다. 늘 예의 바르면서 겸손하고, 허름한 차림으로 청소하고 정원을 손보던 그분은 나중에 알고 보니 건물 관리인이 아니라 그 10층 빌딩의 건물주였다.

동대문에서 시작해 창신동, 충신동, 이화동, 장수마을을 지나 혜화문까지

가는 서울 한양도성 성곽길은 매년 한 번 이상 꼭 찾아간다. 순성놀이까지는 아니어도 계절 따라 시간 따라 성곽 좌우로 변화무쌍하게 펼쳐지는 서울의 다양한 모습을 보면서, 가능하면 여유를 가지고 운동이 아닌 놀이로 즐긴다. 무릎이 좋지 않은 나도 큰 무리 없이 걸을 수 있어 가끔 지인들이나 다양한 답사 모임의 안내를 맡으면 종종 이 코스를 택한다. 그러면 에베레스트 정복에 나선 전문 산악인처럼 등산화에 최첨단 소재 등산복으로 중무장하고 나타나는 사람을 가끔 본다. 그들에게 한양도성의 이미지는 전쟁에 대비해 군인들이 근무하는 험한 지형의 성곽이자, 즐기기보다는 땀 한번 흠뻑 흘려야 하는 등산코스였는지도 모르겠다.

아프리카 격언에 "빨리 가려면 혼자 가고, 멀리 가려면 함께 가라"는 말이 있다. 한양도성길은 빨리 가야만 하는 길도 아니고, 더욱이 먼 길도 아니다. 그냥 즐기면서 걷는 길이다. 한양도성은 전쟁을 대비한 성곽이라기보다 수도의 품격과 권위를 상징적으로 보여 주기 위해 쌓은 성이다. 보통 적의 침입으로부터 성문을 보호하고 성을 지키기 위해 문루 옆에 한 겹 더 짓는 옹성도 홍인지문의 경우는 풍수상 허한 낙산의 기를 보완하기 위해서 지은 것이었다.

매년 봄이면 한 번은 꼭 찾아가는 정말 아끼는 나만의 비밀정원이 있다. 수원 화성이다. 누군가를 죽여야만 하는 참혹한 전쟁에 대비해 만들어진 성이 무슨 이유로 이처럼 여유롭고 낭만적인 곳으로 만들어졌을까? 화성을 찾을 때마다 드는 생각이다. "겉모양을 아름답게 하는 것도 적을 방어하는 데에 도움이 된다. 성루를 웅장하고 화려하게 꾸며서 보는 사람의 기를 꺾는 것도 성을 지키는 데 큰 도움이 될 것이다." 《정조실록》 38권에 실린 기록이다. 화성의 축성 이유 중 하나가 비명에 죽은 아버지 사도세자와 홀로 외롭게 살아온 어머니 혜경궁 홍씨를 향한 효심에서 시작되었기 때문에 정조는 더욱 '아름다운' 성을 만들려 했던 것 같다.《정조실록》의 다른 부분에는 다음과 같은 기록도 있다. "호위를 엄하게 하려는 것도 아니요, 변란을 막기 위한 것도 아니다. 여기에는 나의 깊은 뜻이 있다. 장차 내 뜻이 성취되는 날이 올 것이다." 이 성이 전쟁을 대비하기 위해서라기보다 정조가 자신이 꿈꾸던 이상적인 신도시를 만들기 위한 작업이었던 셈이다. 조선시대 수원 화성이 실제로 전쟁이나 침략에 맞서 방어에 사용된 기록은 없다. 오히려 한국전쟁 때 심하게 파손된다.

특히 수원 화성 서남암문西南暗門에서 화양루華陽樓라 부르는 서남각루西南角樓에 이르는 길은 환상적으로 아름다운 공간이다. 끝자락에 있고 찾는 이도 거의 없어 고요한 자연에서 편안하게 산책을 즐길 수 있다. 성의 주인처럼 나만의 성을 걷는 듯한 호사를 누릴 수 있다. 약 200미터 길이의 S자로 완만하게 휘어지는 길이라 걸어가면서 조금씩 새로운 풍경이 나타나기 때문에 끝까지 기대하게 만든다. 서울 한양도성이나 수원 화성은 품격을 지닌 도읍을 만들기 위해 쌓은 것이지 전쟁이 일어났을 때 방어하기 위해 만든 것이 아니다. 우리 옛 조상들은 꽃 피는 봄이 되면 한양도성에서 순성놀이를 하면서 화려하고도 낭만적인 주변 풍경을 즐겼다. 이 글을 읽는 분들도 600여 년 전 한양의 모습을 그리면서 낙산 능선에서, 아니면 수원 화성에서 한번쯤 마음먹고 산책하듯 순성놀이를 즐겨 보면 어떨까?

우리나라 초대 이승만 대통령의 사저였던 낙산 자락 이화장梨花莊의 가을 풍경. 실제로 이 집에 거주한 기간은 1947년 10월 18일부터 초대 대통령으로 1948년 8월 12일 경무대에 들어가기까지 약 10개월, 그리고 4·19혁명으로 하야하고 하와이로 망명하기 전 한 달간으로 채 1년이 되지 않는 짧은 기간이다. 2015.11.

충신동과 이화동 사이 가파른 P턴길은 급경사를 극복하면서 산동네에 접근하기 위해 만들어진 지역 랜드마크다. 2012.9.

충신동에서 만나는 골목길과 계단. 유난히 경사가 심한 계단과 막다른 골목길이 많아 답사할 때마다 마음을 비우고 즐겁게 길을 헤매는 동네다. 마을을 남북으로 가로지르는 충신길과 성곽 서편 낙산성곽서길 사이 동네는 대부분 자동차 통행이 불가능한 전형적인 골목길과 계단으로 이루어져 두 발로만 이동할 수 있다. 위 2012.10. 아래 2012.1.

충신동에서 바라본 이화동과의 경계 지역. 이화동 벽화마을과는 아주 가깝지만 마술 장벽이라도 있는지 충신동은 이상하리만치 주민 말고는 방문객의 발길이 닿지 않는 동네다.
2012.10.

21세기 한양도성 순성놀이의 즐거움은 내사산 외사산이 한눈에 들어오는 조선 수도 한양의 풍경이 아니라, 골목길에서 건물 사이사이로 600년 전에도 있었던 그 산의 모습을 보일 듯 말 듯 드러내는 메가시티 서울을 즐기는 것이 아닐까? 골목길 사이사이로 보이는 남산, 인왕산, 백악산, 안산, 멀리 북한산 모습을 보면 이 책의 제목 '서울의 골목길에서는 산이 보인다'라는 문장이 저절로 떠오른다. 2012.1.

매년 봄이면 한 번은 꼭 찾아가는 정말 아끼는 나만의 비밀정원이 있다. 수원 화성이다. 누군가를 죽여야만 하는 참혹한 전쟁에 대비해 만들어진 성이 어떻게 이처럼 여유롭고 낭만적인 곳으로 만들어졌을까? 특히 서남암문에서 화양루라 부르는 서남각루에 이르는 길은 환상적으로 아름다운 공간이다. 끝자락에 있고 찾는 이도 거의 없어 고요한 자연에서 편안하게 산책을 즐길 수 있다. 2014.9.

글을 마무리하며

언제부터 사진을 찍었는지 궁금하다며 내게 물어보는 사람이 종종 있다. 중학교 1학년 여름방학 직전으로 기억한다. 학교 사진반 암실에서 우연히 흑백사진이 인화되는 모습을 처음 보고 충격 반 흥미 반으로 사진에 빠져들어 지금까지 사진기를 손에서 놓아 본 적이 없다. 지금은 당연히 디지털 카메라를 주로 이용하지만, 아직도 흑백 필름과 함께 아날로그 카메라도 사용한다. 지금은 현상·인화 작업을 직접 하지 않기 때문에 필름 한 롤을 찍으면 현상소에 맡겨 밀착 인화한 사진이 나오기까지 기다린다. 중학교 시절 암실에서 작업할 때처럼 여전히 흥분되고 기대되는 시간이다. 50여 년 전 깜깜한 암실 빨간 불빛 아래에서 하얀 감광지에 이미지가 만들어지던 순간은 지금 돌이켜보아도 신세계를 만나는 경험이었다.

당시 집에 부친이 사용하던 단단한 고동색 가죽 케이스에 들어 있던 콘탁스CONTAX 카메라가 있었다. 꺼내 보니 오랜 기간 사용하지 않아 셔터가 제대로 작동하지 않았고 수리도 불가능했다. 그래서 처음에는 카메라가 없어 선배들에게 빌리곤 했다. 그해 가을 독일에서 1년간 체류하던 부친이 돌아오면서 최신형 자동 노출 캐논 카메라(Canon demi EE17 하프 프레임)를 가지고 와 내 카메라로 사진을 찍을 수 있었다. 그 카메라로는 필름 한 장을 반으로 나누어 두 장을 찍을 수 있었다. 필름 한 통으로 36장이 아닌 72장을 찍을 수 있었기 때문에 필름 값을 마련하기 어려운 중학생에게는 아주 경제적인 카메라였다. 그때는 영화용 롤 필름을 사진용품점에서 36장씩 잘라서 감아 사용하는 '마끼까이'라 부르는 필름이 있었다. 학생이라 값이 싼 '마끼까이' 필름을 사용하기도 했는데, 종종 가게에서 필름을 감으면서 실수로 빛이 들어가 현상해 보면 아무것도 찍히지 않고 하얗게 나와 낭패를 당한 적도 있었다. 그 후 카메라는 여러 번 바뀌었지만, 아직도 그때 사용하던 캐논 카메라는 소중히 간직하고 있다.

건축과 조경을 전공하면서 사진 찍기는 나와 떼려야 뗄 수 없는 꼭 필요한 일이 되었다. 대학 시절에는 '전통'과 '공간'에 흠뻑 빠져 고건축에 관심을 가지고 기록했다. 독일에서 공부할 때는 도시풍경과 정원에 관심을 가지고 기록을 이어 나갔다. 서울 답사는 조경가로서 내가 사는 서울의 공간과 장소를 이해하기 위해 시작했다. 특히 급격한 변화가 이루어지면서 너무 빨리 사라지는 도시풍경을 누군가는 기록해야 한다는 생각이 들었다. 사라지는 서울의 옛 모습을 사진으로라도 남기기 위해 재개발·재건축으로 사라지는 곳부터 집중적으로 답사하기 시작했다. 나의 사진 찍기는 결국 기록이었다.

답사하기 전 자료조사를 하면서 기본적으로 먼저 답사할 지역을 공부하고, 지도나 구글·네이버의 거리 사진 등을 보면서 물리적인 공간을 머릿속에 그려 넣은 다음 현장을 방문한다. 제일 먼저 미리 점찍어 두었던 높은 건물에 올라가 전체를 조망하는 일이 보통 나의 답사 시작이다. 꼭대기에 올라가야 사방으로 전경을 확인할 수 있지만, 문이 열려 있는 옥상을 찾기가 쉽지 않다. 몇 번을 오르내려야 문이 열린 옥상을 찾을 수 있다. 입구에서 집주인을 찾아 허락을 받는 것이 당연한 절차지만, 만나기도 여의치 않고 시간이 걸리는 일이라 예의가 아닌 줄 알면서도 가끔은 그냥 문이 열린 곳을 찾아다닌다.
초여름이었다. 그날도 북아현동 추계예술대학교 뒤편 현재 '힐스테이트신촌'이 들어선 자리 어디선가 풍경을 보기 위해 높은 건물을 어렵게 찾아 올라가고 있었다. 꼭대기까지 올라가 마침 문이 열려 있는 옥상에 이르니 옥탑방이 나타났다. 혹시 누가 있을까 조심스럽게 발을 옮겼다.
카메라를 들고 전망을 찍으러 건물을 돌아서는데 문이 활짝 열려 있는 거실에 내복 차림의 사람이 갑자기 나타났다. 너무 급작스러운 상황이라 둘 다 매우 놀랐다. 무단침입자로 몰릴 위기를 모면하려면 무조건 그곳을 빨리 벗어나야 했다. 나는 5층 계단으로 내려가는 대신 옆집 옥상으로 건너가는 방법을 택했다. 빛의 속도로 옆 건물을 향해 몸을 날린 후 계단을 내려와 뒤도 돌아보지 않고 현장을 벗어났다. 계획했던 그날의 답사는 시작과 동시에 그렇게 허무하게 끝났다. 내 귀에 들릴 정도로 거세게 뛰는 심장 소리와 후들거리는 다리만 남기고.

얼마 후 동네가 곧 헐릴 예정이라는 소식을 듣고 다시 그곳을 방문했다. 재개발을 위한 이주가 시작되어 조금은 어수선한 모습이었다. 마침 내가 도망치다시피 한 집 문이 열려 있어 조심스럽게 옥상으로 올라갔다. 빨랫줄의 빨래를 보니 아직 사람이 사는 것이 분명했다. 내가 건너뛴 현장이 궁금해 가까이에서 다시 보니 건물 사이가 거의 1미터나 되었다. 아래는 5층 낭떠러지! 순간 오싹하며 소름이 돋았다. 신의 가호를 받지 않았다면 도저히 맨정신으로는 건너뛸 수 없는 높이와 거리였다. 앞으로 계속 답사를 잘 하라는 의미였을까. 도시를 답사하고 기록하는 일이 나에게 맡겨진 평생의 의무처럼 느껴졌다. 소중한 생활문화 유산인 지금 우리가 사는 도시공간을 누군가는 기록으로 남겨야 하고, 조경가이자 도시경관 기록자인 내가 그 일을 해야 한다는 사실을 다시 한번 마음에 새겼다.

책에 사용한 사진 중 이미 흔적 없이 사라진 장소는 가능하면 아날로그 필름 카메라로 기록한 흑백사진을 이용했다. 컬러 사진과 달리 조금이라도 더 차분하게, 독자가 그 공간을 상상하면서 옛 풍경을 그리워하는 마음으로 바라볼 수 있지 않을까, 하는 마음에서다. 서울 풍경을 한눈에 보여 주는 파노라마 사진은 대부분 파노라마 카메라와 아날로그 필름을 사용해 찍은 결과물이다. 같은 장소라도 기록의 의미도 살리고 어떻게 변했는지 그 모습을 비교하며 볼 수 있도록 가능하다면 촬영 날짜가 다른 여러 시간대의 사진을 수록했다. 이번에도 쓰는 시간보다 지우고 수정하는 시간이 훨씬 더 많이 드는, 피곤하고 비효율적인 '독수리 타법'으로 탈고했다(누가 디지털이 세상을 바꾸는 편리함이라고 했는지).

정도전 '오마주' 이야기에서 시작해 서울 산 풍경을 기록해 보라고 제안해 주신 사진가 주명덕 선생님의 글은 짧은 내용이지만 메시지가 뚜렷하다. 본인의 평생 작업 대상이기도 한 서울을 향한 무한한 애정이 담겨 있어 인상적이다. 빨리 건강을 회복하셔서 내비게이션보다 정확한 '살아 있는 인간 지도' 선생님과 같이 아직도 다 보지 못한 서울 풍경을 담으러 다녔으면 좋겠다. 한국건축역사학회 회장으로 서울 도시공간 역사에 해박한 한국예술종합학교 건축과 우동선 교수님께도 감사의 말을 전한다. 건축가이자 역사학자의 시선으로 나의 의도를 정확하게 파악하고 내가 미처 보지 못하고 놓친 부분까지 명쾌하게 짚어 주는 글로 책을 더욱 빛나게 해 주셨다.
좋은 책으로 만들어 준 목수책방에 두 손 모아 감사드린다. 책을 읽지도 사지도 않는다는 요즘, 만만치 않은 두께의 책을, 그것도 컬러로 출판하겠다는 결정은 누구나 할 수 있는 일이 아니다. 요구 사항도 많고 여러 크기의 사진이 복잡하게 들어가는 까다로운 편집 작업임에도 불구하고 깔끔하면서도 멋진 디자인을 입고 아름다운 책으로 세상에 나오게 된 것은 studio fttg 김지혜 디자이너의 온전한 수고 덕분이다.
답사할 때, 글을 쓸 때 많은 분의 도움을 받았다. 모두에게 고마운 마음을 이 책에 담아 전해드린다. 컴퓨터에 그리 익숙지 못한 나를 위해 마지막까지 정성을 다해 묵묵히 도와준 특별한 인연의 임한솔 박사도 고마운 사람이다. 답사와 일을 핑계로 시도 때도 없이 분주하고 잡다한 나 때문에 남들보다 몇 배로 챙겨야 할 것이 많아 수고하고 있는 사랑하는 아내와 딸에게는 그저 미안하고 고마울 뿐이다. 그리고 하나 더. 나의 이번 도시기록 작업 책이 2024년 서울문화재단의 '원로예술지원' 사업에 선정되어 보이지 않는 큰 힘이 되어 주었다.

678년 역사의 백제는 기원전 18년 한성백제의 도읍지 서울에서 시작되었다. 이후 웅진백제의 수도 공주를 거쳐 마지막 123년 사비백제의 수도는 부여였다. 서울 이야기를 다룬 이 책은 의도하지는 않았지만 백제의 역사처럼 서울에서 쓰기 시작해 부여에서 탈고했다. 아마도 나와 백제의 묘한 인연 때문이 아닐까? 백제 온조대왕은 북한산 부아악(인수봉)에 올라 위례성에 도읍을 정했다고 전해진다. 일설에 의하면 조선도 정도전과 무학대사가 오랜 논의 끝에 마지막에 북한산 보현봉에 올라 궁궐의 위치를 잡고 수도 한양을 정했다고 전해진다. 서울의 산은 백제나 조선의 역사에서 매우 중요하다. 부아악이나 보현봉에 올라 도읍을 정했다는 이야기는 서울의 골목길 어디에서나 사방으로 보이는 산이 우리 민족에게는 종교를 초월한 신비로운 장소임을 말해 주고 있다.

서울은 어디를 가도 골목길이 있고, 어디에서도 산이 보인다. 관심이 없어 찾지 못하고 보이지 않았을 뿐이다. 아니, 이미 눈으로 즐기고 마음에도 담았지만, 그저 모를 뿐일지도. 나는 서울이 참 좋다.

사진 김혜경

인왕산 기슭 무악동에서 바라본 서울 한양도성. 서울 도심, 남산과 낙산 그리고 멀리 용마산이 보인다. 한양도성 안팎으로 600여 년 전 한양의 모습과 21세기 서울 풍경을 한꺼번에 볼 수 있다. 위 2014.12.

망우역사문화공원 망우산 정상에서 본 서울 풍경. 왼쪽부터 보현봉, 만경대, 백운대, 인수봉, 상장봉, 오봉, 자운봉, 만장봉, 선인봉으로 이어지는 북한산과 도봉산의 장엄한 파노라마 풍경을 보면 서울이 산의 도시임을 실감하게 된다. 아래 2015.8.

낙산 정상에 오르면 한양도성과 함께 북한산부터 도봉산, 수락산, 불암산으로 이어지는 웅장한 산의 도시 서울의 풍경을 한눈에 담을 수 있다. 위 2016.12.

동십자각 부근에서 바라보면 뒤로 백악산을 든든한 주산으로 삼은 조선의 법궁 경복궁이 한눈에 들어온다. 인왕산이 우백호로 호위하고 있는 모습에서 서울이 풍수지리상 매우 훌륭한 터라는 사실을 알 수 있다. 아래 2010.10.

한강 건너 여의도에서 바라보아도 산의 도시 서울 풍경은 여지없이 빛을 발한다. 마포대교와 강변북로 뒤로 보이는 안산, 북한산 보현봉, 인왕산, 백악산이 강북에서 익숙한 모습과는 조금 다르지만 역시 웅장한 풍경을 펼친다. 위 2010.9.

국립중앙박물관 부근에서 북쪽으로 바라본 서울의 모습. 이전하는 용산 미군기지가 고층 빌딩이나 아파트로 개발되지 않고 공원으로 남게 되어 다행히도 산으로 둘러싸인 서울 풍경을 가리지 않고 그나마 보존할 수 있게 되었다. 아래 2013.9.

서울의 골목길에서는 산이 보인다
오래된 골목길에서 바라본 서울, 그 30여 년의 기록

글·사진   김인수

1판 1쇄 펴낸날   2024년 10월 21일

펴낸이   전은정
펴낸곳   목수책방

출판신고   제25100-2013-000021호
대표전화   070.8151.4255
팩시밀리   0303.3440.7277

이메일   moonlittree@naver.com
블로그   post.naver.com/moonlittree
페이스북 인스타그램   @moksubooks
스마트스토어   smartstore.naver.com/moksubooks

표지 그림   김선주
디자인   studio fttg
제작   야진북스

ISBN   979.11.88806.58.4. (03300)
35,000원

Copyright © 2024

김인수와 목수책방의 독점 계약에 의해 출간되었으므로
이 책에 실린 내용의 무단 전재와 무단 복제, 광전자 매체 수록을
금합니다.